TRAITE D'ATHLETISME
Volume 1

LES COURSES

(2e édition)

DESSONS, DRUT, DUBOIS, HEBRARD
HUBICHE, LACOUR, MAIGROT, MONNERET

Traité d'athlétisme

LES COURSES

(2e édition)

Editions VIGOT
23, rue de l'Ecole de Médecine, 75006 Paris
1991

Photo de couverture : VANDYSTADT

Dépôt légal — Octobre 1991 — I.S.B.N. : 2-7114-0843-4

Table des matières

Etude Physiologique de la course à pied

J. R. LACOUR

Professeur de physiologie
Directeur de l'Institut
de Biologie et Médecine
du Sport de la Région
Rhône-Alpes Ouest

Introduction

Les différentes épreuves de course à pied font appel à la même technique de déplacement sur le sol, mais elles se déroulent dans des conditions de durée et d'intensité extrêmement différentes. Pour prendre des exemples extrêmes, la puissance nécessaire pour soutenir la vitesse moyenne correspondant aux actuels records du monde masculins est supérieure à 3 CV pour l'épreuve de 100 m, et de l'ordre de 0,5 CV pour celle de 10.000 m.

Le coureur fait appel à des processus de production d'énergie différents en fonction de l'épreuve à laquelle il participe; le but de ce travail est de décrire sommairement chacun de ces processus et de préciser dans quelle mesure chacun d'entre eux intervient pour chaque type d'épreuve.

Cet exposé, même s'il est inspiré par des observations réalisées sur le terrain reste très théorique; il ne faut donc pas s'attendre à y trouver la moindre recette immédiatement utilisable.

Le lecteur sera peut-être surpris de constater que ce chapitre consacré à l'étude physiologique de la course ne fait pas référence aux concepts habituellement utilisés en France de *résistance* et d'*endurance*. Ces mots, s'ils ont pu représenter des notions relativement précises pour les entraîneurs et les coureurs, il y a quelques années, ne permettent pas de rendre compte de la réalité telle qu'elle est apparue plus récemment; leur utilisation est donc pour le moment avant tout une source de malentendus.

Alors que dans les éditions précédentes la majorité des références était d'origine scandinave, leur provenance est maintenant beaucoup plus diverse. Ceci témoigne du développement de l'intérêt pour une question dont certains aspects, ceux qui concernent le sprint court ou long en particulier, sont encore mal connus.

1. Energie dépensée pendant la course

Il est impossible de mesurer avec précision l'énergie dépensée par un individu qui court sur terrain plat : en effet, si le résultat global de la course est constitué par un déplacement rectiligne de l'ensemble du corps à une vitesse moyenne qu'il est facile de calculer, chaque foulée implique en fait une élévation puis un abaissement du centre de gravité, et une accélération suivie d'une décélération des différents segments des membres et du tronc. L'énergie nécessaire pour réaliser tous ces mouvements ne peut pas être mesurée directement.

Le moyen le plus couramment utilisé pour apprécier cette dépense d'énergie consiste à mesurer le surcroît de consommation d'oxygène que détermine pour un individu, la course à une vitesse donnée. On sait en effet que toute production d'énergie résulte directement ou indirectement de processus d'oxydations et toutes les mesures ont montré que lors de l'exercice musculaire, la consommation d'un litre d'oxygène correspond à la libération de 20,8 kJ, dont cinq environ apparaissent sous forme d'énergie mécanique.

Il est possible à l'aide de ces données, de mesurer assez précisément la dépense d'énergie que représente la course à vitesse lente ou modérée. De nombreux auteurs ont dans ces conditions fourni des résultats concordants. Ceux qui sont représentés dans la figure 1, dus à Costill et Fox (1969), sont sensiblement égaux à ceux fournis par Margaria et coll. (1963) et par Pugh (1970). Lors de la course à vitesse plus élevée, le sujet fait non seulement appel à l'oxygène immédiatement disponible, mais à des processus d'oxydation différée, c'est-à-dire à des réactions chimiques qui fournissent immédiatement de l'énergie, mais qui déterminent pendant les minutes qui suivent l'exercice, une augmentation de la consommation d'oxygène (le paiement de la dette d'oxygène). La mesure de la consommation d'oxygène doit se dérouler, non seulement pendant l'exercice, mais pendant l'heure qui suit. La mesure de la consommation d'oxygène s'opère alors dans des conditions techniques difficiles; le problème est d'autre part compliqué par le fait que les oxydations différées n'ont pas le même rendement énergétique que les processus aérobies; néanmoins, les estimations réalisées par Sargent (1926) et Fenn (1930) sont assez concordantes; elles ont été confirmées par Karlsson et coll. (1978) dont les résultats sont représentés dans la figure 1. Cette figure montre bien l'augmentation brutale de la dépense énergétique lorsque la vitesse dépasse 6 m/s; elle confirme les résultats de Sargent qui avait estimé que la dépense énergétique était fonction de la vitesse, élevée à la puissance 3,8.

Energie dépensée par mètre parcouru,

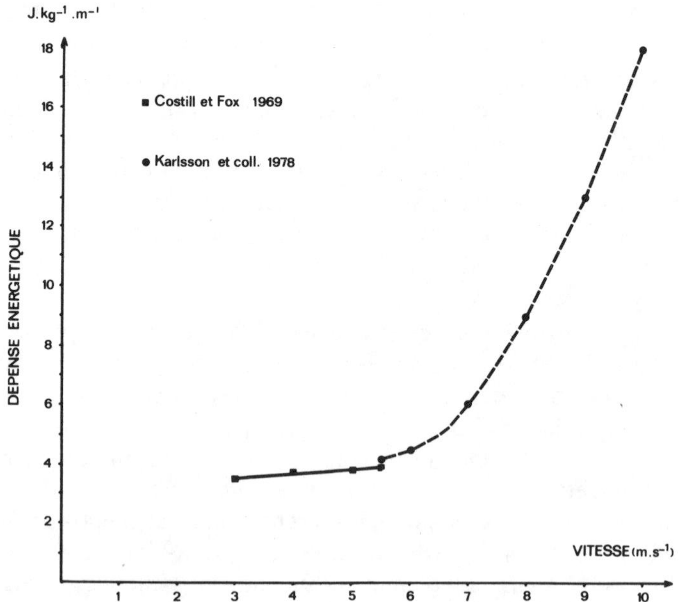

Fig. 1
Energie dépensée par mètre parcouru, en fonction de la vitesse de course.

Ces valeurs peuvent être modifiées par la résistance de l'air. Pugh (1970) a établi l'équation permettant de calculer l'incidence de ce facteur sur la dépense énergétique :

$$\Delta \dot{V}_{O_2} = 0{,}00418 \; Ap \; V^3$$

où $\dot{V}_{O_2}$ et exprimé en $1 \cdot STPD \cdot min^{-1}$

V est la vitesse du coureur par rapport à l'air, exprimée en $m \cdot s^{-1}$.

Ap est la surface projetée du coureur, exprimée en m^2

$Ap = S \times 0{,}266$, S étant la surface corporelle du coureur, telle que l'on peut la calculer à partir de son poids et de sa taille. On peut, pour simplifier, prendre les valeurs moyennes de Ap de 0,40 m^2 pour les femmes et de 0,48 m^2 pour les hommes.

Ainsi à 5,5 $m \cdot s^{-1}$ le coût énergétique de la résistance de l'air pour un homme de 70 kg est de l'ordre de 0,3 $J \cdot m^{-1}$ (7,5 % de la dépense), ce qui correspond à la différence entre les valeurs mesurées à cette vitesse par Costill et Fox sur tapis roulant — 3,83 $J \cdot m^{-1}$ — et Karlsson et coll. sur le terrain — 4,18 $J \cdot m^{-1}$ — (voir fig. 1). A la vitesse de 10 $m \cdot s^{-1}$ environ 16 % de l'énergie est utilisée pour vaincre la résistance de l'air, ce qui explique en partie l'influence de l'altitude et surtout celle du vent sur les performances de vitesse.

Le tableau I donne une estimation, calculée à partir des données de la figure 1, de la dépense énergétique que représente pour un

TABLEAU I

Distance	*Temps*	*Vitesse* ($m \cdot s^{-1}$)	*Dépense énergétique totale (kJ)*	*Dépense énergétique* ($kJ \cdot min^{-1}$)
100 m	9,95 s	10,1	149	896
200 m	19,72 s	10,1	298	896
400 m	43,86 s	9	430	588
800 m	1 min 41,72 s	7,86	500	250
1.500 m	3 min 31,36 s	7,10	795	226
5.000 m	13 min 6,20 s	6,36	2 170	164
10.000 m	27 min 22,05 s	6,09	3 855	140

individu de 70 kg, le parcours des différentes distances classiques en terrain plat, à la vitesse atteinte lors des actuels records du monde masculins.

Si la valeur de cette dépense énergétique est directement fonction du poids du sujet, elle est également influencée par le style et la technique : Margaria (1963), a montré que pour une vitesse donnée, le rendement d'athlètes entraînés est de peu supérieur (5 à 7 %) à celui de sujets sédentaires.

Costill (1981) a noté des différences de cet ordre entre coureurs de fond très entraînés, ces différences étant suffisantes pour expliquer des écarts de plusieurs minutes dans les temps mis pour parcourir le Marathon. C'est également à une amélioration du rendement que Daniels et coll. (1978) ont pu attribuer une amélioration régulière de la performance sur 2 miles (de 12 min. 30 à 10 min. 35) chez des adolescents suivis sur plusieurs années (de 12 à 17 ans) alors que leur consommation maximale restait sensiblement constante (62,7 ml · kg^{-1} · min^{-1} à 12 ans contre 61,2 à 17 ans).

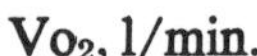

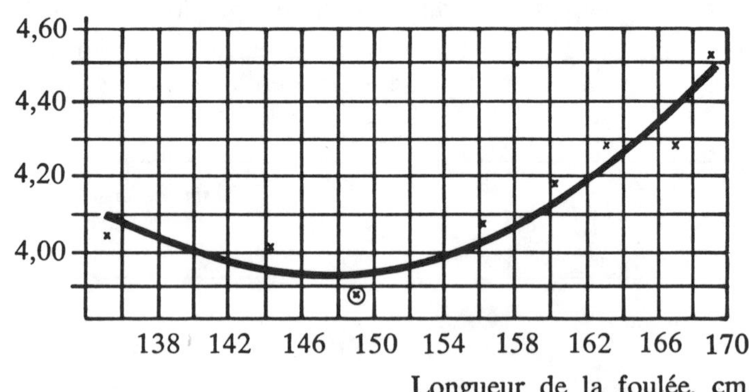

Fig. 2
Energie dépensée (appréciée d'après la mesure de la consommation d'oxygène) par un sujet courant à la vitesse de 16 km/h, avec différentes longueurs de foulée. La croix entourée d'un cercle représente la longueur de foulée spontanément choisie par le sujet étudié; on peut constater qu'il s'agit de la foulée la plus économique. D'après HÖGBERG (1952).

La figure 2 qui illustre les résultats de Högberg (1952), montre que si, pour un sujet courant à une vitesse donnée, la longueur des foulées exerce une influence sur la dépense énergétique, le sujet étudié adoptait spontanément la longueur de foulée la plus économique.

Cependant B. Ekblom (1982) a pu constater sur un groupe de sédentaires que l'augmentation de la vitesse de course liée à l'entraînement et à l'amélioration de l'aptitude physique, est assurée par un allongement de la foulée.

Les valeurs de dépense énergétique qui ont été fournies, représentent une estimation de la dépense totale. Dans la course, environ 18 à 20 % de cette énergie apparaît sous forme de travail mécanique utilisé pour la propulsion; le reste, soit les 4/5 de l'énergie, est dissipé sous forme de chaleur.

2. Les sources de l'énergie musculaire

La rapidité d'un mouvement isolé dépend d'un certain nombre de facteurs sur lesquels l'entraînement exerce peu d'effets : la proportion de fibres musculaires à contraction rapide, la disposition des bras de levier mis en jeu lors du mouvement et la qualité de la commande motrice. Ceci étant acquis, un individu peut réaliser une performance d'autant meilleure que ses muscles disposent d'une plus grande quantité d'énergie utilisable.

A. L'ENERGIE UTILISABLE PAR LE MUSCLE

Pour les fibres musculaires, l'énergie *immédiatement* utilisable ne se trouve que sous une seule forme : l'adénosine triphosphate ou A.T.P. Cette molécule est constituée par la combinaison d'une molécule organique, l'adénine et d'une chaîne de 3 molécules d'acide phosphorique; cette combinaison est réalisée au niveau de la cellule, à l'aide d'une grande quantité d'énergie; cette énergie est mise à la disposition des fibres musculaires lorsque la molécule d'A.T.P. se dégrade et libère une molécule d'acide phosphorique, suivant une réaction que l'on peut symboliser par :

$$\text{A.T.P.} \rightarrow \text{A.D.P.} + \text{P} + \text{E}$$

A.D.P. représente une molécule d'adénosine diphosphate

P représente une molécule d'acide phosphorique

E représente l'énergie libérée par cette réaction : environ 42 kJ par molécule-gramme

L'A.T.P. se trouve normalement présent au niveau du muscle au repos. Lorsqu'elles sont stimulées par les influx nerveux, les fibres musculaires acquièrent la propriété de dissocier les molécules d'A.T.P. et d'utiliser l'énergie ainsi libérée pour se raccourcir.

La concentration moyenne en ATP est de 5 mmoles par kg de muscle frais. La masse musculaire mise en jeu lors d'une course par un homme de 70 kg ne dépassant pas 20 kg, ce coureur ne dispose que de 100 mmoles d'ATP soit $42 \times 0{,}1 = 4{,}2$ kJ. En fait on n'a jamais pu observer, même après un exercice maximal, de concentration musculaire en ATP inférieure à 4 mmoles · kg^{-1} ce qui réduit les réserves disponibles au cinquième de cette valeur, soit environ 0,8 kJ. L'exercice, quel qu'il soit, ne peut donc être poursuivi que grâce à l'intervention de mécanismes apportant assez d'énergie pour permettre la reconstitution des molécules d'ATP à partir de ses constituants dissociés.

Trois mécanismes vont intervenir conjointement pour renouveler l'ATP :

1. la dégradation des réserves de phosphocréatine (ou phosphagène),
2. la glycolyse anaérobie avec formation d'acide lactique,
3. les processus oxydatifs.

Comme l'illustre la figure 3, ces processus sont complémentaires par plusieurs de leurs caractéristiques : l'inertie, le débit maximal de production d'ATP et la capacité.

B. LA DÉGRADATION DU PHOSPHAGÈNE

On donne le nom de phosphagène à l'ensemble constitué par les molécules d'ATP et de créatine phosphate (PC) présentes dans le muscle; en fait, les réserves utilisables d'ATP étant extrêmement réduites, la créatine phosphate présente à elle seule la quasi-totalité du phosphagène.

Elle assure la resynthèse de l'ATP suivant la réaction :

$$\text{Créatine Phosphate} + \text{ADP} \rightarrow \text{ATP} + \text{Créatine}$$

Ce processus qui s'enclenche dès que la concentration musculaire de l'ATP diminue, ne présente aucune inertie; il est susceptible d'assurer des débits d'énergie énormes : 180 watts · kg^{-1} à la vitesse de 10 m · s^{-1} et encore 72 watts · kg^{-1} à la vitesse de 8 m · s^{-1}

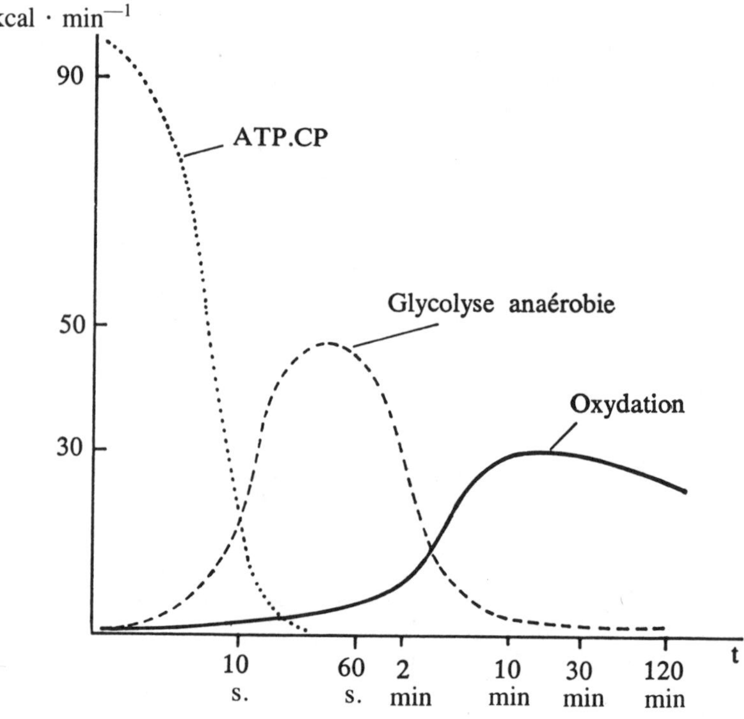

Fig. 3
Caractéristiques des trois processus d'apport d'énergie au muscle. On peut constater que le phosphagène peut assurer immédiatement mais pour quelques secondes, une dépense d'énergie intense. Les processus aérobies, qui présentent une inertie importante peuvent assurer pour une longue période une production d'énergie modérée. La glycolyse anaérobie présente des caractéristiques intermédiaires. (Le temps est représenté sur une échelle logarithmique.) D'après HOWALD, (1974).

(fig. 1). Ce débit semblant plus limité par l'aptitude des fibres à hydrolyser l'ATP, que l'on apprécie en mesurant l'activité ATPasique, que par le débit de reconstitution de l'ATP.

La capacité de ce processus est faible : Karlsson (1971) a mesuré des concentrations de l'ordre de 15 à 20 mmoles par kg de muscle frais sur des échantillons prélevés par biopsie, ce qui pour les 20 kg de muscle impliqués dans la course d'un individu représente une quantité de 400 mmoles, équivalant à 16,8 kJ. Cette valeur est relativement proche de celle que l'on peut calculer à partir des résultats de Volkov et Lapin (1979), qui ont observé qu'un groupe de débutants (poids moyen = 69,6 kg) pouvait soutenir pendant 6,9 s une vitesse maximale de 7,6 m · s^{-1}. Si l'on retient pour cette vitesse une dépense énergétique de 7,5 J · M^{-1} · kg^{-1} (fig. 1), ceci correspond à une dépense d'environ 27 kJ. En revanche elle ne représente même pas le tiers de l'énergie nécessaire (57 kJ) pour soutenir pendant 6,6 s la vitesse de 9 m · s^{-1} comme pouvait le faire un groupe de sprinters entraînés observé par les mêmes auteurs. Jusqu'à présent aucune étude n'a été entreprise pour établir une corrélation entre l'aptitude à fournir des exercices intenses et brefs et la concentration musculaire de CP.

Karlsson (1971) a montré que lorsque l'exercice est d'intensité suffisamment modérée pour ne pas épuiser immédiatement les réserves de phosphagène, la concentration de P.C. diminue au cours des premières secondes de l'exercice, puis se stabilise ensuite à un niveau inférieur à celui du repos, et qui est d'autant plus bas que la puissance de l'exercice est plus élevée : le renouvellement de l'A.T.P. est alors assuré par les autres processus.

Au cours d'une compétition, la dégradation du phosphagène joue donc plusieurs rôles :

— elle assure les premières secondes de l'exercice;

— elle enclenche les autres processus de production d'énergie;

— lors des compétitions prolongées où l'intensité de l'exercice est suffisamment modérée pour ne pas déterminer au départ l'épuisement total des réserves, le phosphagène est encore utilisé pour assurer les accélérations en fin de course.

C. LA GLYCOLYSE ANAEROBIE

C'est l'ensemble des processus qui permet de reconstituer de l'A.T.P. par dégradation du glycogène, sans utilisation d'oxygène.

Le glycogène est une molécule constituée par la liaison de plusieurs centaines de molécules de glucose. Il représente la forme de stockage de ce sucre et se trouve normalement dans les muscles à une concentration de l'ordre de 1,5 à 2 g · kg^{-1}, soit 6 à 9 mmol · kg^{-1}. L'utilisation du glycogène implique sa dégradation progressive de la libération d'unités à 6 carbones dérivées du glucose. La dégradation de ces unités glucosyl s'opère, que le muscle dispose ou non d'oxygène, suivant le même processus :

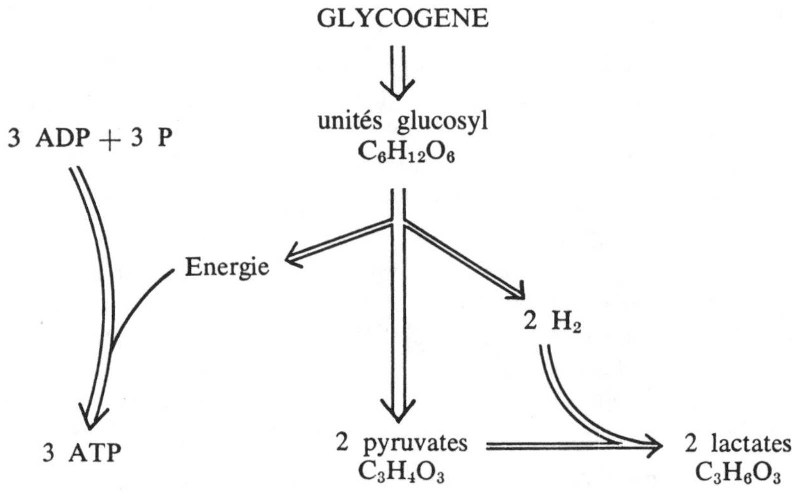

Chaque unité glucosyl est décomposée pour fournir 2 Molécules de pyruvate : cette coupure s'accompagne de la libération de 2 Molécules d'hydrogène et de la production de l'énergie nécessaire à la resynthèse de 3 A.T.P. Lorsque ces phénomènes se produisent en l'absence d'oxygène, l'hydrogène libéré se combine au pyruvate pour former de l'acide lactique (qui se présente sous forme dissociée; pour cette raison, on parle maintenant de lactate). L'utilisation de 180 g de glycogène, ou la production du même poids de lactate sont nécessaires à la resynthèse de 3 A.T.P., qui eux-mêmes peuvent libérer 126 kJ environ. La glycolyse anaérobie est donc un processus grand consommateur de substrat.

La glycolyse anaérobie présente les caractéristiques suivantes :

— Elle peut commencer quelques instants après le début de

l'exercice et est d'autant plus intense que la teneur du muscle en A.T.P. est plus abaissée. Elle assure le renouvellement de l'A.T.P. avec un débit élevé, qui est fonction de la teneur du muscle en fibres à contraction rapide, et de l'activité enzymatique à leur niveau. Comme l'indique la figure 3, le débit maximal de production d'A.T.P. par la glycolyse anaérobie est généralement inférieur à la moitié de celui que peut assurer la dégradation du phosphagène. C'est ce qui explique la baisse de puissance généralement observée après 5 à 6 secondes d'exercice maximal. En fait l'expérience montre qu'il est possible de maintenir après un entraînement approprié, des vitesses aussi élevées sur 200 m et presque aussi élevées sur 400 m, que sur 100 m. Ceci semble donc indiquer qu'il peut être possible d'obtenir par la glycolyse anaérobie des débits de production d'énergie sensiblement aussi élevés qu'avec la dégradation du phosphagène.

— La capacité de la glycolyse anaérobie est limitée avant tout par la capacité de l'organisme à accumuler le lactate. Celui-ci en effet abaisse le pH aussi bien au niveau des muscles que de l'ensemble de l'organisme et cette acidification inhibe l'activité enzymatique musculaire; elle finit donc par déterminer un arrêt de l'exercice. Hermansen (1977) a fait successivement pratiquer à des sujets trois exercices dont la puissance avait été calculée de façon à amener à l'épuisement en 2 minutes lors du premier exercice. Ces exercices étaient séparés par un intervalle de 4 minutes de repos. La durée pendant laquelle cette puissance pouvait être soutenue s'est progressivement réduite, mais lors des trois exercices, le pH intramusculaire était de 6,4 à l'arrêt par épuisement. Les sujets étudiés par Hermansen n'étaient pas particulièrement entraînés. Rien pour le moment ne permet de savoir si l'entraînement a pour effet d'abaisser la valeur de pH musculaire à laquelle le sujet doit cesser l'exercice ou si, en augmentant le pouvoir de tampon du muscle, il permet d'accumuler de plus grandes quantités de lactate avant d'atteindre ce pH musculaire limite. Quoi qu'il en soit la capacité de ce mécanisme est estimée à 100 kJ (1,4 kJ $\cdot$ kg^{-1}) chez l'individu adulte moyen. Il faut une capacité au moins trois fois supérieure pour courir le 400 m au niveau international.

Au cours d'un exercice suffisamment modéré pour pouvoir être fourni pendant plusieurs minutes sans épuisement, le taux de lactate sanguin, après avoir augmenté, se stabilise à un niveau qui est d'autant plus élevé que la puissance fournie est grande. La glycolyse anaérobie joue donc en compétition un rôle analogue à celui de la dégradation du phosphagène, à ceci près que :

— elle intervient quelques secondes plus tard;
— elle assure des puissances généralement moins élevées;
— mais elle peut, sur une période plus longue fournir une plus grande quantité d'énergie.

D. LES PROCESSUS OXYDATIFS

1. Les mécanismes mis en jeu

La dégradation aérobie des substrats se produit presque exclusivement au niveau des mitochondries; ce sont donc les fibres musculaires les plus riches en mitochondries, les fibres rouges ou fibres lentes, qui sont spécialisées dans ce type de production d'énergie. Les substrats oxydés sont le glycogène et les lipides. L'oxydation aboutit à la production de dioxyde de carbone, d'eau et d'énergie; celle-ci est produite en grande quantité : ainsi l'oxydation complète des deux molécules de pyruvate provenant de la dégradation anaérobie d'une unité glucose permet de resynthétiser 36 molécules d'A.T.P. (soit 12 fois plus que la dégradation du glucose en pyruvate); l'oxydation complète d'une molécule d'acide palmitique (acide gras comportant 16 atomes de carbone) permet de resynthétiser 130 molécules d'A.T.P. Il s'agit donc d'un processus qui d'une part consomme peu de substrats et d'autre part ne produit que des déchets facilement éliminables : dioxyde de carbone, eau et chaleur.

2. La consommation maximale d'oxygène

C'est depuis les travaux de Christensen (1932) que l'on connaît avec précision la relation quantitative qui existe entre la puissance fournie lors d'un exercice simple des membres inférieurs, et l'augmentation de la consommation d'oxygène : toute augmentation de 75 watts de la puissance fournie détermine une augmentation de la consommation d'oxygène de 1 litre par minute (il est dans ces conditions possible de calculer le rendement mécanique au cours de l'exercice : la consommation de 1 litre d'oxygène permet à l'organisme de produire 20,8 kJ; sur ce total seul 4,5 kJ apparaissent sous forme de travail mécanique, le rendement mécanique de l'organisme atteint donc

$$\frac{4{,}5}{20{,}8} = 22\ \%.$$

Cependant cet accroissement de la consommation d'oxygène en fonction de la puissance fournie ne peut être observé qu'entre certaines limites : ainsi, comme le montre la figure 5, la consommation d'oxygène mesurée chez un individu courant sur un tapis roulant incliné de 3 degrés dans le sens de la montée, la consommation d'oxygène est

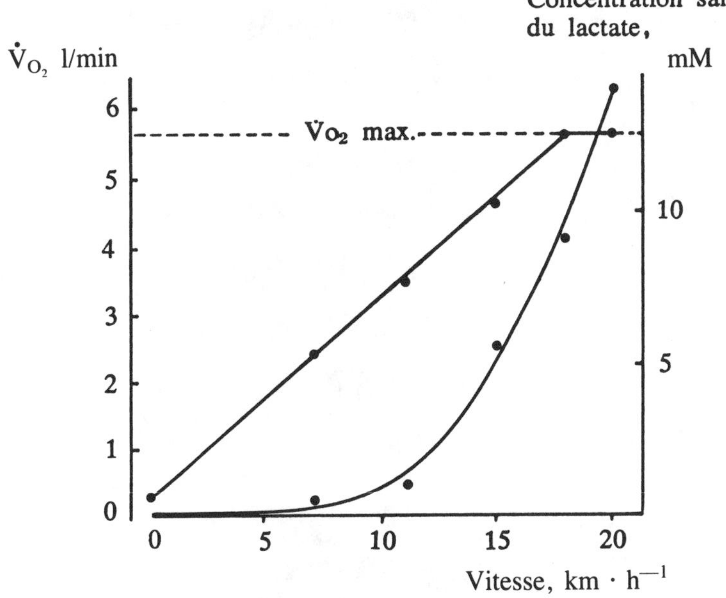

Fig. 4
Influence de la vitesse de course sur la consommation d'oxygène et la concentration sanguine du lactate (1 mM = 9 mg %), chez un sujet courant sur un tapis roulant incliné de 3 degrés dans le sens de la montée. D'après J. KARLSSON et coll., (1967).

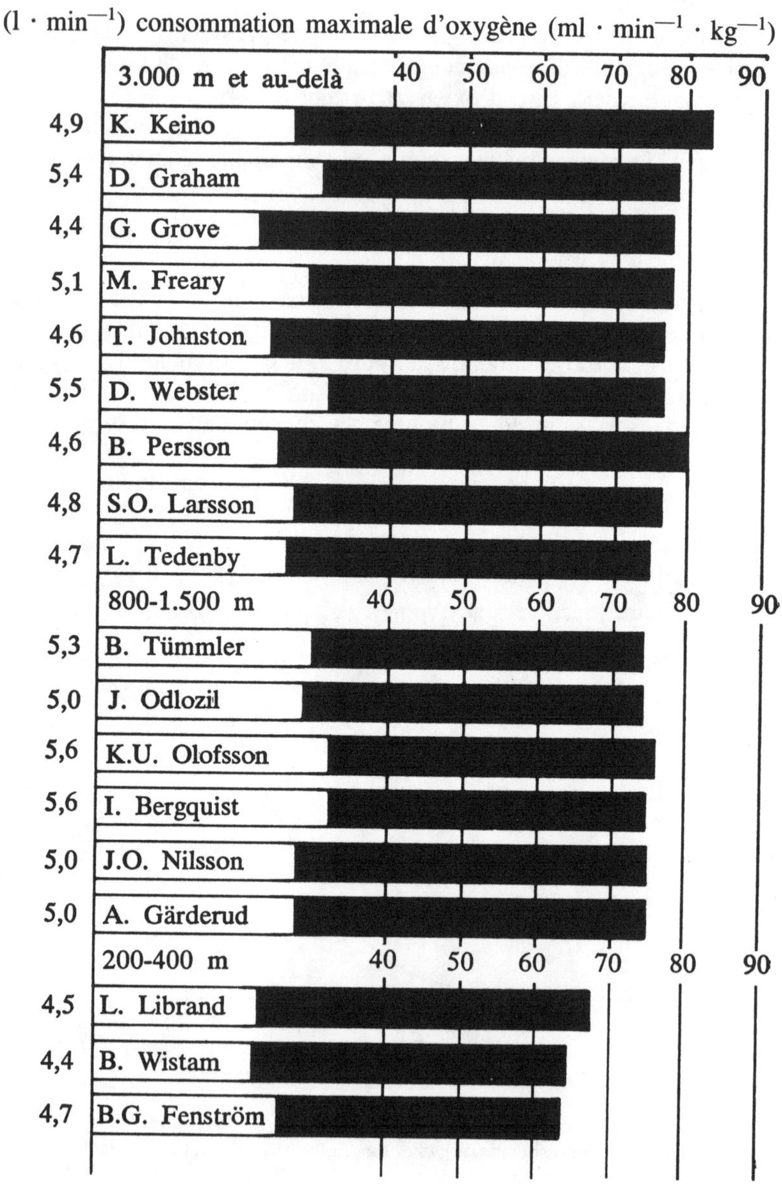
(l · min—1) consommation maximale d'oxygène (ml · min—1 · kg—1)
3.000 m et au-delà
40
50
60
70
80
90
4,9
K. Keino
5,4
D. Graham
4,4
G. Grove
5,1
M. Freary
4,6
T. Johnston
5,5
D. Webster
4,6
B. Persson
4,8
S.O. Larsson
4,7
L. Tedenby
800-1.500 m
5,3
B. Tümmler
5,0
J. Odlozil
5,6
K.U. Olofsson
5,6
I. Bergquist
5,0
J.O. Nilsson
5,0
A. Gärderud
200-400 m
4,5
L. Librand
4,4
B. Wistam
4,7
B.G. Fenström

directement fonction de la vitesse de course; puis à partir de 18 $km \cdot h^{-1}$, la consommation d'oxygène se stabilise : toute nouvelle augmentation de la vitesse ne détermine pas d'augmentation de la consommation d'oxygène. Le sujet a atteint sa *consommation maximale d'oxygène* ($\dot{V}_{O_2}$ max). On appelle *puissance maximale aérobie* la puissance limite à partir de laquelle la consommation d'oxygène n'augmente plus. Cette puissance ne peut habituellement pas être soutenue plus de 6 minutes; l'entraînement peut doubler ou même tripler cette durée. On qualifie de *supramaximales* les puissances qui lui sont supérieures et *inframaximales* celles qui lui sont inférieures. C'est lorsque l'exercice devient supra-maximal qu'il est ressenti comme pénible.

Chez le sujet masculin de 20 ans, la consommation maximale d'oxygène moyenne s'élève à 3 litres par minute ce qui correspond à 45 ml/kg/min. Cette valeur mesurée par Flandrois et coll. (1966) est en accord avec toutes les mesures de $\dot{V}_{O_2}$ max. portant sur des individus sédentaires vivant dans les pays industrialisés. Cette consommation maximale est en général de 10 à 20 % plus faible chez la femme; dans les deux sexes, sa valeur diminue progressivement avec l'âge. Bien entendu $\dot{V}_{O_2}$ max. est beaucoup plus élevé chez les sujets qui pratiquent régulièrement une activité physique intense. Comme le montre la figure 5 représente $\dot{V}_{O_2}$ max. mesuré chez des coureurs de niveau international ou des coureurs Suédois de niveau national en 1965-1966, aucun coureur de fond ne présente un $\dot{V}_{O_2}$ max. inférieur à 73 ml/kg/min; certains coureurs de fond approchent 80 ml/kg/min. Keino atteignait même 82 ml/kg/min. Depuis cette époque, plusieurs dizaines de valeurs supérieures à 80 $ml \cdot kg^{-1} \cdot min^{-1}$ ont été mesurées chez des coureurs de fond de niveau international.

Fig. 5 (cf. p. 24)
Consommation maximale d'oxygène exprimée en $l \cdot min^{-1}$ (partie claire) et en $ml \cdot min^{-1} \cdot kg^{-1}$ (partie grisée) chez des coureurs de niveau national (Suédois) ou international. On peut constater que la valeur moyenne de la consommation maximale d'oxygène rapportée au kilo de poids est d'autant plus élevée que les coureurs sont spécialisés dans des distances plus longues. D'après J. KARLSSON et coll. (1978).

3. Evolution de $\dot{V}_{O_2}$ dans les premières secondes de l'exercice

La figure 8 montre l'évolution dans le temps de la consommation d'oxygène d'un individu dont $\dot{V}_{O_2}$ max. atteint 4,1 l · min^{-1}. Cette consommation correspond à une puissance maximale aérobie d'environ 300 watts (18 kJ · min^{-1}). On peut voir que la consommation d'oxygène n'atteint jamais immédiatement son niveau maximal : ainsi lorsque le sujet fournit sa puissance maximale aérobie, la consommation d'oxygène ne se stabilise qu'à la cinquième minute de l'exercice; on peut voir néanmoins que lorsque la puissance fournie est supérieure à cette puissance maximale aérobie, le sujet atteint sa consommation maximale d'autant plus rapidement que la puissance fournie est plus élevée. Quelle que soit la puissance fournie, le début de l'exercice nécessite donc toujours le recours à la dégradation du phosphagène et à la glycolyse anaérobie.

4. Capacité des processus oxydatifs. Application à la course de fond.

Données quantitatives :

On peut définir cette capacité comme le produit de la dépense énergétique par la durée maximale pendant laquelle peut être soutenue cette dépense. La figure 6 montre que cette durée maximale est d'autant plus longue que la puissance relative (p. cent de la puissance maximale aérobie) est plus faible; cette augmentation de la durée maximale de l'exercice est associée à une augmentation de la capacité des processus aérobies; ainsi, pour un individu sédentaire moyen ($\dot{V}_{O_2}$max : 45 ml · min^{-1} · kg^{-1}) cette capacité est de 39,3 kJ · kg^{-1} pour un exercice représentant 70 p. cent de la puissance maximale aérobie (durée maximale : une heure); elle est de 67,4 kJ · kg^{-1} pour un exercice à 60 p. cent (durée maximale : deux heures). Ces capacités sont nettement plus élevées que celles des processus anaérobies. L'examen de la figure 6 révèle également la double action de l'entraînement sur la capacité des processus anaérobies : par augmentation de $\dot{V}_{O_2}$ max et par augmentation du pourcentage de la puissance

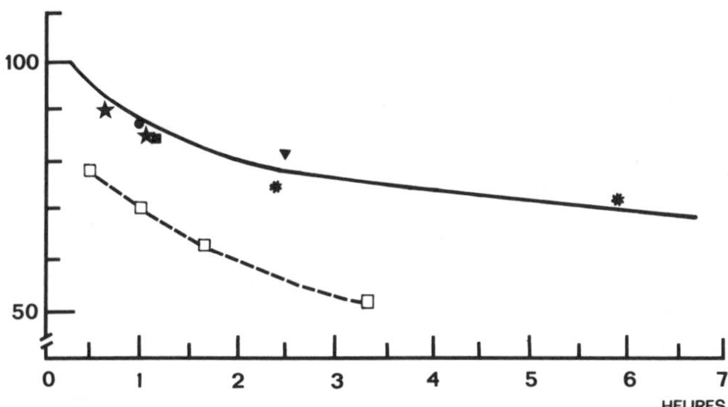

Fig. 6
Evolution de la durée maximale d'un exercice en fonction de sa puissance relative. Ligne inférieure (□····□) : sujet sédentaire; ligne supérieure (——) : sujets spécialisés dans les épreuves d'endurance. Chacun des points représente une observation réalisée au cours d'une compétition de niveau international (course, ski de fond). D'après LACOUR et FLANDROIS (1977).

maximale aérobie qui peut être soutenu pendant une durée donnée : ainsi un individu très entraîné ($\dot{V}_{O_2}$ max : 80 ml · min^{-1} · kg^{-1}) peut soutenir pendant une heure 87 % de sa puissance maximale aérobie, ce qui lui assure dans ces conditions une capacité de 86,9 kJ · kg^{-1}, plus du double de celle du sujet sédentaire. Cette différence s'accentue au fur et à mesure de la prolongation de l'exercice.

Mécanismes mis en jeu

La limitation de cette capacité ne semble pas liée à une fatigue des processus oxydatifs eux-mêmes. Saltin (1979) l'a montré à l'aide de l'expérimentation suivante réalisée sur cycloergomètre.

— Lors d'une séance de contrôle, ont été déterminés chez 4 sujets, après un échauffement de 10 minutes, $\dot{V}_{O_2}$ max et la durée maximale pendant laquelle pouvait être soutenue la puissance maximale aérobie.

— Ces sujets ont ensuite, en trois occasions différentes (A, B et C) séparées par plusieurs jours d'intervalle et toujours dans les mêmes conditions ambiantes, travaillé pendant deux heures à 75 p. cent de leur P.M.A., puis, après un repos de 5 minutes et le même échauffement que pendant la séance de contrôle, essayé de soutenir leur P.M.A. le plus longtemps possible.

- Dans un cas (situation A) aucun apport liquidien ni glucidique n'était fourni pendant la période de repos,

- Dans un autre cas (situation B), les sujets devaient ingérer pendant la période de repos, une quantité d'eau équivalente à leurs pertes hydriques au cours de l'exercice (2,4 l en moyenne),

- Dans le troisième cas (situation C), les sujets devaient ingérer pendant cette période de repos, la même quantité d'eau dans laquelle était dissoute la quantité de sucre correspondant à l'énergie dépensée pendant l'exercice.

Les durées pendant lesquelles la P.M.A. a pu être fournie apparaissent dans le tableau III.

TABLEAU III

Situation	Contrôle	A	B	C
Durée (min)	6,3	3,2	4,8	5,4

Dans les 3 cas les sujets ont pu atteindre leur consommation maximale d'oxygène.

Il apparaît donc que la simple compensation des pertes hydriques et glucidiques efface presque complètement les effets d'un exercice très éprouvant sur le métabolisme aérobie maximal.

A l'inverse, Bergström et coll. (1967) ont pu observer que lors d'un exercice à la même puissance relative (75 % de P.M.A.) l'épuisement se manifeste lorsque les sujets ont complètement épuisé leurs stocks musculaires de glycogène.

Lors d'un exercice sous-maximal, la capacité des processus aérobies sera donc fonction de l'aptitude du sujet à retarder la déplétion de ses stocks musculaires de glycogène et à compenser ses pertes hydriques.

— Conservation des stocks musculaires de glycogène :
Plusieurs mécanismes vont favoriser la conservation de ces stocks.

1. L'alimentation dans les jours qui précèdent l'exercice. Bergström et coll. (1967) ont montré que la succession de trois jours de régime lipido-protidique associés à des exercices musculaires épuisants et de trois jours de régime hyperglucidique associés au repos peuvent doubler les réserves musculaires de glycogène. Ceci se traduit par un allongement de la durée maximale de l'exercice.

Les conséquences de cet enrichissement des réserves sur le comportement en compétition ont été mises en évidence par Karlsson et

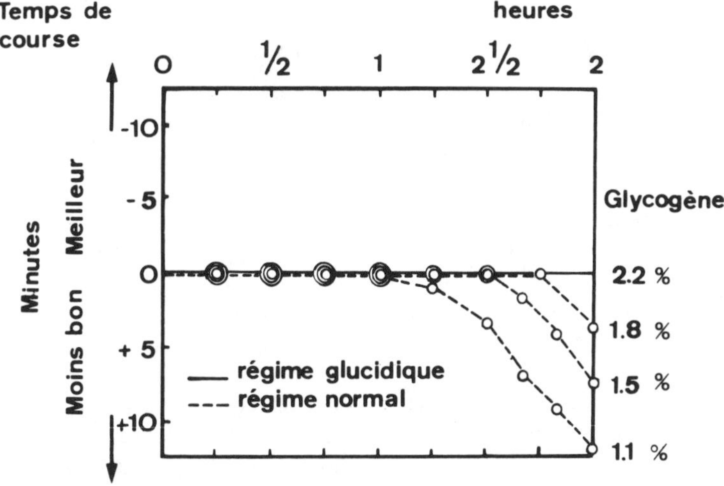

Fig. 7
Influence de la teneur initiale du muscle en glycogène sur l'évolution de la vitesse de course. Si l'on prend comme référence la vitesse qu'à pu soutenir chaque coureur, lorsque sa teneur initiale en glycogène était élevée (2,2 g %) cette cadence est abandonnée d'autant plus précocément lorsque le coureur refait le même parcours, que sa teneur initiale est plus faible. D'après KARLSSON et SALTIN, 1971.

Saltin (1971) à l'occasion d'une épreuve de 30 km *(Lidingöloppet)* : des coureurs, après avoir participé à cette compétition, ont parcouru le même circuit quelques semaines plus tard, après avoir suivi un régime alimentaire différent qui modifiait leur teneur musculaire en glycogène. La figure 7 montre que si l'on prend comme référence la vitesse soutenue avec la concentration musculaire initiale de glycogène la plus élevée (2,2 g pour 100 g de muscle frais), la durée pendant laquelle cette vitesse peut être soutenue pendant l'autre parcours était d'autant plus courte que la concentration musculaire initiale de glycogène était plus faible.

2. L'entraînement. Hermansen et coll. (1967), en comparant des sujets, les uns entraînés, les autres sédentaires, travaillant à la même puissance relative (75 p. cent de P.M.A.) ont observé des quotients respiratoires différents qui permettent de calculer que chez les premiers la part des lipides dans l'apport énergétique était deux fois plus importante chez les sédentaires (35 p. cent contre 17 p. cent).

3. Jusqu'à présent rien n'a permis de mettre en évidence un effet bénéfique de la prise de sucre pendant la compétition, lorsque les conditions alimentaires qui l'on précédée étaient normales (Costill et Miller, 1980).

— Compensation des pertes hydriques :

Le rendement mécanique pendant la course est de l'ordre de 20 %. Ainsi sur les 12 MJ dépensés en moyenne lors d'une épreuve de marathon, 9,5 apparaissent sous forme de chaleur et doivent donc être évacués pour éviter une élévation trop importante (et dangereuse) de la température interne. On peut admettre que, dans les conditions ambiantes habituelles, les deux tiers de cette évacuation, ce qui correspond à la moitié de la dépense énergétique globale, sont assurés par évaporation de l'eau. L'évaporation d'un litre d'eau consommant 2,4 MJ, il est possible d'opérer une estimation des pertes hydriques (tableau IV).

Magazanik et coll. (1974) ont montré que la vasodilatation périphérique et la sudation sont d'autant plus intenses que les sujets sont plus déshydratés. Il paraît donc indispensable de boire pendant les

TABLEAU IV

Vitesse $m \cdot s^{-1}$	Dépense énergétique $kJ \cdot h^{-1}$	Perte hydrique, $l \cdot h^{-1}$ à différentes températures ambiantes		
		0 °C	10 °C	20 °C
3	37,8	0,3	0,6	0,9
4	53,3	0,4	0,9	1,4
5	68,4	0,6	1,2	1,9

Estimation des pertes hydriques d'un individu de 70 kg. Influence de la vitesse et de la température ambiante (vent faible). Pour les températures de 10 à 20 °C, les estimations prennent en compte le ruissellement de la sueur (estimations établies à partir des données de Eklund et coll., 1976).

épreuves de longue durée, mais il semble difficile d'assurer, au cours d'un exercice intense l'absorption de plus de 600 ml $\cdot$ h^{-1}.

Costill (1981) a décrit les inconvénients fonctionnels ou même le danger vital qui peuvent résulter d'une déshydratation trop poussée.

E. LA DETTE D'OXYGENE

La figure 4 montre que l'organisme est capable alors que la consommation d'oxygène a atteint son niveau maximal, d'augmenter encore la puissance fournie; les muscles tirent donc ce surcroît d'énergie de processus qui ne consomment pas d'oxygène. L'abaissement de la concentration musculaire de la phosphocréatine associée à l'augmentation progressive de la concentration musculaire du lactate lorsque la consommation d'oxygène se rapproche de $\dot{V}_{O_2}$ max. puis le dépasse, renseigne sur l'origine principale de cette énergie : la dégradation du phosphagène et la glycolyse anaérobie. Les mesures de la consommation d'oxygène pratiquées après la fin de l'exercice avaient montré depuis longtemps que cette production d'énergie sans consommation

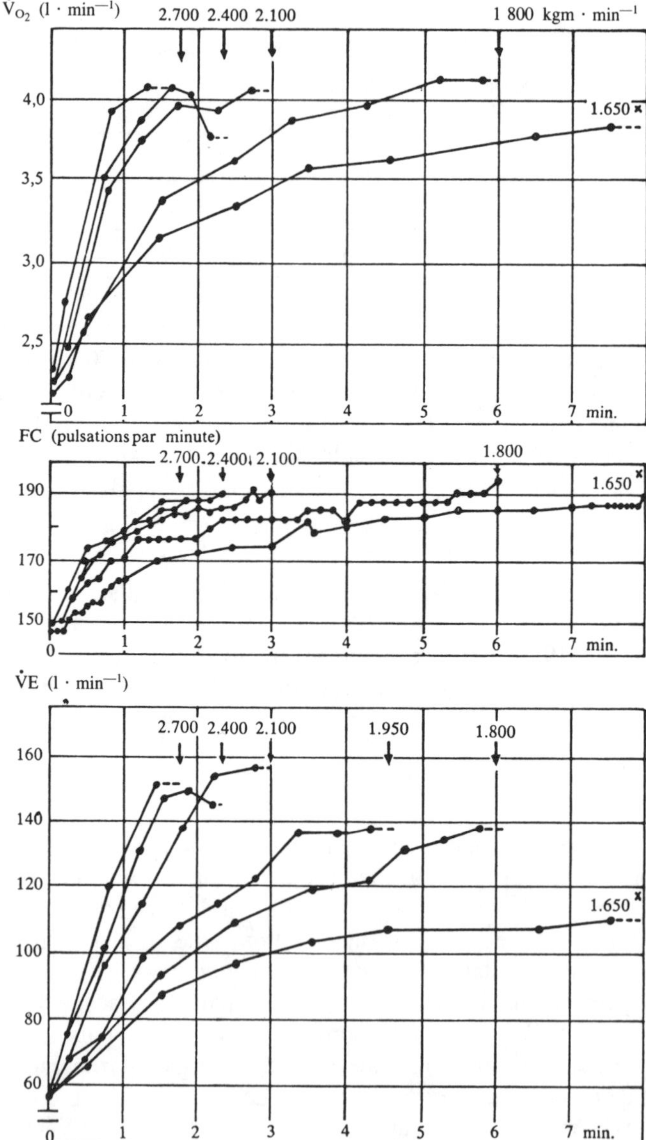

$\dot{V}_{O_2}$ (l · min^{-1})
2.700 2.400 2.100
1 800 kgm · min^{-1}
4,0
3,5
3,0
2,5
1.650
0 1 2 3 4 5 6 7 min.
FC (pulsations par minute)
2.700 2.400 2.100
1.800
1.650
190
170
150
0 1 2 3 4 5 6 7 min.
$\dot{V}E$ (l · min^{-1})
2.700 2.400 2.100
1.950
1.800
1.650
160
140
120
100
80
60
0 1 2 3 4 5 6 7 min.
Temps

d'oxygène, était en fait assurée par des oxydations différées; tout exercice est en effet suivi d'une période pendant laquelle l'organisme présente une consommation d'oxygène très nettement supérieure à sa valeur de repos. On dit que l'organisme paie sa *dette d'oxygène*. La double origine de l'énergie libérée pendant l'exercice anaérobie a conduit à distinguer la *dette alactique* et la *dette lactique*.

La mesure de la dette d'oxygène présente quelques difficultés du fait que, après un exercice très intense, la consommation d'oxygène ne revient pas à sa valeur initiale avant plusieurs heures. En fait on admet que l'augmentation du métabolisme de base observée après l'exercice ne correspond pas au remboursement de la dette, et par convention, on mesure la dette d'oxygène pendant l'heure qui suit la fin de l'exercice.

Il est impossible d'effectuer un exercice sans constituer de dette d'oxygène. Si l'exercice est peu intense, la valeur de cette dette ne dépasse pas 2 ou 3 litres et elle est indépendante de la durée de l'exercice; si, au contraire, l'exercice est très dense et conduit à l'épuisement, la valeur mesurée peut dépasser 20 litres. On sait depuis très longtemps que la constitution de dettes d'oxygène importantes s'accompagne de la production de lactate (fig. 4) et que le paiement de la dette va de pair avec la disparition de lactate.

Fig. 8 (cf. p. 32)
Evolution en fonction du temps de la consommation d'oxygène ($\dot{V}_{O_2}$), de la fréquence cardiaque (FC) et du débit ventilé ($\dot{V}E$), chez un sujet qui fournit sur bicyclette ergométrique des exercices de puissances différentes, après un échauffement de 10 minutes. La consommation maximale d'oxygène de ce sujet est de 4,1 l/min et sa puissance maximale aérobie est de 1.800 kgm · min^{-1} (300 watts). Les flèches verticales indiquent à quel moment chacune des puissances fournies a été interrompue sous l'effet de l'épuisement. Seule la puissance de 1.650 kgm · min^{-1} (275 watts) pu être fournie plus longtemps.
Les valeurs inscrites au-dessus des flèches concernant la ventilation indiquent les concentrations sanguines de lactate mesurées à la fin de chacun de ces exercices. La chute de $\dot{V}E$ et $\dot{V}_{O_2}$ notée pour la puissance de 2.400 kgm · min^{-1} (600 watts) provoquée par le fait que le sujet a diminué la puissance fournie avant de cesser l'exercice. D'après P. O. ÅSTRAND et SALTIN (1961).

Cependant toutes les tentatives pour établir une relation entre la quantité d'énergie dépensée pendant l'exercice et la valeur de la dette d'oxygène sont demeurées vaines : citons à ce propos Hermansen (1969) qui a mesuré après un 100 m couru en 11,1 secondes et un 200 m couru en 22,2 secondes, des dettes de 7,7 et 8,1 litres respectivement. Knutgen (1970) a pu observer, après un exercice submaximal de puissance constante, une augmentation progressive de la dette d'oxygène, associée à une diminution progressive de la concentration sanguine du lactate. On peut donc tout au plus considérer la dette

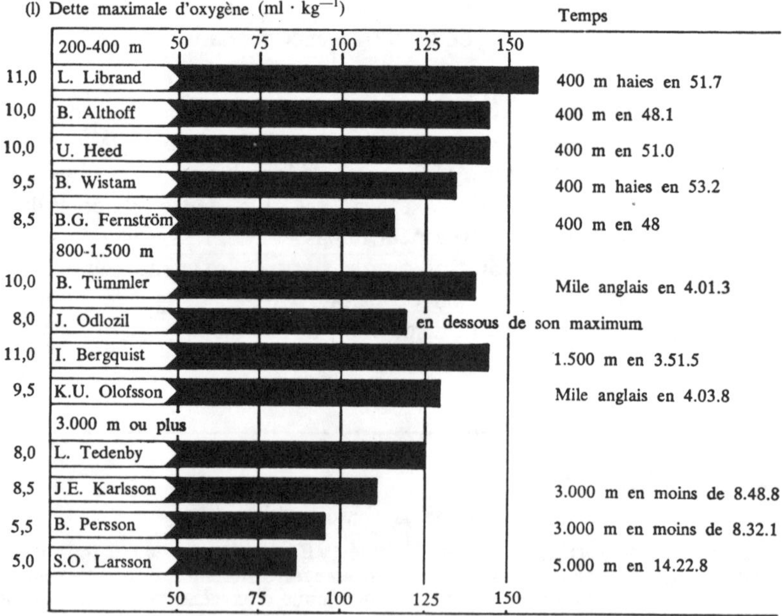

Fig. 9
Dette maximale d'oxygène effective, exprimée en litres, à gauche, et en ml · kg^{-1} (longueur des colonnes), de quelques coureurs Suédois de niveau national et international. La valeur de cette dette est d'autant moins élevée que le coureur est spécialisé dans une longue distance. Les valeurs indiquées ici sont celles de la *dette effective*, qui, en raison du faible rendement de l'oxydation du lactate est égale à la moitié de la *dette réelle*. D'après J. KARLSSON et coll. (1978).

d'oxygène comme le témoin de l'aptitude à travailler dans des conditions anaérobies, comme l'illustre la figure 9, qui dans un groupe d'individus fait apparaître une dette d'oxygène maximale d'autant plus élevée que le sujet est spécialisé dans la compétition sur une distance plus courte.

Nous avons vu que le paiement de la dette lactique et celui de la dette alactique représentent la consommation de quantités d'oxygène dont approximativement la moitié seulement correspond à de l'énergie réellement fournie au cours de l'exercice musculaire. L'habitude a été prise de donner comme valeur de la dette d'oxygène, non pas l'excès de consommation d'oxygène mesuré après la fin de l'exercice, mais la moitié de cette valeur que l'on appelle *dette d'oxygène effective.* Il est dans ces conditions possible de faire la part, dans l'énergie fournie au cours de l'exercice, de ce qui revient aux processus immédiatement aérobies et aux oxydations différées.

F. LA PART RELATIVE DES PROCESSUS AEROBIES ET ANAEROBIES DANS LA PRODUCTION D'ENERGIE

Les processus anaérobies intervenant pour suppléer à l'apport énergétique d'origine aérobie, la part relative de chacun de ces processus dans la fourniture d'énergie est fonction de l'intensité de l'exercice, de sa durée, de l'intensité maximale des processus aérobies (appréciée par $\dot{V}_{O_2}$ max) et de leur inertie.

L'impossibilité pratique dans laquelle on se trouve d'opérer des prélèvements musculaires dans les instants qui suivent une compétition et les incertitudes qui pèsent sur l'interprétation de la dette d'oxygène font que la part relative des processus aérobies et anaérobies ne peut être qu'estimée (tableau V). Pour illustrer l'influence de la durée de l'exercice et de son intensité, nous réaliserons nos estimations à propos des records ayant actuellement cours sur les différentes distances olympiques : tableau I.

Ces estimations reposeront sur les données suivantes :

1. Valeurs des dépenses énergétiques totales (elles-mêmes établies par estimation, elles peuvent être calculées à partir des données de la figure 1).

2. Consommations maximales d'oxygène des coureurs en accord avec les valeurs indiquées dans la figure 5 :

Coureurs sur 100, 200 et 400 m : $\dot{V}_{O_2}$ max : 65 ml · min^{-1} · kg^{-1}.
Coureurs sur 800 et 1 500 m : $\dot{V}_{O_2}$ max : 75 ml · min^{-1} · kg^{-1}.
Coureurs sur 5 000 et 10 000 m : $\dot{V}_{O_2}$ max : 85 ml · min^{-1} · kg^{-1}.

3. La consommation d'oxygène atteint sa valeur maximale d'autant plus rapidement que l'exercice est plus intense (fig. 7). Nous prendrons comme délais :

100, 200 et 400 m : 30 secondes.
800 et 1 500 m : 45 secondes.
5 000 et 10 000 m : 60 secondes.

4. Les réserves d'oxygène dont dispose l'organisme sont de l'ordre de 7 ml · kg^{-1}.

5. La consommation d'un mlO_2 assure la production de 20,8 kJ (énergies mécanique et thermique).

TABLEAU V

Distance m	100	200	400	800	1 500	5 000	10 000
Temps s	9,9	19,7	43,9	102	212	786	1 642
Dépense énergétique totale kJ · kg^{-1}	1,8	3,6	5,3	6,2	9,85	26,9	47,8
Apport énergétique d'origine aérobie kJ · kg^{-1}	0,27	0,60	1,15	2,5	5,3	22,0	46,5
Part relative des processus aérobies %	15	16,7	21,7	40,3	53,8	84	97

Pour illustrer la part relative de chacun des mécanismes dans l'apport d'énergie aux muscles, nous allons prendre le cas d'un individu de 70 kg dont les caractéristiques sont les suivantes :

— *Processus anaérobies :*

• Dégradation du phosphagène
- Débit maximal de production d'énergie : 100 kcal/mn
Capacité : 6 kcal

• Glycolyse anaérobie
- Débit maximal de production d'énergie : 50 kcal/mn
- Capacité : 22,5 kcal

ce qui représente une dette d'oxygène effective maximale de 5,7 l.

— *Processus aérobies :*

• Consommation maximale d'oxygène : 5 l/mn apportant 25 kcal/mn

• Ce sujet présente par ailleurs une inertie de ses processus aérobies, et une aptitude à maintenir sa consommation à un niveau élevé, égale à celles qui ont été données comme valeurs types. Si nous admettons que ce sujet garde une vitesse constante pendant la course, le tableau II fournit une *estimation* de ses meilleurs temps possibles sur un certain nombre de distances, et la part relative de chacun de ses processus dans l'apport d'énergie.

Ce tableau est purement théorique; il met cependant indiscutablement en évidence le fait que plus une distance est courte plus la part des processus anaérobies dans l'apport d'énergie est prépondérante. La part des processus aérobies dans cet apport d'énergie ne dépasse 50 % qu'à partir du moment où la compétition dure plus de deux minutes. Cette évolution de l'influence respective des deux processus est montée par la comparaison des figures 5 et 8. Parmi ces coureurs de classe nationale ou internationale, ce sont ceux qui se sont illustrés dans les longues distances qui présentent les consommations d'oxygène les plus élevées; en revanche, les dettes maximales d'oxygène sont d'autant plus élevées que les coureurs sont spécialisés dans des distances plus courtes.

G. INFLUENCE DES CARACTÉRISTIQUES MUSCULAIRES

La pratique des biopsies musculaires a fait progresser la connaissance des aspects cellulaires de l'exercice. Un certain nombre de faits sont actuellement bien établis. On distingue actuellement deux types de fibres musculaires : les fibres à contraction rapide (FT) et les fibres à contraction lente (ST). L'activité ATPasique (aptitude à dégrader l'A.T.P.) et l'activité des enzymes de la glycolyse anaérobie sont plus élevées au niveau des fibres à contraction rapide; en revanche les fibres ST sont caractérisées par un niveau plus élevé de l'activité oxydative. Une analyse plus fine permet de distinguer parmi les fibres FT, les FTa qui, tout en restant nettement différentes des ST, sont caractérisées par une activité glycolytique plus faible et une activité oxydative plus élevée que celle des FTb.

L'étude de ces fibres permet d'éclairer certains aspect de la course à pied.

1. Relations entre la discipline pratiquée et les caractéristiques musculaires.

C'est à Costill et coll. (1976 *a*) que l'on doit l'étude la plus complète sur cette question. Les principaux résultats en sont consignés dans le tableau VI. Celui-ci montre clairement que le pourcentage des

TABLEAU VI

Catégorie	Sexe	Nombre	Epreuve	Performance moyenne	% fibres ST	% de la surface occupée par les fibres ST
Sprinters	F	2	100 m	11,4 s	27,4	26,8
	H	2	100 m	10,4 s	24,0	23,5
Demi-fond	F	7	800 m	2 min 8,1 s	60,6	60,4
	H	7	800 m	1 min 51,5 s	51,9	46,5
Fond	H	5	5 000 m Marathon	14 min 9 s 2 h 44 min	69,4	62,3

Pourcentage des fibres lentes (ST) et leur importance relative dans la surface de section du muscle, mesurés chez des coureurs spécialisés dans différentes disciplines.

fibres ST est d'autant plus faible que l'athlète est spécialisé sur une distance plus courte. Il existe une légère différence entre les pourcentages de fibres ST observés chez les coureurs de demi-fonds masculins et féminins. Cependant, à l'époque où a été effectuée cette étude (1975), les femmes avaient moins l'occasion que les hommes de s'affronter sur des distances plus longues; on trouve donc peut-être parmi celles qui se sont spécialisées dans le demi-fond, des femmes qui eussent pu briller davantage dans les disciplines de fond.

On n'a jamais pu, jusqu'à présent, mettre en évidence l'influence de l'entraînementsur la répartition des types de fibres musculaires. Les différences observées doivent donc être considérées comme le fruit d'une sélection. Il est par ailleurs intéressant de noter que quelle que soit la discipline, le pourcentage d'un type de fibre est sensiblement égal à sa surface relative. L'entraînement propre à chaque discipline ne semble donc pas développer sélectivement un type de fibre.

Une autre étude de Costill et coll. (1976 *b*) conduit cependant à nuancer ces conclusions. Chez des coureurs de fond dont les performances étaient nettement supérieures à celles de l'étude précédente (2 h 20 min en moyenne au Marathon), la surface relative des fibres ST (82,9 %) était significativement supérieure à leur pourcentage (79,0 %). Par ailleurs dans ce groupe le classement par ordre de performances était indépendant du pourcentage de fibres ST : ainsi, celui dont le pourcentage de fibres ST était le plus élevé (98 %) avait une moins bonne performance au marathon que celui dont le pourcentage était le plus bas (50 %).

2. *Relation entre la discipline et l'activité métabolique des fibres musculaires.*

Cette question est exposée en détail dans une revue effectuée par Denis et Lacour (1979); résumons en les principaux éléments :

- Chez les athlètes spécialisés dans le sprint court, on note une activité lactate deshydrogénase (LDH) élevée; cette caractéristique semble liée au pourcentage élevé de fibres rapides et non à l'entraînement. En revanche c'est à l'entraînement que l'on peut attribuer l'élévation des activités ATPasiques et phosphorylasique notées chez les sprinters.

- Chez le spécialiste du sprint long et du demi-fond (800-1 500 m) l'activité LDH n'est pas significativement différente de celle mesurée chez le sédentaire, ce que l'on peut attribuer au pourcentage moyen de fibres ST relevé chez ces coureurs. Ceci mérite d'être souligné quand on connaît le rôle important joué par le métabolisme lactique dans ces disciplines.

- Chez les spécialistes de l'exercice de longue durée l'activité des enzymes du métabolisme aérobie est plus élevée que celle des sédentaires ou des spécialistes d'autres disciplines. Il existe une corrélation entre activité SDH et $\dot{V}_{O_2}$ max, mais ces deux facteurs sont en fait liés à un troisième : l'entraînement. L'activité SDH est, encore plus que $\dot{V}_{O_2}$ max, indépendante des facteurs génétiques et paraît surtout liée à la quantité d'entraînement de type aérobie.

Ce survol rapide de l'étude des fibres musculaires nous permet donc de distinguer les disciplines de vitesse qui semblent pour le moment liées à des qualités innées sur lesquelles l'entraînement ne paraît pas exercer d'influence, et les disciplines de fond, liées elles aussi à des qualités innées auxquelles s'ajoutent les conséquences de l'entraînement. Quoi qu'il en soit, les données fournies par l'étude d'un échantillon musculaire sont pour le moment d'ordre tellement général qu'elles ne permettent ni de prévoir ni même d'expliquer les performances d'un individu.

3. Les réactions générales de l'organisme pendant la course

Les échanges gazeux

L'activité musculaire s'accompagne d'un certain nombre de manifestations ventilatoires et circulatoires. Ces modifications présentent une signification fonctionnelle : elles assurent l'approvisionnement des muscles en oxygène et en substrats et permettent une meilleure évacuation du dioxyde de carbone, du lactate et de la chaleur. Nous nous bornerons à étudier les réactions qui participent à l'augmentation des échanges gazeux, d'abord parce que ce sont les plus évidentes et aussi parce que leur connaissance permet très facilement d'apprécier l'intensité relative d'un exercice. Leur connaissance permet donc d'assurer un contrôle assez précis de l'intensité de l'entraînement.

La figure 9 schématise les différentes opérations qui permettent à l'organisme d'amener jusqu'aux fibres musculaires l'oxygène prélevé dans l'atmosphère, et d'évacuer le dioxyde de carbone produit. Cette chaîne de transport des gaz comporte différentes étapes mettant en jeu des processus différents. Ainsi l'oxygène présent dans l'atmosphère va d'abord être mobilisé par l'appareil ventilatoire, diffuser jusqu'au sang qui l'amène au contact des tissus, et enfin, à ce niveau, diffuser jusqu'à l'intérieur des cellules. Le dioxyde de carbone suit la même filière, mais en sens inverse.

A. LA VENTILATION

Au repos, le débit ventilatoire est de 5 à 6 litres par minute. Ce débit est assuré par une fréquence ventilatoire d'environ 12 cycles par minute; le volume de gaz mobilisé lors d'un cycle, *le volume courant*, est donc de 500 ml.

Dès les premières secondes de la course, le débit ventilatoire est augmenté, ce phénomène, *l'accrochage ventilatoire*, est d'autant plus

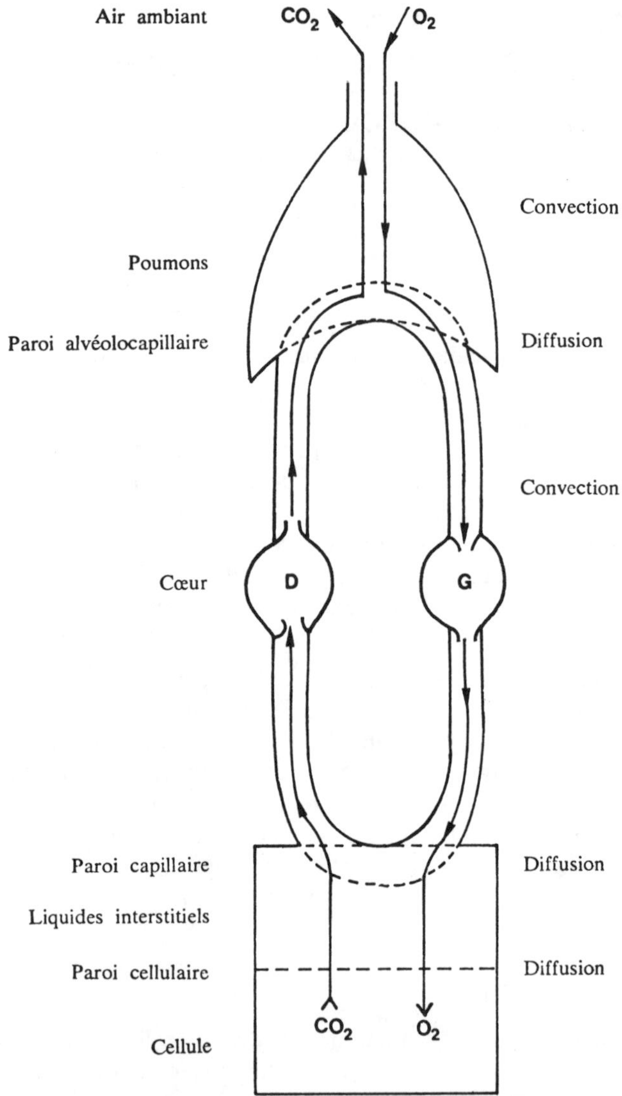

Fig. 10

Représentation schématique de la chaîne de transport des gaz entre l'air ambiant et les cellules. D'après R. FLANDROIS et J. R. LACOUR : L'adaptation respiratoire et circulatoire à l'exercice musculaire : Influence de l'entraînement chez le sujet normal et le coronarien. J. Méd. Lyon. *54,* 817-830, 1973.

marqué que l'exercice est plus intense (cette relation n'est plus valable lorsque l'exercice devient tellement intense que le coureur bloque sa cage thoracique). L'accrochage ventilatoire est suivi d'une augmentation progressive du débit ventilatoire; celui-ci se stabilise en une ou deux minutes, à un niveau d'autant plus élevé que l'exercice est plus intense (fig. 8).

L'étude de l'influence de la puissance sur le niveau auquel se stabilise le débit ventilatoire (fig. 11), montre que l'augmentation de ce débit est pratiquement proportionnelle à la puissance, jusqu'à ce que celle-ci atteigne la puissance maximale aérobie de l'individu. A ce niveau, le débit ventilatoire atteint déjà 140 à 150 litres par minute chez les sujets dont $\dot{V}_{O_2}$ max. est compris entre 4,5 et 5 litres par minute. Lorsque la puissance fournie atteint des niveaux supramaximaux, le débit ventilatoire augmente rapidement pour atteindre un niveau extrêmement élevé : Saltin et Åstrand (1967), ont même observé un débit de 200 litres par minute, chez un coureur de fond de niveau international.

L'augmentation régulière du débit ventilatoire en fonction de la puissance, lorsque celle-ci reste inférieure à la puissance maximale aérobie, assure le maintien de la composition du gaz alvéolaire à son niveau de repos. Lorsque l'exercice devient supramaximal et que le débit ventilatoire augmente encore, alors que la consommation d'oxygène plafonne, la teneur du gaz alvéolaire en oxygène augmente, tandis que sa teneur en dioxyde de carbone diminue. *C'est donc au cours de l'exercice supramaximal, alors que le coureur éprouve une gêne respiratoire intense, que le gaz contenu dans ses alvéoles est le plus riche en oxygène et le plus pauvre en dioxyde de carbone.*

L'étude de la figure 10 montre que le débit ventilatoire, après avoir augmenté de façon sensiblement linéaire en fonction de la puissance, commence à partir d'un certain seuil à augmenter de plus en plus rapidement. Wasserman et coll. (1973) ont établi un parallèle entre cette évolution du débit ventilatoire et celle de la concentration sanguine du lactate, d'où le nom de *seuil anaérobie* donné à la puissance relative qui correspond à cette rupture de pente. L'expérience a montré que l'entraînement à l'exercice de longue durée détermine une élévation du seuil anaérobie : alors que celui-ci se situe aux environs de 55 à 60 %

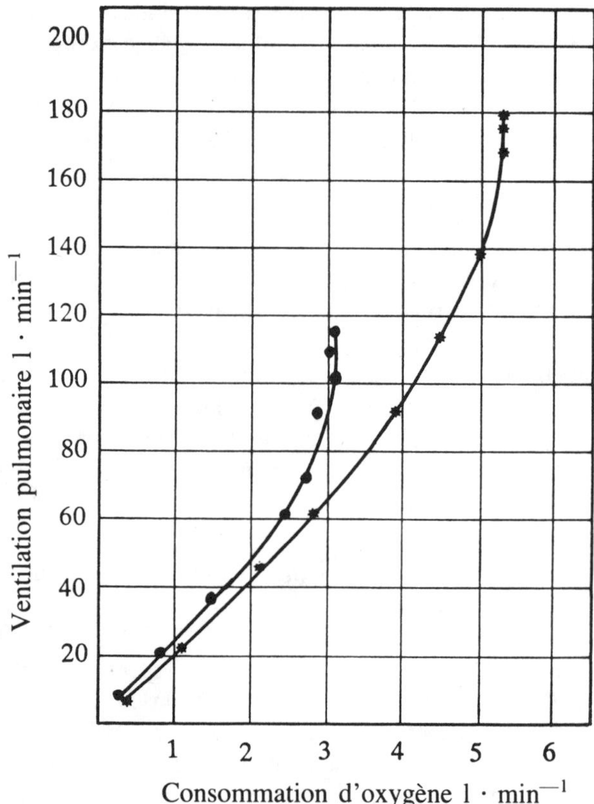

Fig. 11
Evolution du débit ventilatoire en fonction de $\dot{V}_{O_2}$ lors de l'exercice, chez deux sujets. Lorsque la puissance fournie dépasse la puissance maximale aérobie, le débit ventilé continue à augmenter alors que $\dot{V}_{O_2}$ plafonne. D'après SALTIN et P. O. ÅSTRAND (1967).

de la P.M.A. chez le sédentaire, il dépasse 80 % de la P.M.A. chez l'individu très entraîné. La mesure de ce seuil est donc de plus en plus utilisée pour apprécier l'aptitude à l'exercice de longue durée.

L'augmentation du débit ventilatoire est assurée par une élévation de la fréquence ventilatoire et par une augmentation du volume courant; cette dernière est assurée par un accroissement de l'ampleur des inspirations et des expirations. Un système de régulation très précis, qui siège au niveau médullaire permet de réaliser ces mouvements ventilatoires au prix de la dépense d'énergie minimale; le contrôle volontaire de la ventilation a généralement pour effet de diminuer cette efficacité, sauf peut-être lorsque les coureurs ont tendance à maintenir leur cage thoracique en position inspiratoire en réduisant l'ampleur de leurs expirations; mais ce phénomène, souvent cité semble en fait être assez rarement observé.

Dès la fin de l'exercice, le débit ventilatoire diminue brusquement : après les exercices intenses cette diminution du débit peut atteindre plusieurs dizaines de litres par minute. Le débit retourne ensuite progressivement à sa valeur de repos, en suivant une évolution parallèle à celle de la consommation d'oxygène.

B. LE TRANSPORT DES GAZ PAR LE SANG

Dans les poumons et les tissus, le sang s'étale pour réaliser ses échanges, sur des surfaces dépassant 80 m^2, et la durée de contact est suffisamment longue, même au cours de l'exercice, pour que l'équilibre puisse se réaliser entre le sang et le milieu avec qui il est en contact. La composition du sang veineux reflète donc parfaitement les conditions qui règnent au niveau des tissus et celle du sang artériel, la composition du gaz alvéolaire.

Au repos, 100 ml de sang artériel contiennent 20 ml d'oxygène et 49 ml de dioxyde de carbone (ce qui s'exprime par : Ca_{O_2} = 20 ml % et Ca_{CO_2} = 49 ml %). Le sang veineux qui résulte du mélange des sangs veineux provenant des différents territoires périphériques, appelé pour cette raison sang veineux mêlé, contient avant son passage dans les poumons moins d'oxygène : $C\bar{v}_{O_2}$ = 15 ml %, et plus de dioxyde de carbone : $C\bar{v}_{CO_2}$ = 53 ml %.

Lors de la course, la composition du sang artériel n'est pratiquement pas modifiée; on note cependant, lorsque la puissance fournie se rapproche de la puissance maximale aérobie du sujet, une légère augmentation du contenu en oxygène : Ca_{O_2} = 20,5 ml % et une légère diminution du contenu en dioxyde de carbone : Ca_{CO_2} = 47 à 48 %. La composition du sang veineux mêlé est en revanche modifiée : il est d'autant plus désaturé en oxygène et enrichi en dioxyde de carbone que l'exercice est plus intense : $C\bar{v}_{O_2}$ s'abaisse jusqu'à 3 ou même 2 ml % alors que $C\bar{v}_{O_2}$ peut atteindre 70 ml %. Saltin et coll. (1968), ont prélevé du sang dans la veine fémorale de sujets effectuant une course sur tapis roulant; ils ont montré que dans ce sang, provenant presque exclusivement des muscles en activité, les modifications étaient encore plus importantes : ainsi, lorsque ces sujets atteignaient leur puissance maximale aérobie, le contenu en oxygène de ce sang n'était plus en moyenne que de 1,4 ml %. Ces données sont résumées dans le tableau III.

TABLEAU III

Contenus en oxygène et en dioxyde de carbone des sangs artériel et veineux mêlé d'un sujet bien entraîné, au repos et lors d'une course à la vitesse déterminant la consommation maximale d'oxygène.

		Sang artériel	Sang veineux mêlé
Contenu en O_2	Repos	20 ml %	15 ml %
	Exercice maximal	20,5 ml %	2 ml %
Contenu en CO_2	Repos	49 ml %	53 ml %
	Exercice maximal	48 ml %	70 ml %

La lecture de ce tableau montre que, au cours de l'exercice, la capacité de transport de l'unité de volume de sang est augmentée : ainsi au repos, 100 ml de sang contiennent 20 ml d'O_2 au sortir des poumons et 15 ml au retour des tissus; ils ont donc transporté effectivement 20 — 15 = 5 ml d'O_2. Lors de l'exercice, la quantité d'oxygène effectivement transportée entre les poumons et les tissus augmente progressivement pour atteindre sa valeur maximale lors de l'exercice maximal : dans ces conditions cette quantité transportée atteint dans l'exemple choisi 20,5 — 2 = 18,5 ml d'O_2. Un phénomène comparable intervient pour le transport du dioxyde de carbone. Chez le sujet sédentaire, les modifications du sang veineux mêlé sont moins importantes : on mesure en moyenne lors de l'exercice maximal $C\bar{v}_{CO_2}$ = 68 ml %. La quantité de gaz transportée par chaque unité de volume de sang est donc légèrement moins importante.

C. LE DEBIT CARDIAQUE ($\dot{Q}$)

Les mesures pratiquées sur des sujets alors qu'ils couraient sur tapis roulant ou travaillaient sur bicyclette ergométrique, ont montré que l'exercice augmente le débit cardiaque. La valeur de cette augmentation du débit est fonction de l'augmentation de $\dot{V}_{O_2}$. Le tableau IV donne la valeur moyenne de ce débit pour un certain nombre de valeurs de la consommation d'oxygène.

TABLEAU IV

Valeurs moyennes du débit cardiaque correspondant à quelques niveaux de consommation d'oxygène, mesurés au repos et lors de l'exercice.

	Repos	Exercice		
$\dot{V}_{O_2}$ l/mn	0,25	1	3	5
$\dot{Q}$ l/mn	5	8	18	28

Cette évolution du débit cardiaque en fonction de la consommation d'oxygène est la même pour tous les sujets : ainsi pour une même consommation d'oxygène, un sujet sédentaire et un sujet en bonne condition physique présentent presque le même débit cardiaque; le second se distingue donc du premier avant tout par le fait qu'il peut atteindre des valeurs de débit cardiaque beaucoup plus élevées.

En réunissant les données fournies par les tableaux III et IV, il est possible de voir la part respective de l'augmentation de la différence artério-veineuse pour l'oxygène et de l'augmentation du débit cardiaque, dans le transport de l'oxygène. Chez un sujet sédentaire fournissant sa puissance maximale aérobie, $\dot{V}_{O_2}$ passe de 0,25 à 3 litres par minute, la consommation d'oxygène est donc multipliée par 12. Cette augmentation est assurée par la multiplication de 3,6 du débit cardiaque qui passe de 5 litres à 18 litres par minute, et par une multiplication par 3,3 de la différence artério-veineuse pour l'oxygène qui passe de 5 à 16,5 ml %. Chez un sujet en bonne condition physique dont $\dot{V}_{O_2}$ max = 5 l · min^{-1}, cette multiplication par 20 de la consommation d'oxygène est assurée par une multiplication du débit cardiaque par 5,6 et de la différence artério-veineuse pour l'oxygène, par 3,6.

Le débit cardiaque, $\dot{Q}$, exprimé en ml · min^{-1} est égal au produit du volume de sang injecté lors de chaque systole, VS, exprimé en ml, par la fréquence cardiaque, f, exprimée en systoles · min^{-1} :

$$\dot{Q} = VS \times f$$

Ces deux facteurs interviennent pour assurer l'augmentation du débit cardiaque.

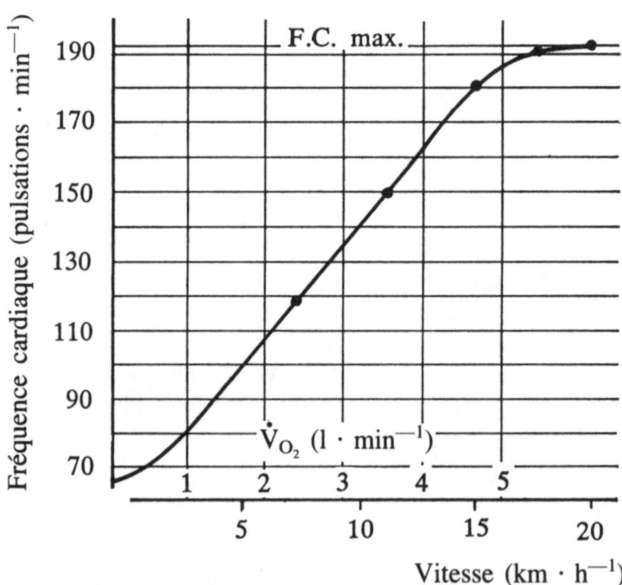

Fig. 12

Evolution de la fréquence cardiaque en fonction de $\dot{V}_{O_2}$ chez un sujet courant à différentes vitesses sur un tapis roulant incliné de 3 degrés dans le sens de la montée, la fréquence cardiaque et $\dot{V}_{O_2}$ atteignent leur valeur maximale pour la même vitesse de course. D'après J. KARLSSON et coll. (1967).

D. LA FREQUENCE CARDIAQUE

Influence de la puissance fournie

Comme le montre la figure 12, l'augmentation de la fréquence cardiaque lors de la course est directement proportionnelle à l'augmentation de $\dot{V}_{O_2}$, cette augmentation linéaire de la fréquence cardiaque cesse lorsque le sujet atteint sa consommation maximale d'oxygène.

La fréquence cardiaque maximale

Lors d'une étude systématique portant sur plusieurs centaines de sujets, P.O. Åstrand (1952) a montré que la valeur de cette fréquence cardiaque maximale est avant tout influencée par l'âge : la valeur de cette fréquence cardiaque maximale atteint en moyenne son niveau le plus élevé, 210 pulsations par minute, chez les sujets âgés de 10 ans, puis elle diminue régulièrement d'une pulsation par année d'âge. Ainsi, elle n'est plus que de 180 pulsations par minute à 40 ans. Il est bien entendu que ceci ne concerne que des valeurs moyennes : dans une tranche d'âge donné, la fréquence cardiaque maximale de 95 % des sujets se situe entre deux valeurs limites définies par les 10 pulsations de part et d'autre de la valeur moyenne.

De ces observations, toutes réalisées lors d'exercices pratiqués en laboratoire sur cycloergomètre ou tapis roulant, est née la conviction que la fréquence cardiaque maximale présente une valeur immuable chez un individu d'âge donné. En fait, il semble bien que la fréquence cardiaque maximale puisse être influencée par le type d'exercice pratiqué. Les observations de Brikci et Dibie (1981), qui vont être citées plus en détail dans quelques lignes, fournissent un bel exemple de ce phénomène.

Evolution de la fréquence cardiaque en fonction du temps

Au cours d'un exercice de puissance déterminée, la fréquence cardiaque suit une évolution comparable à celle de la ventilation. Dès les premières secondes de la course apparaît une augmentation de la fréquence cardiaque; celle-ci continue ensuite à augmenter pour se stabiliser en quelques minutes à un niveau qui est déterminé par la puissance relative de l'exercice. Dès la fin de l'exercice, la fréquence cardiaque diminue d'abord brusquement pour retourner ensuite progressivement à sa valeur de repos. Lorsque la puissance fournie est supérieure à la puissance maximale aérobie ,lors d'une compétition par exemple, on retrouve ces différentes phases à ceci près que la fréquence cardiaque maximale est atteinte en quelques secondes, d'autant plus rapidement que la puissance fournie dépasse largement la puissance maximale aérobie (fig. 8). Des enregistrements pratiqués en compétition par télémétrie montrent que cette fréquence, considérée comme maximale si l'on se réfère aux mesures pratiquées en laboratoire, peut ensuite être dépassée pour atteindre en fin de course des valeurs qui lui sont supérieures de 15 à 20 battements · min^{-1} (fig. 13). La mesure d'autres données physiologiques ne pouvant être pratiquée en compétition, rien ne permet de savoir si cette augmentation de la fréquence cardiaque détermine une augmentation du débit cardiaque et donc de $\dot{V}_{O_2}$. A la fin de l'exercice, la fréquence cardiaque diminue brusquement d'une valeur qui peut atteindre près de 20 pulsations par minute en une dizaine de secondes, puis survient une diminution progressive de la fréquence, avec retour à la normale d'autant plus lent que la dette d'oxygène contractée au cours de l'exercice a été plus importante.

Il faut retenir de cette évolution la diminution très rapide de la fréquence cardiaque dès la fin de l'exercice : une fréquence cardiaque

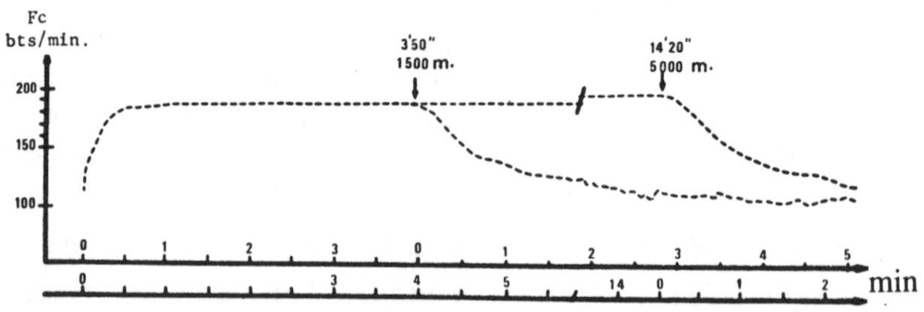

Fig. 13

Evolutions chez un sujet de la fréquence cardiaque au cours d'épreuves courues à un niveau inter-régional. Les valeurs mesurées à la fin du 1 500 et du 5 000 m sont respectivement de 188 et 198 battements · min^{-1}, contre 183 à la fin d'une épreuve maximale sur tapis roulant. D'après BRIKCI et DIBIE, 1981.

même lorsqu'elle est mesurée dans les 15 premières secondes qui suivent la fin de l'exercice, ce qui en fait est difficilement pratiquable, donne une valeur très nettement sous-estimée de la fréquence cardiaque réellement atteinte pendant le travail.

Au cours des exercices de longue durée, tels que la course du Marathon, la puissance fournie est inférieure à la puissance maximale aérobie et la fréquence cardiaque, après avoir atteint dès la cinquième ou la sixième minute le niveau correspondant à la puissance relative fournie, va s'élever insensiblement, sous l'influence de la déshydratation, jusqu'à atteindre sa valeur maximale pour le type d'exercice considéré. Les expériences pratiquées sur tapis roulant ou sur bicyclette ergométrique et destinées à mesurer la durée pendant laquelle un sujet peut travailler à un pourcentage donné de sa puissance maximale aérobie, montrent qu'à partir du moment où cette fréquence cardiaque maximale est atteinte, le sujet ne peut pas continuer son exercice plus d'une dizaine de minutes. Si en compétition, le coureur a mal choisi sa vitesse et atteint sa fréquence cardiaque maximale trop tôt, il est obligé pour pouvoir terminer l'épreuve, de réduire sa vitesse de façon importante.

E. LE VOLUME D'EJECTION SYSTOLIQUE (VS)

Le volume d'éjection systolique est le volume de sang éjecté dans les artères par les ventricules au cours de leur contraction, ou *systole*. Ce volume éjecté ne représente pas la totalité du sang contenu dans le cœur à la fin de la période de remplissage ou *diastole* : au repos, il en représente environ la moitié : il reste donc dans le ventricule, après la systole, un *résidu postsystolique*.

Le volume d'éjection systolique est augmenté pendant la course : cette augmentation est d'autant plus importante que la puissance fournie est élevée. Lorsque le sujet atteint ou dépasse la vitesse qui détermine sa consommation maximale d'oxygène, ce volume dépasse d'environ 50 % sa valeur de repos; cette augmentation de VS est due pour une faible part à une augmentation du volume de fin de diastole, mais avant tout à une amélioration de l'évacuation ventriculaire liée à l'augmentation de l'énergie des contractions; ceci se traduit donc par une diminution du résidu post-systolique. Les travaux de Åstrand et coll. (1964) ont permis de mettre en évidence le fait que, en aucun cas, l'élévation de la fréquence cardiaque ne s'accompagne d'une diminution de VS. Au cours de l'exercice, la fréquence cardiaque peut donc atteindre sa valeur maximale sans que le remplissage du cœur en soit gêné.

Pour deux sujets de même âge, mais d'aptitudes physiques différentes, qui accomplissent un exercice représentant la même puissance relative, nous avons vu que les fréquences cardiaques sont pratiquement les mêmes, et pourtant le même pourcentage de puissances maximales aérobies différentes représente des puissances différentes. Dans ces conditions les consommations d'oxygène et donc les débits cardiaques sont différents; ces deux sujets se distinguent donc par leur volume d'éjection systolique. Par exemple, deux sujets de 20 ans, présentant l'un un $\dot{V}_{O_2}$ max. de $3\ l \cdot min^{-1}$ et l'autre un $\dot{V}_{O_2}$ max. de $5\ l \cdot min^{-1}$, présentent respectivement, comme nous l'avons vu, un débit cardiaque maximal de 18 litres et de 28 litres par minute : leur fréquence cardiaque maximale étant la même, le premier présente un volume d'éjection systolique maximal de 90 ml (18.000/200) et l'autre de 140 ml (28.000/200). C'est la valeur plus importante de VS qui permet au sujet le plus apte de fournir la même puissance submaximale avec une fréquence cardiaque moins élevée.

F. LES ECHANGES GAZEUX AU NIVEAU DES MUSCLES EN ACTIVITE

La masse musculaire mise en jeu lors de la course, soit environ 20 kg pour un homme de 75 kg, consomme au repos 50 ml d'oxygène par minute, c'est à elle qu'est destiné tout le surplus de consommation d'oxygène mesuré au cours de l'exercice. Pour un homme dont le métabolisme de repos est multiplié par 20 au cours de l'exercice maximal ($\dot{V}_{O_2}$ max $= 5\ l \cdot min^{-1}$), la consommation d'oxygène au niveau des muscles en activité est pratiquement multipliée par 100; la production de gaz carbonique est augmentée dans les mêmes proportions.

Deux phénomènes rendent possible cette intensification des échanges entre le sang et le muscle.

— La baisse de pression d'oxygène et l'augmentation de la pression de gaz carbonique au niveau des cellules musculaires facilitent les échanges gazeux entre les capillaires sanguins et ces dernières.

— La vaso-dilatation des artérioles musculaires et surtout des capillaires auxquels elles se distribuent, détermine une augmentation de la surface d'échange et une augmentation du débit sanguin au niveau du muscle. Lors de l'exercice maximal, ce débit peut être multiplié par plus de 30.

G. LA PRESSION ARTERIELLE AU COURS DE L'EXERCICE

La mesure de la pression artérielle par une méthode indirecte impliquant la compression d'un tronc artériel périphérique, est habituellement utilisée chez l'individu au repos. Cette méthode lorsqu'elle a été appliquée à la mesure de la pression artérielle au cours de l'exercice a fourni des valeurs de la pression artérielle systolique, extrêmement élevées (240 mmHg) alors que pour un sujet de 20 ans, valeur normale de repos est comprise entre 120 et 140 mmHg. En fait les mesures directes de la pression artérielle au cours de l'exercice, grâce à l'introduction de cathéters dans l'arbre artériel a montré que ces résultats étaient totalement aberrants et reflétaient avant tout les modifications de forme de l'onde du pouls dans l'arbre artériel périphérique. La pression qui s'exerce sur la paroi des vaisseaux ou *pression latérale* n'est pas modifiée au cours de l'exercice. Si au lieu de mesurer cette pression latérale, on mesure la *pression terminale,* c'est-à-dire celle qui s'exerce sur un obstacle qui, à l'intérieur de l'arbre artériel, s'oppose à l'écoulement du sang, on constate que cette pression augmente légèrement en fonction de la puissance relative de l'exercice (fig. 14), pour atteindre en moyenne, pour sa valeur systolique 175 mmHg à la puissance maximale aérobie. Les exercices dont la puissance est supérieure ne s'accompagnent pas d'une augmentation sensiblement plus importante de la pression artérielle. Cette discordance entre la pression latérale qui reste constante et la pression terminale qui augmente, traduit le fait que cette dernière rend compte non seulement de la pression exercée par le sang sur la paroi des vaisseaux, mais également de l'énergie cinétique des particules de sang; or celle-ci est augmentée lors de l'exercice car l'augmentation du débit cardiaque s'accompagne d'un accroissement de la vitesse des particules de sang. La mesure de la pression terminale permet donc de mieux saisir la nature des contraintes imposées au cœur lors de l'exercice.

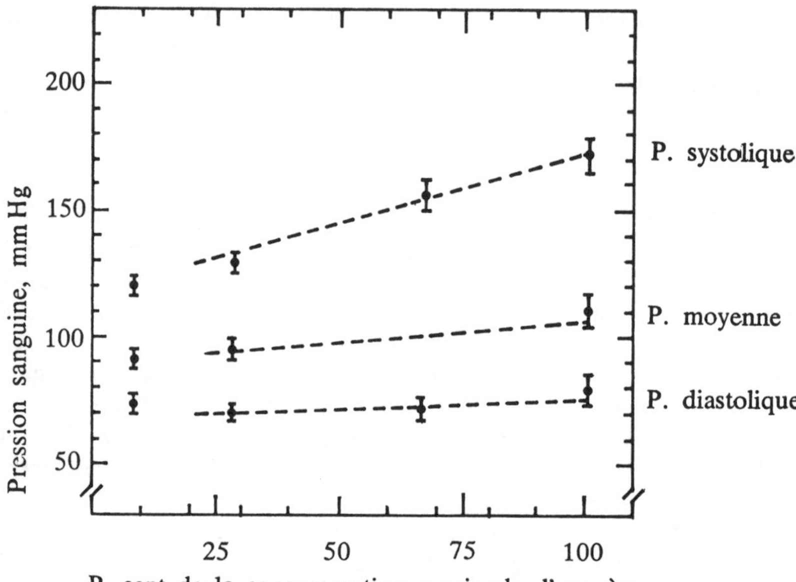

Fig. 14
Evolution de la pression artérielle (terminale), en fonction de la puissance relative de l'exercice. Valeurs obtenues au cours d'exercices inframaximaux et maximaux. Le cathéter était introduit dans l'artère fémorale. Les points placés à gauche des droites représentent les valeurs moyennes mesurées au repos. Les autres points représentent les pressions mesurées pour trois niveaux différents de $\dot{V}_{O_2}$. Les lignes verticales de part et d'autre des points représentent ± 1 erreur standard de la moyenne. D'après P.O. ÅSTRAND et coll. (1978).

Le maintien de la pression artérielle à un niveau sensiblement normal alors que le débit cardiaque est augmenté, résulte de la vaso-dilatation qui règne au niveau des muscles en activité; ce phénomène n'est que très partiellement compensé par la vaso-constriction qui intéresse les viscères et les territoires musculaires au repos, et détermine une diminution importante des résistances périphériques.

H. FACTEURS LIMITANT LA CONSOMMATION MAXIMALE D'OXYGENE

Le niveau auquel se situe la consommation maximale d'oxygène constitue un facteur déterminant de l'aptitude à fournir une bonne performance dans les courses de demi-fond et surtout de fond. De nombreux auteurs se sont donc attachés à chercher parmi les facteurs qui assurent le transport de l'oxygène depuis l'atmosphère jusqu'aux tissus (voir fig. 10) celui qui est incapable d'augmenter sa capacité de transport alors que la quantité d'oxygène disponible en amont augmente. La connaissance de ce facteur limitant, s'il existe, est en effet susceptible d'orienter l'entraînement.

On sait depuis longtemps que chez le sujet normal, la ventilation ne constitue pas le facteur limitant; il suffit pour s'en convaincre d'observer la figure 11 qui montre que lorsque la puissance de l'exercice atteint un niveau supramaximal, le débit ventilatoire est encore susceptible d'augmenter alors que la consommation d'oxygène plafonne. La capacité de diffusion des poumons pour l'oxygène n'intervient pas non plus pour limiter ce transport de l'oxygène.

L'appareil respiratoire étant donc susceptible de fournir à l'organisme plus d'oxygène qu'il ne peut en consommer, deux facteurs semblent en fait susceptibles de limiter cette consommation maximale : soit le cœur s'il est incapable d'augmenter son débit au-delà d'un certain niveau, soit les tissus, s'ils ne peuvent augmenter l'intensité de leurs oxydations au-delà d'une valeur limite, quelle que soit la quantité d'oxygène mise à leur disposition. Il est difficile, dans les conditions normales de déterminer clairement la part qui revient à chacun de ces mécanismes car ils sont étroitement liés : ainsi, une augmentation de l'apport d'oxygène à des tissus qui ont atteint leur intensité limite d'oxydation détermine à leur niveau une hyperoxie relative qui provoque elle-même une vaso-constriction dont la conséquence est une réduction du volume d'éjection systolique.

Plusieurs expériences ont tenté de dissocier ces deux facteurs : elles ont été récemment passées en revue par Åstrand (1977), que nous résumons ici :

— L'hypoxie aiguë détermine une diminution de $\dot{V}_{O_2}$ max.,

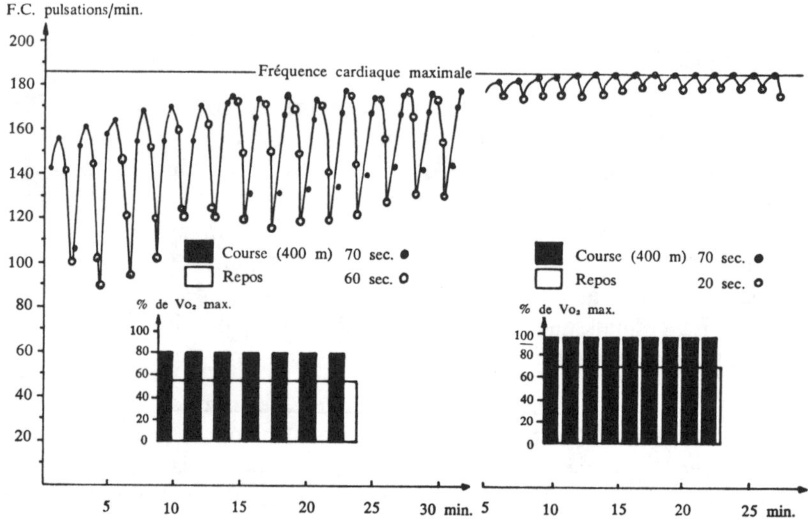

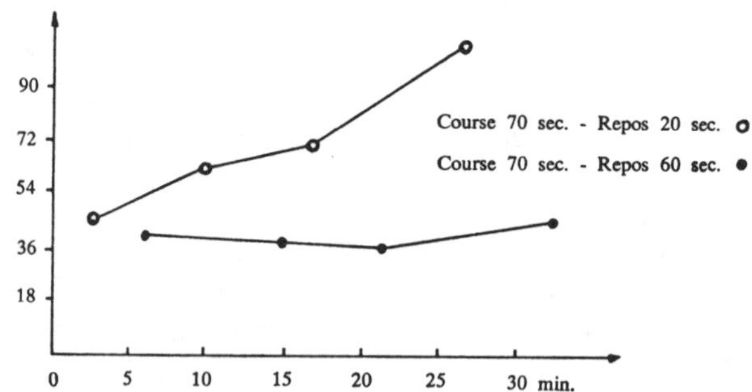

Fig. 15

Evolution de la fréquence cardiaque et de la concentration sanguine du lactate au cours d'une séance de 30 minutes d'entraînement, consistant en une série de 400 m courus en 70 s séparés par des intervalles de repos.
Dans un cas (tracé de gauche pour FC, points sombres pour la concentration du lactate) les intervalles de repos duraient 60 s.
Dans un autre cas (tracé de droite pour FC, points clairs pour la concentration sanguine du lactate), les intervalles de repos ne duraient que 20 s.
Les rectangles verticaux gris et clairs représentent les consommations d'oxygène moyennes mesurées respectivement lors des périodes d'exercices et des intervalles de repos. J. KARLSSON et coll. (1978).

alors que le débit cardiaque maximal n'est pas modifié. C'est donc en abaissant le contenu en oxygène du sang artériel que l'hypoxie intervient.

— Des sujets placés en atmosphère hyperoxique par inhalation d'un mélange gazeux contenant 50 % d'oxygène à la pression atmosphérique du niveau de la mer, présentent une augmentation de $\dot{V}_{O_2}$ max. de l'ordre de 12 %, alors que leur débit cardiaque maximal n'est pas significativement augmenté.

— En bloquant par le monoxyde de carbone (CO), 15 % de l'hémoglobine, chez un groupe de sujets, on a réduit leur $\dot{V}_{O_2}$ max. de 15 % également, sans que leur débit cardiaque soit notablement diminué.

— Il est possible de diminuer la consommation maximale d'oxygène d'un sujet en lui prélevant des quantités importantes de sang (800 ml). La réinfusion de ce sang au sujet après qu'il ait recouvré spontanément une masse globulaire normale, détermine chez lui une augmentation transitoire de $\dot{V}_{O_2}$ max.

Toutes ces expériences ont mis en évidence le fait qu'il est possible d'amener $\dot{V}_{O_2}$ max. à une valeur supérieure ou inférieure à sa valeur habituelle, en augmentant ou en diminuant la capacité de transport de l'oxygène du sang, alors que le débit cardiaque reste pratiquement fixé à sa valeur maximale du moment. C'est donc à ce niveau que l'on peut situer le facteur limitant car les cellules semblent capables d'augmenter l'intensité de leurs oxydations quand la quantité d'oxygène mise à leur disposition est elle-même augmentée.

4. Quelques aspects de l'entraînement

Il ne peut être question de traiter ici tous les problèmes concernant l'entraînement; seules seront évoquées les modifications physiologiques qui sont déterminées par l'entraînement. A la lumière de ces renseignements, quelques lignes de conduites générales seront proposées :

A. LES MODIFICATIONS PHYSIOLOGIQUES QUI RESULTENT DE L'ENTRAINEMENT

1. Augmentation de l'aptitude anaérobie

La pratique répétée d'exercices intenses est susceptible, lors des épreuves sur courte distance, d'augmenter la vitesse de course et la durée pendant laquelle cette vitesse peut être maintenue; elle est enfin susceptible d'augmenter les réserves de puissance qui sont utilisées à la fin d'une course de demi-fond ou de fond.

Cette amélioration fonctionnelle se traduit par un certain nombre de modifications physiologiques :

— La concentration intramusculaire du phosphagène semble susceptible d'augmenter assez légèrement. D'après Karlsson et coll. (1972), il semble que ce soit en augmentant le diamètre des fibres musculaires et donc la masse musculaire globale que l'entraînement intervienne pour augmenter les réserves de phosphagène dont dispose le sujet, mais il faut remarquer que ces observations ont été réalisées lors d'un entraînement à l'exercice de longue durée.

— La capacité de l'organisme à assurer une glycolyse anaérobie importante est nettement améliorée : au niveau du cytoplasme des fibres rapides, la concentration en glycogène est augmentée, de même que l'activité de certaines des enzymes qui assurent la glycolyse. Pour des raisons qui restent indéterminées, l'ensemble de l'organisme améliore sa capacité à supporter l'augmentation générale de l'acidité qui résulte de la diffusion de l'acide lactique. Il faut cependant noter que la glycolyse anaérobie se produit avant tout dans les fibres blanches à contraction rapide; or le nombre de celles-ci semble fixé par des facteurs génétiques dès le cinquième mois de la vie embryonnaire, et reste totalement insensible à l'activité de l'individu.

Ce dernier élément illustre bien les limites de ce type d'entraînement. Si les possibilités d'augmentation de l'aptitude anaérobie sont indéniables, elles sont insuffisantes pour transformer un sujet lent en un sujet rapide, et l'entraînement à la rapidité est d'autant plus efficace qu'il s'adresse à un sujet qui possède de par sa naissance, un bon capital en fibres musculaires à contraction rapide.

Ces caractéristiques musculaires différentes se traduisent par l'aptitude, chez le sujet de niveau international, à contracter une dette d'oxygène effective pouvant atteindre 10 litres, alors que les sujets lents ne peuvent guère dépasser 5 litres (voir fig. 9).

2. Augmentation de la consommation maximale d'oxygène

La pratique régulière d'exercices conduisant à l'épuisement en 8 à 15 minutes, augmente $\dot{V}_{O_2}$ max.

Cette augmentation se traduit par une modification de tous les éléments de la chaîne de transport de l'oxygène.

Chez l'adulte cette augmentation de $\dot{V}_{O_2}$ max. se traduit par une augmentation du débit cardiaque maximal, une augmentation du volume sanguin, une augmentation de la densité du réseau capillaire au niveau du myocarde et des muscles mis en jeu lors de l'entraînement; au niveau de ces derniers, on note une augmentation du volume des mitochondries et de l'activité des enzymes qui interviennent dans les réactions d'oxydation. Tous les éléments de la chaîne de transport de l'oxygène participent donc à cette amélioration.

3. Les limites de l'efficacité de l'entraînement à l'âge adulte

Les limites de ces possibilités d'amélioration chez le sujet adulte sont maintenant connues : Ekblom (1969) a rapporté toute une série d'observations réalisées chez des coureurs de niveau international ou national et chez des sujets habituellement sédentaires. Il a montré que chez ces deux types de sujets, il existe une limite de $\dot{V}_{O_2}$ max. qui ne peut être dépassée quelles que soient les modalités de l'entraînement. Un athlète ayant pratiqué pendant trois à quatre ans plus de quatre séances d'entraînement intense par semaine, se trouve généralement très près de ce niveau limite, s'il ne l'a pas déjà atteint; un sujet habituellement sédentaire ne peut généralement pas augmenter son $\dot{V}_{O_2}$ max de plus de 20 à 25 %. Ceci constitue la limite que rencontrent la plupart des individus qui entreprennent à l'âge adulte un entraînement relativement intense. Hickson et coll. (1977) ont cependant pu observer des améliorations beaucoup plus importantes en soumettant pendant 10 semaines un groupe de 8 sujets, âgés de 31,5 ± 7,25 ans à un entraînement extrêmement intense six jours par semaine (un jour sur deux travail sur bicyclette ergométrique avec 6 séances de travail à la P.M.A.; le deuxième jour, course à pied à une vitesse amenant à l'épuisement en 40 min.). $\dot{V}_{O_2}$ max est passé en moyenne de 38 à 55 ml · min^{-1} · kg^{-1}, ce qui représente une augmentation de 44 %. Ce résultat est d'autant plus remarquable que dans ce groupe un sujet âgé de plus de 40 ans a pu passer de 51 à 64 ml · min^{-1}· kg^{-1}. Il ne semble pas que d'autres auteurs soient parvenus à convaincre des sujets sédentaires de se soumettre à un entraînement aussi intense. Les observations d'Ekblom montrent que la poursuite de l'entraînement permet de maintenir au même niveau pendant plusieurs années $\dot{V}_{O_2}$ max. à son niveau maximal, et donc de résister très efficacement à la dégradation progressive de cette aptitude habituellement observée chez les individus moins entraînés; il est dans ces conditions possible tout en gardant une capacité aérobie intacte, de faire bénéficier ses performances, de l'amélioration des autres types de fourniture d'énergie, ou de l'amélioration technique sous toutes ses formes, qu'apporte l'expérience.

Saltin et Grimby (1968) ont étudié des sujets âgés de 45 à 70 ans, qui avaient pratiqué en compétition la course et le ski de fond au niveau national jusqu'à l'âge de 30 ans au minimum et qui avaient abandonné toute pratique depuis au moins 10 ans. Ces sujets présentaient une consommation maximale d'oxygène supérieure de 20 % à celle des sujets de même âge n'ayant jamais pratiqué la compétition. Ce $\dot{V}_{O_2}$ max. relativement élevé était associé à un certain nombre d'autres caractéristiques morphologiques et fonctionnelles, volume cardiaque et volume expiratoire maximum par seconde, nettement supérieurs à la normale. Cette observation montre qu'un entraînement intense et prolongé des processus aérobies laisse des traces durables même après plusieurs années d'inactivité; elle amène aussi à évoquer les conditions qui permettent d'agir le plus efficacement sur les modifications morphologiques et fonctionnelles associées à un $\dot{V}_{O_2}$ max. élevé.

B. APPLICATION A LA CONDUITE DE L'ENTRAINEMENT

Du point de vue énergétique, le coureur idéal est celui qui dispose d'une puissance et d'une capacité anaérobies importantes, associées à un $\dot{V}_{O_2}$ max. élevé. En fait ces deux types de qualités se trouvent rarement spontanément développés chez le même sujet. Il est donc nécessaire de déterminer les aptitudes spontanées du sujet, d'orienter celui-ci vers la distance qui lui convient le mieux, et de développer au maximum ses qualités tout en limitant ses faiblesses. il s'avère que cette ligne de conduite générale est beaucoup plus facile à énoncer qu'à appliquer : l'expérience montre que quel que soit le type de compétition pratiqué, l'entraînement en lui-même et aussi la répétition des exercices lors des épreuves éliminatoires ne sont bien supportées que si l'entraînement a porté sur tous les aspects de l'aptitude. Ainsi, à l'occasion d'une série d'épreuves rapprochées, seul un entraînement complet semble limiter les accidents musculaires ou tendineux lors des épreuves de vitesse ou de demi-fond, et les baisses de régime au cours des épreuves de demi-fond et de fond. Or il semble bien exister un certain antagonisme entre les effets de ces différents aspects de l'entraînement. Les entraîneurs ont empiriquement établi l'art de concilier tous ces impératifs. Ce chapitre ne peut avoir d'autre prétention que celle de justifier a posteriori un certain nombre de pratiques.

1. Entraînement spécifique de l'utilisation de chaque source d'énergie

— *L'entraînement de l'utilisation du phosphagène*

Les exercices qui semblent les plus susceptibles d'augmenter les réserves de phosphagène ainsi que l'aptitude des muscles à les utiliser rapidement, sont les courses extrêmement rapides, à 95 % de la vitesse maximale du sujet, de 5 à 10 secondes de durée (distances de 40 à 85 m).

Chaque course est susceptible d'épuiser presque totalement les réserves de phosphagène du coureur; l'intervalle de repos entre chaque répétition doit permettre la reconstitution presque complète de ces réserves, et durer de 2 à 3 minutes. Chaque série comportera de 3 à 4 répétitions, en fonction du degré d'entraînement du coureur. Les séries doivent être séparées par des pauses d'une dizaine de minutes permettant d'oxyder l'acide lactique qui s'est formé. Une séance d'entraînement comporte, suivant le degré d'entraînement du coureur, de 3 à 4 séries.

Il semble préférable de ne pas cesser toute activité pendant les périodes de repos, mais de marcher entre les répétitions et d'alterner marche et course lente en souplesse entre les séries.

— *L'entraînement de la glycolyse anaérobie*

Les exercices les plus aptes à développer cette qualité sont des courses de 30 secondes à 2 minutes de durée (sur 250 et 700 m). La vitesse devra représenter 90 à 95 % de la vitesse maximale du coureur sur la distance choisie.

La durée des intervalles entre les répétitions doit être de l'ordre de 4 minutes de façon à permettre l'oxydation d'une bonne partie de l'acide lactique produit. On peut, comme le conseille Zatsiorsky (1966), tirer parti de la stimulation des processus aérobies que détermine la diminution des réserves de phosphagène et l'accumulation d'acide lactique, pour réduire la durée des intervalles au fil des répétitions : on peut ainsi commencer avec un intervalle de 5 à 8 minutes entre la première et la deuxième répétition et terminer par un intervalle de 2 à 3 minutes entre la troisième et la quatrième répétition. Chaque série comporte un maximum de 4 répétitions; une pause de 10 à 20 minutes doit séparer 2 séries. Une séance d'entraînement comportera, suivant le degré d'entraînement du coureur, de 3 à 6 séries.

Il semble là aussi préférable de ne pas cesser toute activité entre les exercices, mais d'alterner marche et course en souplesse. Il est indispensable de choisir un rythme de course suffisamment rapide pour solliciter la glycolyse anaérobie, mais aussi suffisamment lent pour pouvoir être soutenu jusqu'à la fin; le choix d'un rythme trop rapide au départ amène à combiner les deux inconvénients que sont un travail désagréable et un entraînement inefficace.

— *L'entraînement de* $\dot{V}_{O_2}$ *max.*

Deux types d'exercices sont susceptibles de développer cette qualité.

• Les courses continues doivent durer au minimum 8 minutes et au maximum 15. La vitesse devra là encore représenter 90 à 95 % de la vitesse maximale du coureur sur la distance choisie, de façon à amener la fréquence cardiaque à sa valeur maximale dès la 2e ou la 3e minute de course.

Les pauses doivent durer 15 à 20 minutes et permettre à la fréquence cardiaque de revenir à une valeur proche de sa valeur de repos. Le nombre de répétitions varie entre 3 et 6, en fonction du degré d'entraînement du coureur.

• L'entraînement par intervalles permet de réaliser une sollicitation plus prolongée de la chaîne respiratoire.

La durée des courses doit être de l'ordre de 1 à 2 minutes, et la vitesse doit représenter 80 % de la vitesse maximale du coureur sur la distance choisie. La durée des intervalles doit être comprise entre 20 et 45 secondes, de façon que la fréquence cardiaque ne descende jamais en dessous de 140 pulsations par minute et revienne rapidement à sa valeur maximale lors de chaque course.

2. Organisation générale de l'entraînement

Cette question revêt trois aspects :

— *Organisation de l'entraînement en fonction de l'âge*

• Entraînement de la glycolyse anaérobie

L'expérience a montré depuis longtemps que l'aptitude à fournir des puissances élevées, qui dépend de la dégradation du phosphagène est avant tout fonction de la masse musculaire disponible, et donc de l'âge. De même les travaux de O.B. Eriksson (1975) ont montré que l'aptitude à réaliser une concentration intramusculaire importante d'acide lactique augmente avec l'âge pour atteindre le niveau de l'adulte vers 16-17 ans chez le garçon. Cet auteur en tire la conclusion qu'il est raisonnable de ne pas faire participer les sujets de moins de 16 ans à des courses sur des distances supérieures à 100 m et inférieures à 1.000 m. Les conséquences dans le domaine de l'entraînement sont plus discutables; B. Eklund et coll. (1973) estiment que l'entraînement de la force et de la glycolyse anaérobie avant l'âge de 16 ans constituent une perte de temps. Cependant Eriksson constate que à âge égal ce sont les sujets les plus entraînés qui présentent les plus grandes possibilités dans le domaine de la glycolyse anaérobie, sans que l'on puisse pour le moment déterminer si ceci constitue la manifestation d'une sélection — les sujets possédant du fait de leurs caractéristiques génétiques un meilleur équipement enzymatique, se livrant plus volontiers aux activités physiques — ou s'il s'agit d'un résultat de l'entraînement.

Quoi qu'il en soit, on peut admettre qu'un sujet jeune sert certainement mieux son avenir sportif en consacrant son énergie au développement de sa consommation maximale d'oxygène, plutôt qu'à celui, bien aléatoire, de sa capacité anaérobie.

• Entraînement de la consommation maximale d'oxygène

Il est certain que $\dot{V}_{O_2}$ max. ne peut dépasser une limite optimale chez un individu donné; cependant comme l'ont rappelé les observations de Saltin et Grimby et comme l'avait montré Åstrand (1952), un $\dot{V}_{O_2}$ max. élevé est presque systématiquement associé à certaines caractéristiques morphologiques ou fonctionnelles, telles qu'une capacité vitale élevée, une ventilation volontaire maximale élevée, et un grand volume cardiaque; ce dernier élément dépendant non seulement de l'épaisseur des parois ou de la taille des cavités, mais aussi du diamètre des anneaux fibreux. Il est probable que l'entraînement régulier de la consommation maximale d'oxygène pendant l'adolescence est susceptible d'exercer une influence sur la capacité vitale et le diamètre de la trachée, facteurs qui influent sur le niveau de la ventilation maximale, et d'augmenter le diamètre des anneaux fibreux du cœur qui constituent un élément très important de résistance à l'écoulement du sang et donc de limitation du volume d'éjection systolique et du débit cardiaque. Cette interprétation a été confirmée par Kobayashi (1978) qui a montré que c'est pendant la période de croissance liée à la puberté chez le garçon, que ce type d'entraînement est le plus efficace. Les excellents résultats obtenus dans les pays étrangers où l'on n'hésite pas à soumettre des individus jeunes à un entraînement poussé de la consommation maximale d'oxygène, semblent confirmer cette interprétation : jusqu'à présent rien n'a donné à penser que ces sujets puissent souffrir à l'âge adulte de ces exercices intenses pratiqués pendant l'adolescence.

Pour les mêmes raisons, tout entraînement de $\dot{V}_{O_2}$ max. commencé après l'âge de 20 ans, ne peut amener le sujet qu'à une aptitude inférieure à celle obtenue en commençant l'entraînement au moment de l'adolescence. Cette aptitude est d'autant plus faible que l'entraînement a commencé plus tardivement.

La valeur maximale de $\dot{V}_{O_2}$ max. est obtenue vers 25 ans après 4 à 5 ans d'entraînement intense de cette qualité. Une fois atteint ce stade, il est possible de diminuer légèrement l'intensité de l'entraînement de $\dot{V}_{O_2}$ max. pour se consacrer davantage à celui des autres aptitudes.

— *Organisation de chaque saison*

Pour assurer une efficacité maximale et éviter les accidents, la préparation de la saison de compétition doit respecter certaines règles. Nous n'aborderons ici que des principes généraux, sans aborder l'art de la conduite pratique de l'entraînement, tel qu'il est exposé par exemple par Matveiev (1982).

• Que le coureur participe à des courses de vitesse, de demi-fond ou de fond, il doit à un moment ou à un autre faire appel à la dégradation du phosphagène. L'entraînement de l'utilisation de cette source d'énergie semble presque aussi utile aux coureurs de fond qu'aux coureurs de vitesse : Hultman (1967) a montré que chez un sujet pratiquant un exercice inframaximal de longue durée, (dont l'énergie est donc fournie par les processus aérobies), la teneur en phosphagène des muscles en activité est d'autant plus basse que la puissance relative est plus élevée. L'augmentation de cette teneur permet de fournir la même puissance avec un taux de phosphagène plus élevé, ce qui permet de disposer de plus de possibilités d'accélération.

La glycolyse anaérobie ayant une inertie plus faible que celle des processus aérobies, la répétition de courses très rapides s'accompagne à la longue d'une accumulation musculaire d'acide lactique. L'entraînement de l'utilisation du phosphagène ne peut donc être opéré sans risque, que si le sujet a préalablement entraîné ses processus de glycolyse anaérobie. D'autre part, les tensions musculaires et articulaires que déterminent les courses à grande vitesse, ne peuvent être supportées que si le sujet s'y est préparé par des courses de longue durée et d'intensité modérée.

• L'entraînement de la glycolyse anaérobie s'accompagne de l'accumulation au niveau des muscles, de quantités importantes d'acide lactique; il est nécessaire de ne réaliser cet entraînement qu'après avoir entraîné les processus aérobies; l'intervention de ceux-ci est en effet nécessaire pour éliminer rapidement le lactate produit. Il est donc nécessaire de pratiquer l'entraînement de la consommation maximale d'oxygène pendant plusieurs semaines avant de commencer l'entraînement à la vitesse.

• L'entraînement de la consommation maximale d'oxygène, qu'il soit pratiqué sous forme de courses continues ou d'entraînement par intervalles, représente une grande dépense d'énergie. L'organisme ne s'adapte que très lentement à l'augmentation de son niveau habituel de dépense d'énergie; une augmentation trop rapide est cause d'une lassitude sans manifestation physique précise et dont l'aspect psychologique est le plus apparent. Il est bon de faire précéder l'entraînement de $\dot{V}_{O_2}$ max. de quelques séances, qui seront donc pratiquées en début de saison, dans lesquelles le but recherché est avant tout de réaliser une grande dépense d'énergie. Des courses durant plusieurs heures, à un rythme suffisamment modéré pour ne pas amener la fréquence cardiaque à sa valeur maximale, régulièrement entrecoupées de quelques minutes de marche, permettent d'obtenir ce résultat. Ce type d'exercice présente d'autre part l'avantage de préparer muscles et tendons aux exercices plus violents qui surviendront ultérieurement.

Ce type de progression dans la saison est justifié non seulement par des nécessités de bien-être et de sécurité du coureur, mais aussi par la rapidité avec laquelle se manifeste l'entraînement : l'augmentation de $\dot{V}_{O_2}$ max. est une opération de longue haleine, nécessitant plusieurs années d'effort, et, dans une saison, plusieurs semaines de travail; mais l'aptitude une fois acquise, diminue lentement en cas d'inactivité et peut être maintenue par un entraînement modéré. Les processus anaérobies sont nettement améliorés par quelques jours d'entraînement mais disparaissent rapidement. Quel que soit le type de compétition, le coureur semble donc avoir avantage à réduire dans les jours qui la précèdent, l'importance relative des exercices de longue durée pour se consacrer avant tout à des séries de courses très rapides. Ceci d'autant plus que les enzymes qui assurent la glycolyse anaérobie semblent être inhibés par la présence des acides gras; or la mobilisation de ces derniers à partir des réserves lipidiques est favorisée par la pratique des exercices de longue durée.

— *Organisation de chaque séance d'entraînement*

Dans son ensemble, la séance d'entraînement doit être organisée suivant une progression inverse de celle de la saison : une fois pratiqué l'échauffement, il semble préférable, pour obtenir l'efficacité maximale, de commencer par les exercices les plus courts et les plus rapides, pour terminer la séance avec les courses plus longues, mais moins rapides.

Bien entendu l'art de l'entraîneur consiste non seulement à bien saisir la qualité qu'il désire faire progresser, mais d'imaginer le plus grand nombre possible de moyens différents pour aboutir à ce résultat; il importe en effet avant tout d'éviter la lassitude que crée la monotonie. D'après Eklund et coll. (1973), une fois le but bien déterminé, les différents moyens ne se distinguent guère par leur efficacité : en particulier, dans le domaine de $\dot{V}_{O_2}$ max., il est difficile de trancher entre les mérites respectifs de l'entraînement à la distance et de l'entraînement par intervalles.

Il est possible, au cours d'une séance, de combiner dans le même exercice, l'entraînement de plusieurs qualités; ainsi, les changements de rythme lors d'une course prolongée peuvent permettre de solliciter l'utilisation du phosphagène ou la glycolyse anaérobie.

Dans l'entraînement par intervalles, il est possible, en jouant sur la longueur des parcours et sur la durée des intervalles, de solliciter plus ou moins la glycolyse anaérobie et la consommation d'oxygène. La figure 15 illustre bien l'importance que revêt en particulier la durée des pauses : on peut comparer les effets de la répétition pendant 30 minutes, de courses de 400 m parcourues en 70 secondes dans deux situations différentes; dans un cas, ces exercices sont séparés par des intervalles de repos de 60 secondes, tandis que dans l'autre cas, cet intervalle ne dure que 20 secondes. Pour le sujet étudié, la vitesse moyenne choisie ne permettait pas d'atteindre la consommation maximale d'oxygène en 70 secondes en partant de l'état de repos.

Dans le premier cas, on peut constater que $\dot{V}_{O_2}$ moyen, mesuré au cours de l'exercice et du repos se situe respectivement à 80 et 55 % de sa valeur maximale; la fréquence cardiaque ne se rapproche de sa valeur maximale qu'à partir de la quinzième minute d'exercice, et le taux sanguin du lactate reste stable aux environs de 36 mg % (4 mM). Ce type d'exercice entraîne avant tout les processus de la glycolyse anaérobie, il ne semble agir que modérément sur la consommation maximale d'oxygène.

Dans le deuxième cas, la consommation d'oxygène moyenne, mesurée à l'exercice et au repos, oscille entre 95 et 70 % de sa valeur maximale; à partir de la cinquième minute d'entraînement, la fréquence cardiaque se maintient à une valeur proche de son maximum, tandis que le taux de lactate dépasse 80 mg % (9 mM) à partir de la vingtième minute. Ce type d'activité qui peut être poursuivi longtemps, associe l'entraînement des processus aérobies à celui des processus anaérobies, tout en permettant au sujet de fournir une quantité de travail supérieure à celle qu'il aurait fournie en courant sans interruption à la même vitesse jusqu'à épuisement.

Une place particulière revient à l'entraînement par intervalle court-court, il s'agit d'alterner des courses de 10 à 20 secondes, à 85 % de la vitesse maximale (par exemple, on mesure la distance maximale que le coureur peut couvrir en 13 secondes, puis on lui demande de franchir la même distance en 15 secondes), avec des repos de 5 à 15 secondes. Cet exercice est suffisamment court pour être exécuté avec les réserves de phosphagène et l'oxygène stocké au niveau des muscles dans la myoglobine, il ne sollicite que très peu la glycolyse anaérobie et peut être poursuivi pendant très longtemps. Ce type d'entraînement peut être utilisé pour habituer le coureur à parcourir de grandes distances à vitesse élevée.

C'est en effet l'entraînement pour la compétition sur des distances qui ne peuvent pas être parcourues en moins de 15 minutes (distances supérieures à 5.000 m), qui peut poser quelques problèmes. Il est indispensable d'habituer le coureur à parcourir d'un seul trait la distance sur laquelle il doit s'aligner; mais plus la distance est longue, plus le pourcentage de $\dot{V}_{O_2}$ max. qu'il est nécessaire de ne pas dépasser pour arriver au bout de la distance, est faible. Une course à une vitesse représentant une dépense d'énergie égale à 80 ou 90 % de $\dot{V}_{O_2}$ max. constitue un mauvais entraînement de $\dot{V}_{O_2}$ max. Il est donc nécessaire, pour associer l'entraînement de $\dot{V}_{O_2}$ max. au parcours de grandes distances, soit de pratiquer des séances d'entraînement par intervalles, soit d'utiliser une autre forme d'entraînement qui n'a pas encore été mentionnée ici : l'entraînement fractionné, qui consiste à fractionner la distance projetée en plusieurs tronçons : ceux-ci sont parcourus à vitesse élevée et séparés par des pauses de quelques dizaines de secondes, qui permettent de liquider régulièrement une partie de la dette d'oxygène, sans laisser à la fréquence cardiaque le temps suffisant pour revenir à un niveau trop bas.

3. Influence de la quantité de travail

Les avantages qu'apporte aux coureurs le fait de fournir une grande quantité de travail au cours des séances d'entraînement et de répéter très fréquemment ces séances, semblent admis par tous. Ils ne correspondent cependant pas systématiquement avec une amélioration des possibilités d'apport d'énergie telles qu'elles sont appréciées avec les techniques décrites ici. Ceci ne constitue pas forcément un paradoxe et ceci pour plusieurs raisons :

— Le fait de pouvoir concourir à un haut niveau implique non seulement l'aptitude à réaliser une bonne performance mais de pouvoir la répéter régulièrement et fréquemment, et les possibilités de récupération de l'organisme ne sont pas explorées par la mesure de $\dot{V}_{O_2}$ max. ou de la capacité anaérobie.

— Ekblom (1969) avait noté que pour des sujets dont $\dot{V}_{O_2}$ max. plafonnait, le fait de poursuivre ou d'intensifier l'entraînement, apportait un confort relatif au cours de l'exercice très intense. Ce confort traduit sans doute l'aptitude de l'organisme à mieux supporter l'accumulation du lactate, grâce à l'intervention de mécanismes qui ne sont pas actuellement connus; quoi qu'il en soit, il permet sans doute à l'athlète de conserver la qualité de mouvement qui lui apporte le rendement mécanique optimal.

— Le fait de fournir de grandes quantités de travail au cours de l'entraînement semble être un facteur de sécurité : d'après B. Eklund et coll. (1973), les coureurs qui préparent leur saison en suivant la technique de l'« entraînement massif » présentent beaucoup moins fréquemment que les autres, des accidents articulaires, musculaires ou tendineux.

5. Conclusion

Cet exposé concernant les processus énergétiques mis en jeu lors de la course, n'épuise pas la question. Chacun sait en particulier que les fluctuations de l'aptitude qui se manifestent d'un jour à l'autre, ne peuvent pas systématiquement être expliquées par des modifications des processus qui viennent d'être décrits. C'est l'influx nerveux qui provoque le raccourcissement des fibres musculaires; la qualité de cette commande nerveuse est certainement influencée par des phénomènes qui n'ont aucun retentissement sur le métabolisme énergétique; leur étude reste à réaliser.

L'exploration des processus énergétiques ne permet pas non plus de déceler pourquoi un athlète n'est susceptible de fournir ses meilleures performances que lors d'une période limitée de sa saison. Les mesures pratiquées jusqu'à présent ne permettent pas non plus d'apprécier les caractéristiques qui assurent à un entraînement son efficacité maximale. Il appartient à l'entraîneur d'analyser les charges imposées par chaque type d'entraînement de quantifier chacune d'elles et d'en apprécier les effets. Les mesures physiologiques permettent une analyse de ceux-ci; elles enrichissent donc les informations de l'entraîneur sans donner les moyens à quiconque de se substituer à lui, ni même de lui dicter sa conduite.

6. Bibliographie

ÅSTRAND P.O., *Experimental studies of physical working capacity in relation to sex and age,* Munksgaard ed., Kopenhagen, 1952.

ÅSTRAND, P.O., *La chaîne de transport de l'oxygène. Facteurs limitants ? In : Facteurs limitant l'endurance humaine.* C.R. Colloque Saint-Etienne, J.R. Lacour, éd., 1977.

ÅSTRAND P.O., SALTIN B., *Oxygen uptake during the first minutes of heavy muscular exercice, J. Appl. Physiol., 16,* 971-976, 1961.

ÅSTRAND P.O., SALTIN B., *Maximal oxygen uptake and Heart rate in Various Types of Muscular Activity, J. Appl. Physiol., 16,* 977-981, 1961.

ÅSTRAND P.O., CUDDY T.E., SALTIN B., STENBERG J., *Cardiac output during submaximal and maximal work, J. Appl. Physiol., 19,* 268-274, 1964.

ÅSTRAND P.O., EKBLOM B., MESSIN R., SALTIN B., STENBERG J., *Intra-arterial Blood Pressure during Exercise with Different Muscle Groups, J. Appl. Physiol., 20,* 253-256, 1965.

BERGSTRÖM J., HERMANSEN L., HULTMAN E., SALTIN B., *Diet, Muscle glycogen and Physical performance. Acta Physiol. Scand., 71,* 140-150, 1967.

BRIKCI A., DIBIE C., *Evolution de la fréquence cardiaque et de la lactacidémie chez des coureurs de demi-fond, Med. du Sport, 55,* 396-401, 1981.

CHRISTENSEN E.H., *Beiträge zur Physiologie schwerer köperlicher Arbeit. VI, Der Stoffwechsel und die respiratorischen Funktionen bei schwerer köperlicher Arbeit. Arbeitsphysiol., 5,* 463-472, 1932.

COSTILL D.L., *La course de fond. Approche scientifique.* Traduit de l'anglais par J.R. Lacour. Vigot, Paris, 1981.

COSTILL D.L., FOX E.L., *Energetics of marathon running, Med. Sci. Sports, 1,* 81-86, 1969.

COSTILL D.L., DANIELS J., EVANS W., FINK W., KRAHENBUHL G., SALTIN B., *Skeletal muscle enzymes and muscle composition in male and female track athletes, J. Appl. Physiol., 40,* 149-154, 1976 a.

COSTILL D.L., FINK W.J., POLLOCK M.L., *Muscle fiber composition and enzyme activities of elite distance runners, Med. Sci. Sports, 8,* 96-100, 1976 *b*.

COSTILL D.L., MILLER J.M., *Nutrition for Endurance Sport : Carbohydrate and Fluid Balance, Int. J. Sports Med., 1,* 2-14, 1980.

DANIELS J., OLDRIDGE N., NAGLE F., WHITE B., *Differences and changes in* $\dot{V}_{O_2}$ *among young runners 10 to 18 years of age, Med. Sci. Sports, 10,* 200-203, 1978.

DENIS C., LACOUR J.R., *L'étude des fibres musculaires. In : Sports et Sciences,* Vigot, éd., Paris, 1979.

EKBLOM B., *Effect of Pyhsical Training on Oxygen Transport System in Man, Acta. Physiol. Scand.,* Supplt. 328, 1969.

EKBLOM B., *Les activités sportives et physiques d'entretien, In : Sports et Sciences,* Vigot, éd., Paris, 1982.

EKLUND B., HULTEN B., LUNDIN A., NORD L., SALTIN B., SILLANDER L., *La course d'orientation,* Traduit du suédois par M. ROBIN. Diffusé par la Fédération Française de Course d'Orientation, J.R. Lacour, éd. scientifique, 1976.

ERIKSSON O.B., « *Le métabolisme musculaire au cours de l'exercice chez le garçon entre 11 et 16 ans.* », (article rédigé en suédois), *Läkartidningen, 72,* 467-468, 1975.

FENN W.O., *Work against gravity and work due to velocity changes in Running, Movement of the Center of Gravity within the Body and Foot pressure on the Ground, Amer. J. Physiol., 93,* 433-462, 1930.

FLANDROIS R., LACOUR J. R., *L'aptitude physique chez le jeune universitaire français.* Comparaison des différents tests avec la consommation maximale d'oxygène, Schweiz, Zeitsch. *Für Sport Med., 14,* 49-55, 1966.

GOLLNICK P.D., ARMSTRONG R.B., SALTIN B., SAUBERT IV C.W., SEMBROWICH W.L., SHEPHERD R.E., *Effect of training on enzyme activity and fiber composition of human skeletal muscle, J. Appl. Physiol., 34*, 107-111, 1973.

HERMANSEN L., *Anaerobic energy release, Med. Sci. Sports, 1*, 32-38, 1969.

HERMANSEN L., *Facteurs limitants intervenant au cours de l'exercice maximal de durée brève, In : Facteurs limitant l'endurance humaine*, C.R. Colloque de Saint-Etienne, J.R. Lacour, éd., 1977.

HERMANSEN L., HULTMAN B., SALTIN B., *Muscle glycogen during prolonged severe exercise, Acta. Physiol. Scand., 71*, 129-139, 1967.

HICKSON R.C., BOMZE H.A., HOLLOSZY J.O., *Linear increase in aerobic power induced by a strenuous program of endurance exercise, J. Appl. Physiol., Respirat. Environ. Exercise Physiol., 42*, 372-276, 1977.

HÖGBERG P., *How do Stride Length and Stride Frequency influence the Energy Output during Running ?, Arbeitsphysiol., 14*, 437-441, 1952.

HOWALD H., *Auswirkungen sportlicher Aktivität auf den Stoffewechsef., Schweiz. Med. Wschr., 104*, 1535-1538, 1974.

KARLSSON J., SALTIN B., *Diet. muscle glycogen and endurance performance, J. Appl. Physiol., 31*, 203-206, 1971.

KARLSSON J., *Lactate and phosphagen concentrations in working muscle of man* (with special reference to oxygen deficit at the onset of work), *Acta Physiol. Scand.*, Supplt 358, 1971.

KARLSSON J., HERMANSEN L., AGNEVIK G., SALTIN B., *Etude Physiologique des besoins en énergie lors de la course à pied, applications à l'entraînement, Idrottsfysiologi*, rapport n° 5, traduit du suédois par le Dr. M. Robin, *in : Revue de l'Amicale des Entraîneurs Français d'Athlétisme*, n°s 59 et 60, 1978.

KARLSSON J., NORDESJÖ L.O., JORFELDT L., SALTIN B., *Muscle lactate, A.T.P. and CP levels during exercise after physical training in man, J. Appl. Physiol., 33*, 199-203, 1972.

KNUTGEN H.G., *Oxygen debt after submaximal physical exercise, J. Appl. Physiol., 29*, 651-657, 1970.

KOBAYASHI K., KITAMURA K., MIURA M., SODEYAMA H., MURASE Y., MIYASHITA M., MATSUI H., *Aerobic power as related to body growth and training in japanese boys : a longitudinal study, J. Appl. Physiol. Respirat. Environ. Exercise Physiol., 44,* 666-672, 1978.

LACOUR J.R., FLANDROIS R., *Le rôle du métabolisme aérobie dans l'exercice intense de longue durée, J. Physiol. (Paris), 73,* 89-130, 1977.

LACOUR J.R., FLANDROIS R., DENIS C., *Les tests d'effort, In : Sports et Sciences,* Vigot, éd., Paris, 1981.

MAGAZANIK A., SHAPIRO .Y, MEYTES D., MEYTES I., *Enzyme blood levels and water balance during a marathon race, J. Appl. Physiol., 36,* 214-217, 1974.

MARGARIA R., CERRETELLI P., AGHEMO P., SASSI G., *Energy cost of Running, J. Appl. Physiol., 18,* 367-370, 1963.

MATVEIEV L., *Principes fondamentaux de l'entraînement,* traduit de l'Anglais par D. et J.R. Lacour, Vigot, éd., Paris, 1983.

PUGH L.G.C.E., *Oxygen intake in track and treadmill running with observations on the effect of air resistance, J. Physiol. (London), 207,* 823-835, (1970).

SALTIN B., ÅSTRAND P.O., *Maximal oxygen uptake in athletes, J. Appl. Physiol., 23,* 353-358, 1967.

SALTIN B., GRIMBY G., *Physiological Analysis of Middle-Aged and Old Former Athletes,* Comparison with Still Active Athletes of the Same Ages, Circulation, *38,* 1104-1115, 1968.

SALTIN G., BLOMQVIST G., MITCHELL J.H., JOHNSON Jr R.L., WILDENTHAL K., CHAPMAN C.B., *Response to submaximal and Maximal Exercise after bedrest and training,* Circulation, *38,* Supplt. 7, 1968.

SALTIN B., *Les dépenses liquidiennes, électrolytiques et énergétiques liées à l'exercice prolongé. Leur remplacement, In : Place de l'alimentation dans la préparation biologique à la compétition.* C.R. Colloque de Saint-Etienne, J.R. Lacour, éd., 1979.

SARGENT R.M., *The relation between oxygen requirement and speed in running, Proc. Roy. Soc. Lond., 10-2,* 1926.

VOLKOV N.I., LAPIN V.I., *Analysis of the velocity curve in sprint running, Med. Sci. Sports, 11,* 332-337, 1979.

WASSERRMAN K., WHIPP B.J., KOYAL S.N., BEAVER W.L., *Anaerobic threshold and respiratory gas exchange during exercise, J. Appl. Physiol., 35,* 236-243, 1973.

ZATSIORSKY V.M., *Les qualités physiques du sportif,* traduit du Russe par M. Spivak, Document INS. n° 685, 1966.

Le sprint

R. DUBOIS et R. J. MONNERET

1. Rappel du règlement

A. LA PISTE

L'inclinaison de la piste ne doit pas excéder 1/1.000 dans le sens de la course et 1/100 latéralement. La piste est divisée en couloirs de 1,22 m de large par des lignes de 5 cm. La largeur est mesurée du bord proximal de la ligne de gauche au bord extérieur de la ligne de droite, c'est-à-dire que la ligne de droite fait partie du couloir. Les lignes de départ et d'arrivée sont tracées perpendiculairement à l'axe de la piste, elles mesurent 5 cm de large. La distance est mesurée du bord extérieur de la ligne de départ qui fait donc partie de la distance, au bord intérieur de la ligne d'arrivée qui n'en fait pas partie.

Pour les courses en virage la piste ne peut compter plus de 8 couloirs. La distance est mesurée à 30 cm de la lisse pour le premier couloir et à 20 cm de la ligne intérieure de chacun des autres couloirs. Les courses en virage se déroulent stade à gauche (corde à gauche) en sens inverse des aiguilles d'une montre.

B. LA COURSE

Le départ, donné par un starter à l'aide d'une arme à feu, est précédé de 2 commandements : « à vos marques » et « prêt ». Les deux derniers commandements (« prêt » et le coup de pistolet) ne peuvent être donnés que si les concurrents sont immobiles. Toutefois ceux-ci doivent obéir sans délais aux ordres du starter. Si ce dernier estime qu'un concurrent cherche manifestement à perdre du temps il a le droit de lui donner un avertissement qu'il peut transformer en faux départ si l'athlète persiste dans sa conduite.

Lorsqu'un concurrent part avant le signal il fait un faux départ. Au deuxième faux départ il est éliminé sauf au décathlon où il n'est disqualifié de la course en question qu'au 3e faux départ.

Les concurrents peuvent utiliser des blocs de départ personnels à condition que ceux-ci ne soient pas munis de systèmes à ressort qui puissent procurer un avantage autre que le simple fait de donner un appui plus solide.

Les mains si elles touchent le sol doivent être situées derrière la ligne de départ, les pieds doivent être en contact avec le sol.

Remarques : L'intervalle de temps entre les différents commandements n'est pas précisé, seule l'immobilité des concurrents est requise, toutefois il est recommandé de ne pas attendre plus de 2 à 3 secondes entre le « prêt » et le coup de pistolet.

Les temps de réaction dans les blocs des meilleurs sprinters est de l'ordre de 12 à 14/100 de seconde. On a parlé de 7 à 9/100 pour Harming Harry sans que ce temps aie été vérifié en situation de départ de sprint. Quoi qu'il en soit le temps qui s'écoule entre le coup de pistolet et le premier mouvement perceptible du sprinter est en tout cas supérieur à 1/10 de seconde, autrement dit un coureur qui part dans le coup de pistolet est parti avant qu'il aie perçu le signal, il a volé le départ et doit être rappelé. Un système électronique est d'ailleurs actuellement utilisé dans les grandes réunions internationales (J.O., Championnats d'Europe, etc.) qui permet de signaler tout coureur agissant moins de 1/10e de seconde après le signal de départ.

Tout concurrent qui empiète sur les limites de son couloir peut être disqualifié si les juges estiment que cette faute a pu avantager le coureur ou gêner les autres concurrents.

C. LE VENT

Il est mesuré durant 10 secondes à mi-parcours lors des courses de vitesse (100, 110 haies, 200 m). La vitesse du vent ne doit pas dépasser 2 m/s dans le sens de la ligne droite pour qu'un record soit homologué. Le Décathlon, depuis 4 ans, fait exception à la règle.

2. Etude technique

A. QUELQUES EXEMPLES

Kinogrammes : Wilma Rudolf (fig. 1); Franck Budd (fig. 2); Henrico Figuerola (fig. 3).

Fig. 1. Wilma Rudolf.

Fig. 2. Franck Budd.

Fig. 3. Enrico Figuerola.

B. ANALYSE TECHNIQUE

1. La foulée

Elle se compose de 4 phases : le contact, l'appui, la poussée et la suspension.

a) *Au contact avec le sol* (fig. 4). La tête est droite, regard légèrement sous l'horizontale, le buste est vertical ou à peine incliné en avant, le bas du dos relativement rectiligne le ventre plat. Le bassin quasi vertical, donc en rétroversion plus ou moins prononcée, est légèrement en retrait de l'aplomb du talon de la jambe d'appui. Les épaules sont basses, bras semi-fléchis, mains relâchées à la hauteur des hanches. La jambe d'appui est au 3/4 allongée (160 - 170°). Le pied entre en contact au sol par le talon et le bord externe du pied, chez quelques-uns par la plante.

Fig. 4.

b) *La phase d'appui* débute au contact du pied au sol et se termine dès que la jambe commence son action propulsive, c'est-à-dire quand le bassin dépasse la verticale du talon (fig. 5). Pendant cette

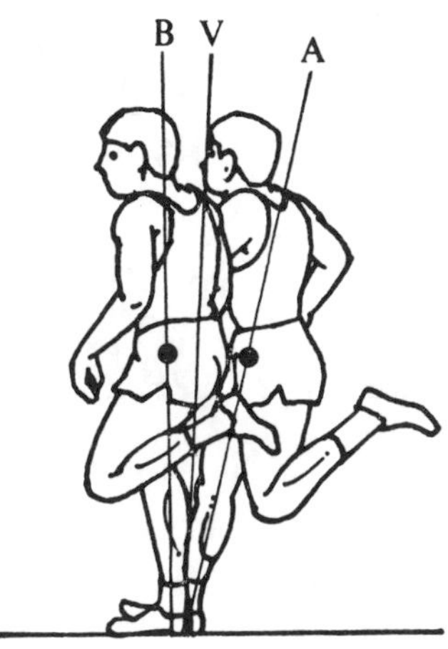

Fig. 5.

séquence tête et buste restent verticaux, la rétroversion du bassin s'accentue, la flexion du genou d'appui augmente (jusqu'à 130°) en même temps que la jambe fléchit sur le pied qui reste à plat, talon au sol. Quand le bassin passe la verticale du talon, la tête, le buste, la hanche et le talon d'appui sont sensiblement alignés sur une droite verticale ou légèrement inclinée en avant, la tension musculaire de la jambe d'appui est maximum (fig. 5-B). La jambe libre est fléchie, le talon aux fesses, genou amorçant sa montée. Les épaules sont toujours basses mais les coudes commencent à s'écarter du plan frontal.

c) *La phase propulsive* se termine quand le pied quitte le sol (fig. 6-C).

La tête et le buste conservent dans l'ensemble le placement quasi-vertical qui était le leur pendant l'appui. Ce point est important, car contrairement à l'opinion courante les bons sprinters ne courent pas « penchés en avant » mais buste droit, comme les enfants en course naturelle d'ailleurs (fig. 7).

Fig. 6.

Les bras poursuivent leur balancement antéro-postérieur fléchis à 90° environ. La main avant monte jusque dans l'axe du corps à la hauteur du visage, alors que le coude arrière va presque jusqu'à l'horizontale arrière légèrement désaxé vers l'extérieur. La main relâchée à une vingtaine de centimètres derrière la hanche correspondante. Le haut du dos reste voûté « enroulé » vers l'avant. Le genou libre monte plus ou moins près de l'horizontale de la hanche, pied en flexion ou pendant relâché alors que la jambe et le pied d'appui libèrent l'énergie emmagasinée pendant la phase d'appui par une impulsion complète. En fin de poussée l'angle entre les cuisses peut atteindre 130°.

Fig. 7.

d) *La suspension*

Le placement du buste et de la tête ne changent pas. Les épaules et les bras décontractés redescendent le long du corps, la jambe arrière revient vers l'avant en flexion relâchée. Le bassin qui en fin d'impulsion peut être basculé en antéversion légère, récupère un placement vertical les abdominaux étant toniques. Alors que le genou avant redescend la jambe s'allonge, pied en flexion, ce qui a pour effet d'étirer les muscles postérieurs de la cuisse (ischio jambiers) et de placer le pied en situation favorable pour le contact suivant (fig. 4).

e) *Remarques*

Deux observations nous paraissent essentielles pour la pédagogie et l'entraînement technique.

En pleine course, pendant toute la foulée, le buste du sprinter se comporte comme un bloc rigide pratiquement vertical. Ce point est remarquable, car :

— *Du point de vue mécanique* ce placement correspond à un alignement permanent de l'articulation de la hanche (transmetteur de la force impulsive de la jambe) avec la ligne joignant l'appui au centre de gravité. Pendant l'appui proprement dit l'alignement s'étend même à l'ensemble du buste et à la tête (fig. 5).

— *Du point de vue des sensations kinesthésiques* l'attitude de pleine course correspond effectivement à une impression de verticalité. Par opposition, la recherche de l'inclinaison avant (buste penché en avant) se traduit par une « cassure » du corps au niveau de la hanche (antéversion du bassin, « fesses en arrière »). Cette attitude, en dissociant la ligne *appui-articulation de la hanche* par laquelle de toute façon passe la poussée de la ligne *appui-centre de gravité,* rend la poussée inefficace, puisque celle-là (ligne appui-articulation de la hanche) passe beaucoup trop en arrière du centre de gravité (fig. 8). La sensation est alors celle d'une course en perte d'équilibre avant. Cette faute est fréquemment associée à une hypervélocité de compensation, attaque du sol par l'avant-pied.

Aussi, quelque soit l'impression visuelle que peut donner un sprinter en course, impression souvent influencée par l'inclinaison générale de l'ensemble du corps pendant la mise en action, il est évident que le

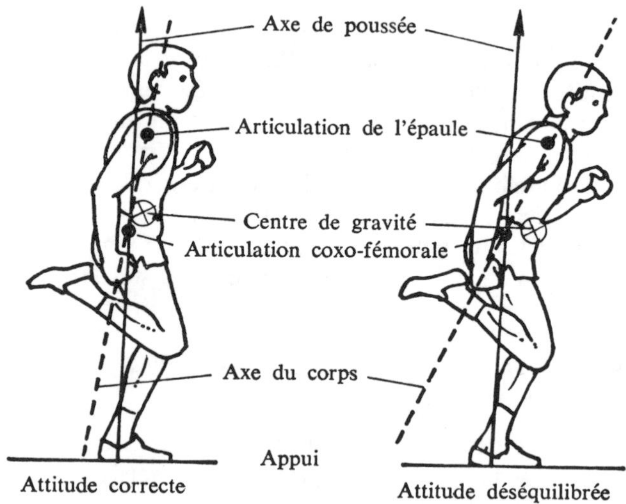

Fig. 8.

conseil de se pencher en avant à presque immanquablement pour résultat de provoquer la cassure néfaste que nous venons d'analyser. En effet, étant donné que la station debout quotidienne nous a conditionné à confondre axe général du corps (*appui-hanche-épaule-tête*) et verticale, il est clair que tout conseil visant à modifier l'inclinaison de l'axe général du corps se traduit par un mouvement tendant à déclencher une sensation de dissociation entre l'axe général du corps et l'axe d'application de l'accélération. En fait quelle que soit la matérialité de l'inclinaison de l'axe général du corps d'un sprinter, celui-ci, s'il est placé mécaniquement juste c'est-à-dire si sa hanche d'appui est sensiblement alignée avec la droite *appui-bassin-épaule-tête* (fig. 8-A) ne perçoit pas une sensation d'inclinaison mais de *verticalité*. Les excitations que reçoivent ses organes de perception des accélérations (canaux semi-circulaires) l'informent qu'il y a concordance entre la direction de l'accélération qu'il subit du fait de sa poussée au sol et l'axe général du corps, IL SE SENT DONC VERTICAL. On comprend l'erreur pédagogique qui consiste à conseiller de se pencher en avant.

— L'attaque du sol de la plupart des sprinters de haut niveau se fait pieds à plat, c'est-à-dire que le talon entre en contact au sol simultanément avec le bord externe du pied, ainsi, une fraction de seconde avant le contact, la pointe de pied est ou bien nettement redressée (fig. 4) ou bien extrêmement relâchée ce qui permet la pose immédiate du talon. Si quelques-uns effectivement touchent le sol de la plante, ils sont une minorité qui ne devrait pas influencer la pédagogie, d'autant que la logique biomécanique n'est pas de leur côté. C'est pourquoi nous estimons regrettable d'entendre encore fréquemment le conseil de courir sur pointes de pieds en course de vitesse (haies exclues). La bio-mécanique nous enseigne en effet que la puissance d'une poussée est d'autant plus grande que l'appui est solide, les muscles mis en jeu sont puissants, nombreux, et préalablement étirés.

Or courir sur pointes de pieds c'est : utiliser des appuis instables, se priver de toute l'amplitude d'action des muscles extrêmement puissants que sont les molets, c'est aussi se priver de l'étirement musculaire qui se produit en laissant aller le talon au sol. On comprend donc mal la justification du conseil courir sur pointes de pied. Il est d'autant plus nocif à notre avis que les enfants de 5 à 12 - 14 ans courent naturellement bien et que le rôle technique de l'enseignant devrait, à ces âges, se limiter à l'utilisation et à l'entretien des aptitudes spontanées qui découlent simplement de la loi naturelle de l'économie d'énergie (moindre effort). L'attaque du talon parfois exagérée chez les jeunes, conséquence du manque de puissance et de la recherche d'appuis stables, n'est pas une faute bien sérieuse. Elle se corrige d'elle-même avec le gain de puissance musculaire et de vitesse. En revanche le défaut inverse est beaucoup plus difficile à réduire car il indique également une faute de placement au niveau du bassin (antéversion). Les filles sont plus que les garçons sujettes à ce défaut.

— La montée des genoux est importante en course de sprint, elle atteint souvent l'horizontale (Figuerola). Elle est à la fois une conséquence et un moyen de contrôle de la rétroversion du bassin, puisque le déplacement de l'attache supérieure du psoas-iliaque vers l'arrière permet à celui-ci d'amener la cuisse beaucoup plus haut.

Cette montée a deux incidences :

— en déplaçant la masse importante de la jambe libre vers l'avant et le haut, elle accentue la pression au sol et permet d'avancer légèrement le C. de G. augmentant ainsi la durée et la puissance de son accélération;

— elle accroît l'étirement des muscles postérieurs de la cuisse (ischio-jambiers) et des fessiers ce qui accentue le retour rapide du pied au sol (impulsion anticipée).

— A propos de l'action des épaules et des bras il faut remarquer que le plan de balancement normal, compte tenu de l'axe de l'articulation de l'épaule, n'est pas un plan parallèle à l'axe de course mais convergeant vers l'avant. C'est pourquoi dans un mouvement de bras relâché, la main ne monte pas devant l'épaule correspondante mais devant le visage.

2. La course

La réalisation d'un temps sur une distance de course est le reflet de la vitesse moyenne elle-même fonction de deux facteurs élémentaires : l'amplitude et la fréquence des foulées encore nommées vélocite.

La représentation graphique simplifiée de ces différents éléments mesurés à partir de courses de 100 m réalisées par sprinters de différents niveaux permet une analyse intéressante (fig. 9).

a) *L'amplitude* des foulées croît très rapidement du départ aux 30 m environ pour se stabiliser ensuite jusque vers 80-90 m après quoi elle augmente de nouveau.

b) *La fréquence* atteint rapidement son maximum vers 15-20 m de course à la suite de quoi elle régresse progressivement jusque vers 80-90 m pour chuter brutalement dans les derniers 10-20 m.

c) *La vitesse* instantanée, fonction des deux facteurs précédents augmente rapidement dans les 20 à 30 premiers mètres. A 30 m elle représente 80 à 90 % de la vitesse maximum qui sera atteinte insensiblement vers 40-50 m.

Après 50 m (environ 6 s de course) la vitesse régresse plus ou moins rapidement; plus vite chez les filles que chez les garçons, plus rapidement chez les jeunes et les personnes non entraînées que chez les athlètes plus âgés et entraînés, mais dans tous les cas elle régresse

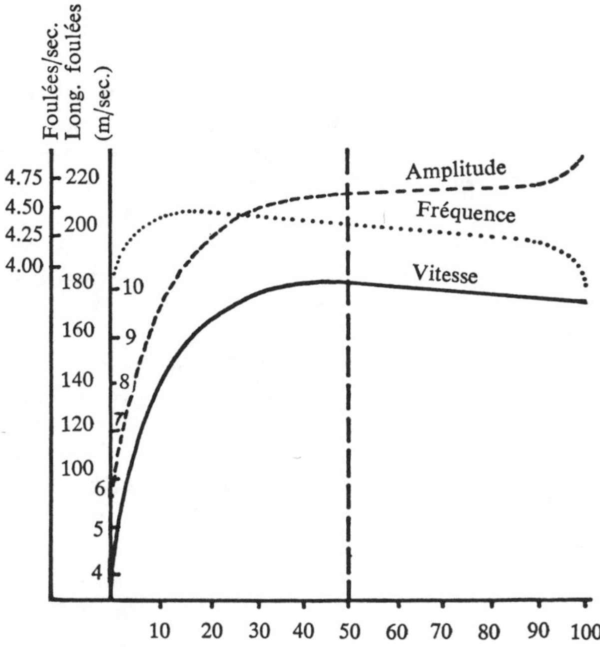

Fig. 9.

et particulièrement pendant les 10 à 20 derniers mètres. Ainsi il apparaît que l'accroissement d'amplitude des foulées en fin de course n'est pas suffisant pour compenser la baisse de fréquence enregistrée simultanément.

d) *Discussion et remarques*

— *Vitesse et fréquence :* La fréquence est donc un facteur déterminant en course de vitesse, non pas comme on le pense généralement par l'importance directe de sa valeur absolue, (d'ailleurs la vélocité diminue avec l'âge alors que la vitesse augmente), mais par la façon dont le coureur l'utilise. En effet, l'étude comparative de différents diagrammes fait apparaître que chez un même athlète la perte de fréquence et de vitesse en fin de parcours est d'autant plus brutale que la course est plus véloce dans les premiers mètres. Tout se passe comme si l'utilisation de la vélocité épuisait rapidement un potentiel nerveux limité.

Le sprinter a donc intérêt à gagner si possible en vélocité afin de se ménager une réserve potentielle de vitesse, mais surtout à apprendre à doser l'utilisation de cette vélocité afin d'épargner les réserves nerveuses qui lui permettront de terminer la course sans perte de vitesse notoire. A ce propos l'impression d'accélération que donnent certains sprinters après la mi-course, n'est en réalité qu'un effet de contraste par rapport aux autres concurrents qui ne sont pas capables d'entretenir leur vitesse maximum plus longtemps.

— *Entretien de la vitesse et placements segmentaires.* Pendant les 50 premiers mètres la vitesse instantanée passe de zéro à 10-12 m/s, inversement les temps de contact au sol diminuent en conséquence. Dans les premiers mètres ils sont assez longs pour permettre l'impulsion complète du coureur. Mais au fur et à mesure que celui-ci progresse sur la piste les temps d'appuis diminuent alors que les temps d'impulsion augmentent avec la fatigue. Insensiblement le temps d'impulsion égale puis dépasse la durée de l'appui au sol. Ce phénomène apparaît vers 50 m de course; dès cet instant si le sprinter continue de courir naturellement, c'est-à-dire en synchronisant le début de l'impulsion avec le contact au sol, son pied quitte le sol alors que la poussée n'est pas

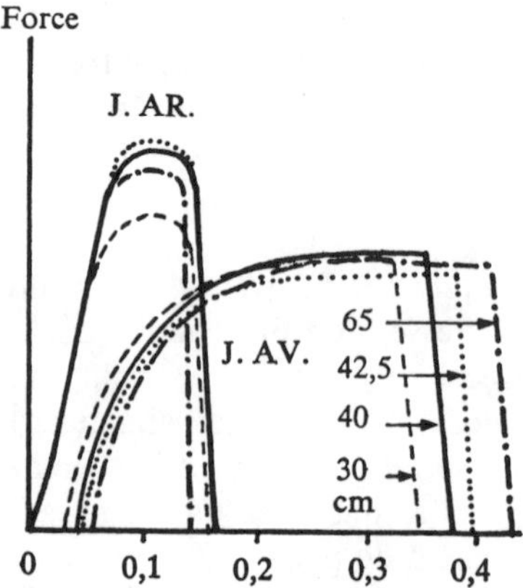

Fig. 10.

achevée. Il en résulte une bascule du bassin vers l'avant (anté-version) et une sensation désagréable de pied fuyant dans le vide. L'adaptation du coureur est habituellement de deux sortes :

— ou bien il persiste à vouloir agir sur le sol alors que son pied n'y est plus, accentuant encore l'anté-version du bassin et la sensation de courir dans le vide, d'où une deuxième adaptation en chaîne par l'utilisation de foulées hypervéloces sur pointes de pieds dans l'espoir vain de rattraper son équilibre.

— ou bien le coureur allonge la jambe en avant, de sorte que l'attaque du sol se fait nettement par le talon jambe presque tendue. Ceci a pour effet de le bloquer et d'équilibrer à nouveau son temps d'appui et son temps d'impulsion sur une vitesse réduite.

La dernière adaptation suit le plus souvent la solution provisoire en hyperfréquence.

— A notre avis, la bonne solution consiste à synchroniser, non pas le début, mais la fin de l'impulsion avec la fin de l'appui. Comme l'impulsion est plus longue cela implique qu'elle débute avant le contact au sol. Il ne s'agit plus d'une foulée « naturelle » mais « anticipée ». Cette anticipation impose nécessairement le placement vertical du buste et du bassin pour deux raisons principales :

— favoriser la montée des genoux et l'étirement consécutif des ischio-jambiers et des fessiers, facilitant le retour rapide du pied au sol.

— Etant donné que la vitesse est uniforme cela veut dire que la seule accélération produite par l'athlète est celle qui lui permet de vaincre les frottements (peu importants) et surtout son propre poids qui s'exerce du haut en bas. Autrement dit à vitesse stationnaire la poussée au sol est pratiquement verticale et s'applique suivant la direction des masses corporelles les plus importantes c'est-à-dire l'axe du tronc. Le coureur de vitesse doit donc s'efforcer de conserver la tête droite, le buste vertical et les genoux hauts.

3. Le départ

a) *Généralités*

Schématiquement la vitesse de course est uniforme dans les derniers 50 m alors qu'elle est en accélération pendant les 50 premiers. La difficulté d'une course de vitesse départ arrêté consiste donc essentiellement à doser l'utilisation de la vélocité afin d'économiser les réserves nerveuses et à ajuster l'orientation des impulsions qui, verticales en pleine course sont plus ou moins obliques vers l'avant dans les premiers 50 mètres.

L'expérience démontre que, non compte tenu du temps de réaction à un signal de départ, les meilleurs temps sur une course de vitesse sont obtenus à partir du départ debout. Le placement segmentaire est presque parfait d'emblée; la liaison entre les impulsions obliques avant de la mise en action et les impulsions verticales de la pleine course se fait sans difficultés. Au contraire dans le départ accroupi le buste, au moins pendant quelques instants, est généralement plus bas que l'axe de poussée (appui-hanche) (fig. 11). Il s'en suit une perte d'équilibre en avant que le coureur récupère spontanément par une course véloce, source de gaspillage nerveux. De plus le « cassé » du buste en avant est difficile à rattraper convenablement; l'athlète tend à conserver l'antéversion du bassin, il a donc beaucoup de mal à ajuster son placement à l'attitude verticale indispensable au maintien de la vitesse de pleine course.

Néanmoins le départ accroupi apporte l'avantage de permettre une réaction rapide à un signal extérieur. C'est la raison pour laquelle son utilisation devient indispensable à un certain moment, même si dans une première période le débutant a intérêt au départ debout.

Fig. 11.

Le placement accroupi dans les blocs a donc pour fonction de permettre une réaction rapide au signal de départ, une mise en action compatible avec l'entretien de la vitesse maximum, et enfin d'acquérir la plus grande vitesse de parcours des 50 premiers mètres.

L'important n'est donc pas d'être le premier hors des blocs à n'importe quel prix mais le premier aux 50 mètres en attitude correcte. L'expérience démontre en effet que les meilleures performances d'un sprinter déterminé sont obtenues après une sortie des blocs relativement tardive suivie d'une course accélérée en puissance, alors que les plus mauvaises sont souvent consécutives à un départ apparemment excellent, c'est-à-dire avec une sortie des blocs précoce suivie d'une course en vélocité.

Afin de ne pas induire certains en erreur, précisons cependant que la différence de fréquence entre les deux types de départ est infime pour l'observateur non averti; disons que le critère de comparaison doit plus être la distance parcourue après 7 à 8 foulées par exemple, que l'appréciation assez subjective de la fréquence des contacts au sol. Si ce dernier critère est néanmoins retenu, c'est plus la notion d'accélération « progressive » de la cadence (du « rythme ») que la valeur absolue de la fréquence qui doit être considérée. Par ailleurs il est évident que la question est à résoudre par l'entraînement et non pas le jour de la compétition.

b) *Le placement dans les blocs*

Le mode de placement dans les blocs influe directement sur la qualité de la course de mise en action.

— *Ecartement entre les deux blocs :* Très globalement on peut dire que plus l'écartement entre les blocs est important, plus long est le temps d'impulsion, plus grande est la vitesse de sortie, mais aussi plus elle est verticale; au contraire plus l'écartement est réduit, plus brève est la poussée, plus faible la vitesse, mais alors plus elle est horizontale.

Il apparaît que l'écartement qui allie à la fois la plus grande vitesse de sortie et l'orientation la mieux en rapport avec une course de mise en action équilibrée se situe entre 40 et 50 cm.

— *L'inclinaison du bloc* avant est de 45°, celle du bloc arrière de 60°. La hauteur du bloc doit permettre à la voûte plantaire de prendre appui sur le bord supérieur du bloc en position « prêt ». Un bloc trop long qui donne appui au talon ne nous paraît pas très favorable, car il prive en effet les muscles du mollet d'un étirement préalable.

— *La flexion des jambes* à « prêt » détermine la qualité de la poussée. Elle est voisine de 120 à 140° pour la jambe arrière et 90 à 110° pour la jambe avant. Il est à noter que la force développée par la jambe arrière est de 25 à 30 % supérieure à celle de la jambe avant. En revanche le temps d'action de la jambe avant étant plus de deux fois plus long cette dernière contribue davantage à la grandeur et l'orientation de la vitesse (fig. 12-C).

— *Le placement du buste et du bassin,* au signal « prêt », est un compromis entre l'attitude de course, et la flexion efficace des jambes. Cela veut dire que la distance entre le bloc avant et la ligne de départ doit être assez importante (50 cm ou 1 pied 1/2) (fig. 12-A), puisque l'articulation de la hanche doit tendre à se situer sur la ligne *appui-centre de gravité.*

Fig. 12.

En pratique il faut donc que les épaules soient hautes au-dessus du sol d'où un placement des bras verticaux et parallèles entre eux sur des mains si possible en V renversé très fermé (fig. 13). Il faut également que le bassin soit en rétroversion, d'où un dos rond, fesses rentrées, ventre creux (fig. 12-C). Rétroverser le bassin en positon de « prêt » est très difficile c'est pourquoi il est préférable de le basculer quand la situation le permet, c'est-à-dire en position à vos marques » (fig. 12-B). Au commandement prêt, le coureur, en fixant ses abdominaux n'aura qu'à monter l'ensemble buste-bassin d'un bloc.

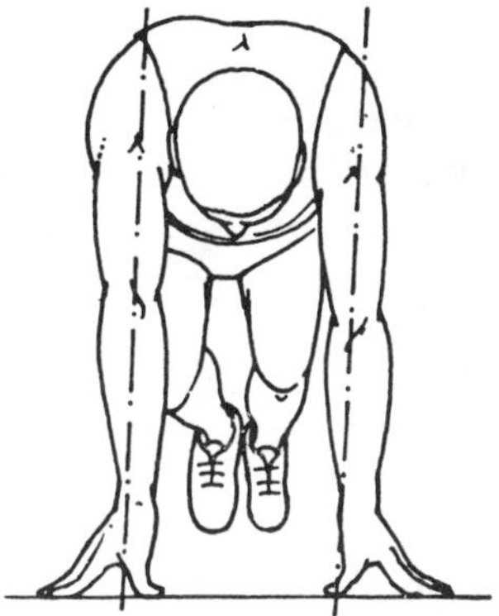

Fig. 13.

— *En position à « vos marques » :* il est préférable de placer d'emblée les épaules à la verticale des mains (fig. 12-B). Le coureur n'a plus qu'à monter le bas du dos pour trouver la position « prêt ». Si au contraire l'athlète est en retrait des mains, assis sur ses talons, il doit combiner la montée du bassin et la bascule de l'ensemble du corps en avant pour trouver l'attitude du « prêt ». Cette synchronisation est délicate, d'autant qu'elle tend à faire décoller les plantes de pied des blocs, privant l'athlète d'appuis solides et instantanés au coup de pistolet.

— *Précisions :* Afin de se donner des appuis solides et de mettre en tension préalable ses muscles propulseurs, le sprinter doit s'efforcer de repousser ses épaules vers le haut et l'arrière (sans pour autant qu'elles quittent la verticale des mains) en enfonçant les talons vers l'arrière jusqu'à trouver l'appui de la voûte plantaire. A « prêt » le dos est rond, la colonne vertébrale comprimée entre la poussée des épaules et des pieds, le poids du corps à peu près également réparti sur les 4 appuis.

La tête est dans le prolongement du dos, ni redressée ni pendante, regard fixé sur un repert situé à 2-3 pieds en avant de la ligne de départ. Ce point correspondant approximativement à l'impact du premier appui.

En compétition l'attention doit être concentrée sur une action précise et non sur le coup de pistolet. Le choix de l'intention particulière est fonction des manques techniques du coureur concerné : poussée de la jambe avant ,arrière, : ction des bras, etc. Lors d'un bon départ le coup de feu n'est pas entendu par le sprinter. Tout se passe comme si le signal sonore ne parvenait pas jusqu'au niveau conscient du cerveau pour stimuler directement les automatismes moteurs. Cela suppose un certain nombre de répétitions à l'entraînement. Il va sans dire que toutes pensées distinctes de l'action particulière du départ (crainte ou intention de voler le départ, attente du coup de feu, peur des autres concurrents, etc.) traduisent en fait un manque de confiance en soi qui est en définitive l'indice d'un entraînement imparfait.

c) *La mise en Action*

Le meilleur partant des dernières années a été, à notre avis, l'Allemand Harming Harry. Certes ses temps de réaction améliorés à force de répétitions (jusqu'à quarante fois 30 m, départ au pistolet au cours de certains entraînements) lui donnaient régulièrement un avantage de l'ordre de 50 cm dès la sortie des blocs. Mais à 40 m c'est 2 à 3 m d'avance qu'il possédait fréquemment sur ses meilleurs adversaires. Autrement dit l'écart se faisait principalement entre le premier appui et les 40 m, plus exactement entre le troisième appui et les 30 m.

Alors que la plupart des meilleurs partants actuels ont besoin de cinq à six foulées pour trouver le placement correct de course (bassin en rétroversion, pose de pieds à plat) Harry était placé pour accélérer dès le troisième appui. Cet avantage lui permettait donc l'accélération maximum au moment où ses adversaires devaient s'accommoder des appuis instables et fuyants que confèrent l'attaque du sol par l'avant-pied et le placement anté-versé du bassin.

Objectifs techniques

Dès la sortie des blocs ils portent sur trois points :

— donner des impulsions puissantes afin d'accroître la vitesse par un gain d'amplitude en économisant la vélocité dépensière d'influx nerveux. Ce qui implique :

— obtenir un placement du bassin en rétroversion afin de rap-

procher l'axe de poussée (appui-hanche) de l'axe appui-centre de gravité et axe du buste;
— fournir des appuis efficaces, c'est-à-dire solides (talon au sol le plus tôt possible après la sortie des blocs), et dynamiques, offrant donc une grande amplitude d'action (pied en flexion).

— *Les intentions motrices* portent principalements sur les actions suivantes :
— La montée des genoux en quittant les blocs, fesses rentrées, dos rond, ventre creux (abdominaux fixés) pointes de pied redressées.
— Le relâchement des épaules, des mains, de la mâchoire (bouche entre-ouverte, lèvres ballantes).
— L'impression de « couler » au sol en diffusant l'accélération progressivement avec le redressement du buste. Ce redressement ne doit pas se faire par le retrait des épaules (facteur de cambrure lombaire bassin anté-versé) mais par l'avancée des genoux, fesses rentrées, bassin rétroversé.

Dans ce chapitre consacré à l'entraînement du sprint nous nous proposons de partir des « facteurs biochimiques » pour analyser la manière d'améliorer la vitesse et la résistance. Partant de ces données il sera possible au lecteur de mieux comprendre différents types de programme d'entraînement.

3. Entraînement des courses de vitesse

A. AMELIORATION DE LA VITESSE

Cette amélioration peut se faire par
— la diminution de la période de réaction motrice,
— l'augmentation de la fréquence gestuelle.

1. Entraînement de la vitesse de réaction

La diversité et la variété des répétitions d'exercice de vitesse permettent d'améliorer la vitesse de réaction.

Généralement on distingue deux phases quand on améliore la vitesse de réaction motrice. Au début, nous obtenons des résultats positifs très rapides (même au cours de la séance). Puis, succède une période de stabilisation ou les progrès se font d'une manière très difficile.

Nous citerons ici quelques méthodes pour améliorer cette qualité.

a) Tout d'abord une méthode analytique où l'on développe d'un côté la vitesse de réaction, par exemple pour le départ du sprint.

Vitesse de réaction : dans une position de départ debout, en appui sur un objectif ou contre quelque chose, sans signal de départ, avec signal.

Puis une phase où l'on développe la vitesse des premiers mouvements de départ. Cette méthode donne de très bons résultats.

b) Une méthode où l'on essaye de percevoir les intervalles de temps.

Il semble exister une relation entre la faculté de percevoir des intervalles de temps très courts (de l'ordre du 1/10 de seconde, voir de plusieurs centièmes) et une vitesse de réaction élevée.

Par exemple :

1. Réaliser un départ sur une distance très courte à vitesse maximale. Donner le temps.
2. Répéter le même exercice, mais l'athlète doit donner le temps réalisé.
3. Varier les vitesses de répétition ce qui équivaut à un contrôle ou une connaissance personnelle de la vitesse de réaction.

Remarques

Lorsqu'un travail de condition physique générale est pratiqué, le travail de la vitesse de réaction est peu conséquent.

Certains jeux collectifs permettent une grosse amélioration de cette vitesse de réaction (exemple : le basket-ball).

Il vaut mieux faire pratiquer à l'intérieur des séances de condition physique générale, des exercices avec départs de vitesse dans des positions très diverses, avec des signaux très variés.

— Signal auditif.

— Signal visuel (objet qui tombe) (réaction au départ d'un adversaire).

— Sélection entre divers signaux (type relais).

Dans un premier temps, la vitesse de réaction est améliorable grâce à une attention soutenue : il convient de concentrer l'attention sur le mouvement à réaliser plutôt que de se concentrer sur la perception du signal.

La vitesse de réaction dépend du tonus musculaire mis en jeu : par exemple, il convient dans le départ de vitesse sprint de recommander une pression sur les blocs dans la position « prêt ».

L'éducation de la vitesse de réaction à un signal sonore est extrêmement importante. Par exemple, chez les non sportifs le temps de réaction est de 0,20 à 0,30 seconde, tandis que chez des bons sprinters on arrive à 0,05 seconde.

Remarque 2

L'entraînement de la vitesse de réaction n'influe pas sur le développement de la vitesse gestuelle.

La vitesse de réaction dépend de la durée d'attente du signal : le meilleur résultat serait lorsque 1" 5/10 séparent le signal « prêt » du signal définitif (formation des starters fédéraux).

2. Entraînement de la fréquence gestuelle

Cette amélioration s'obtient

— soit par répétition de l'exercice de course,

— soit par perfectionnement des facteurs techniques qui conditionnent la fréquence gestuelle maximale. Ce sont la force, la souplesse, la technique de course, le relâchement, la coordination,

— soit en pratiquant d'une manière alternée les deux méthodes.

a) Amélioration de la fréquence gestuelle par le travail de la vitesse de course.

On utilise des exercices de course intense et courts sous forme de répétitions ou de séries.

La qualité « biochimique » de la vitesse dépend du taux d'A.T.P. dans les muscles et de la qualité de sa désagrégation et de sa resynthèse.

Les exercices de vitesse étant de courte durée, la resynthèse de l'A.T.P. se réalise presque exclusivement grâce aux mécanismes anaérobies (glycolyse et phosphocréatine).

Les facteurs importants de la séance de vitesse sont :

1. distance de course,
2. intensité,
3. récupération (durée-nature),
4. nombre de répétitions,
5. nombre de séries.

1. *Distances de course*

Pour des sprinters confirmés jusqu'à 70 ou 80 m. Plus couramment, les distances utilisées sont de 30, surtout pour les jeunes débutants, et 40, 50, 60 m.

2. *Intensité de l'exercice*

95 à 100 % (voir ensuite barrière de la vitesse).

3. *Récupération*

La durée de ce repos est fonction de deux processus physiologiques :

— La récupération de la dette d'O_2 ou la resynthèse de l'A.T.P. Dans le cas présent les 3/4 de cette dette sont compensés pendant les 20 premières secondes de la récupération.

Lorsque la vitesse de course diminue, les processus physiologiques sont « fatigués » : une récupération plus importante s'avère nécessaire.

— Le niveau d'excitabilité du système nerveux.

Pour obtenir la vitesse maximale, un niveau très élevé de l'excitabilité du système nerveux est nécessaire.

Avant l'exercice ultime, à intensité maximale, il est nécessaire de se préparer, de répéter des exercices progressifs en intensité, pour obtenir au niveau central un niveau d'excitabilité optimum.

Après avoir effectué un exercice de vitesse, l'excitabilité du système nerveux est accrue (cette période est favorable à un autre exercice) puis elle diminue.

4. Le nombre de répétitions est donc fonction de ces deux processus.

La pratique de la vitesse provoque selon l'intensité et la distance parcourue une dette d'oxygène plus ou moins importante. La récupération peut durer. Mais si cette récupération est trop longue, le niveau d'excitabilité acquis peut s'abaisser. Dans ce cas, un nouvel exercice n'obtiendra plus la vitesse maximale.

D'autre part, si au cours de l'entraînement de vitesse on place de courts intervalles de récupération, on parvient à une diminution de la vitesse et à la fatigue.

5. Pour cette raison, on utilise communément en plus du nombre de répétitions, un nombre de séries. C'est-à-dire que les répétitions sont groupées par 2-3 ou 4..., ceci composant une série, et ces séries sont espacées par des intervalles de récupération plus longs (une récupération plus longue entre chaque série permettant aux processus biochimiques de se régénérer).

Exemple

— 3 séries de 2 répétitions de 50 m à vitesse maximale,

— puis 3 séries de 3 répétitions,

— puis 4 séries de 2 répétitions.

6. Récupérer d'une manière active permet de maintenir ce niveau d'excitabilité : il est recommandé de trotter ou de marcher entre chaque répétition ou entre chaque série.

Si au cours d'une répétition la vitesse chute (exemple, 3e répétition de la 3e série), la répétition suivante servira à développer la résistance.

Remarque

Il n'y a pas de rapport entre la morphologie et les indices biochimiques de la vitesse chez l'homme.

b) Pour le perfectionnement des facteurs techniques qui conditionnent la vitesse maximale on utilise communément des exercices de force, de souplesse, coordination, de la technique de course et du relâchement.

1. Des expériences nombreuses (surtout soviétiques et allemandes) montrent que l'augmentation de la force maximale provoque une amélioration de la vitesse gestuelle.

Dans le cas d'un entraînement de force orienté vers le progrès en vitesse, deux objectifs sont requis :

— le premier est d'accroître la force maximale,

— le second est d'appliquer cette force maximale à la possibilité d'effectuer des mouvements rapides (dynamiques).

Pour développer la force : nous connaissons plusieurs méthodes :

— soit utiliser une charge maximale,
— soit utiliser une charge non maximale jusqu'à l'apparition de la fatigue,
— soit soulever avec une vitesse maximale une charge non maximale.

Les techniques utilisées pour cet entraînement sont diverses; on peut néanmoins citer :

— le développé,
— les flexions,
— les tirages,
— les arrachés,
— les épaulés ...

Pour améliorer l'aptitude à utiliser rapidement cette force (ou force dynamique) il faut pour la vitesse de course, accroître la force dans le geste pratiqué : c'est-à-dire arriver à combiner le développement de la force dynamique et de la technique de course.

La gamme d'exercices utilisés pour ce développement sont les tirages ou arrachés (à vitesse maximale) avec charges légères, les bondissements avec charges diverses ou non, l'utilisation de formes variées de bondissements qui combinent l'objectif force dynamique avec celui de la technique et de la coordination (exemple : saut pieds joints, sauts cloche pieds, multi-sauts, sauts en contre-bas).

Les séances de musculation des sprinters peuvent là se rapprocher des séances de musculation dynamique des sauteurs (avec ou sans bancs).

2. Le perfectionnement technique

Il existe une corrélation étroite entre les indices techniques de la foulée et l'amélioration de la vitesse gestuelle.

Pour la course de sprint, il s'agit de combiner une forte poussée de la jambe arrière, avec une élévation proche de l'horizontale de la cuisse « avant ». Le pied de la jambe avant se posant au moment de l'appui, le plus près possible de la verticale tombant du genou avant (voir R. J. Monneret).

Les problèmes de l'apprentissage technique sont nombreux et difficiles à régler.

Il est possible soit de répéter les exercices à vitesse maximale en essayant d'effectuer le meilleur geste technique possible.

On éprouvera dans ce cas de grosses difficultés à maîtriser un bon geste technique et à la fois une vitesse maximale et l'apprentissage ainsi mené ne sera guère concluant.

Il est possible, dans une autre démarche, de répéter un apprentissage technique à vitesse modérée, puis lorsqu'il y a fixation de tenter d'appliquer des gestes à une vitesse maximale. Ce procédé ne donne pas non plus de très bons résultats. Il est vrai que les mouvements appliqués à des vitesses faibles ont des caractéristiques spatiales et temporelles très différentes de ceux réalisés à des vitesses maximales.

Les procédés ou méthodes les plus intéressantes pour le progrès technique permettant la vitesse de course sont celles où l'on peut réaliser les exercices à 80 % au moins de la vitesse maximale.

De cette façon, la structure du geste réalisé dans l'apprentissage est très proche de celle réalisée dans la course à vitesse maximale. Cette méthode permet ainsi de contrôler progressivement la vitesse demandée.

Remarque

Il est important en outre d'utiliser des exercices avec des vitesses extrêmement variées, même au cours d'une séance (et surtout au cours de la même séance),

— ou bien au cours d'un même exercice technique, en utilisant la vitesse la plus faible requise pour l'acquisition jusqu'à la vitesse maximale,

— ou bien en variant au cours d'exercices différents les vitesses d'exécution.

Les exercices les plus utilisés sont :

— tous les bondissements recherchant la qualité des appuis,

— les montées de genoux (dos correctement placé),

— les exercices utilisés au cours des séances types « jeu de course » : les variations montée de genoux et bondissements - cloche pied.

Les exercices du type « skipping » qui sont de véritables « spécifiques » de la foulée car ils recherchent l'action puissante de la jambe arrière, la qualité des appuis et l'élévation jusqu'à l'horizontale de la cuisse « avant ».

Les exercices réalisés en « côtes » et dans les deux sens, recherchant soit la vitesse segmentaire ou la puissance des actions musculaires.

Les exercices demandant la plus grande vélocité ou la plus grande fréquence (exemple : au niveau des appuis, déroulement accéléré de la plante de pied au sol).

Remarque

La répétition de ces exercices amenant un perfectionnement technique permet une amélioration de la coordination générale du coureur.

3. Il faudra en outre développer spécifiquement dans un programme qui s'adresse aux sprinters :

— une souplesse générale et une souplesse spécifique des hanches et des membres inférieurs. Cette réalisation permettra l'acquisition et le développement technique;

— d'autre part l'ensemble des exercices spécifiques où perfectionnement de la vitesse doit être réalisé avec le plus grand relâchement possible. Des écoles très réputées et des entraîneurs de course de sprint mondialement connus, mettent l'accent d'un bout à l'autre de leur programme de travail sur cette qualité (J. Bush).

c) L'utilisation combinée dans un programme de travail des deux méthodes traitées ci-dessus est recommandée. Il convient en effet d'alterner pour le développement de la fréquence gestuelle des séances où seront travaillés les facteurs techniques de la foulée, avec des séances qui permettront de développer la vitesse par le travail de course.

Les habitudes motrices les plus fines et les plus élaborées seront développées dans le même cycle de travail que la vitesse gestuelle.

Remarque

Barrière de la vitesse.

Il arrive dans la pratique unique des exercices à vitesse maximale que se forme une habitude ou stéréotype qui « fixe » la vitesse gestuelle.

Il y a fixation de la fréquence et donc de la vitesse. Ceci est appelé « barrière de la vitesse ».

Ce phénomène ne se produit pas lorsque sont pratiquées simultanément les deux formes de travail concernant l'amélioration de la fréquence gestuelle traitées ci-dessus.

B. AMELIORATION DE LA RESISTANCE

Nous n'exposerons pas ici les phénomènes physiologiques se rapportant à l'étude de l'endurance et de la résistance, ceci étant expliqué dans le chapitre écrit par le Professeur Lacour. La nomenclature française tend à considérer en plus des phénomènes de vitesse étudiés précédemment, et concernant un laps de temps très court des manifestations d'une résistance générale et musculaire particulière aux courses de sprint (100-200 et 400 m).

La signification de ce terme « résistance » étant à rapprocher de la resynthèse par la voie anaérobie de l'A.T.P.

Le niveau de « résistance » dépend donc de la possibilité de dépenser l'énergie dans des conditions de manque d'oxygène (anaérobiose) et surtout de la possibilité de continuer un travail musculaire malgré l'accumulation de déchets (exemple acide lactique).

Dans ce niveau de « résistance » deux parties sont distinguées :

— une portion alactique qui reflète la resynthèse des liaisons à teneur phosphorique. La récupération de cette portion se fait très rapidement (les 3/4 en 20 s selon Zatstorsky) (la totalité en 3 mn selon Karpovich).

— une portion lactique qui reflète les phénomènes de la glycolyse (désagrégation des hydrates de carbone). La récupération de cette portion se fait beaucoup plus lentement (complètement aux environs d'une heure).

Selon Karpovich et Margaria, lorsque l'exercice est réalisé à intensité maximale la portion alactique est dépensée en moins de 20 secondes, la portion lactique est elle dépensée en moins de 40 secondes.

1. Développement de la résistance appliquée au sprint

Les caractères suivants seront à respecter :

a) durée de l'exercice,

b) intensité de l'exercice,

c) nombre de répétitions,

d) durée et nature du repos.

Pour améliorer la portion lactique, on utilise souvent des exercices d'une durée comprise entre 20 secondes et 2 minutes.

Pour améliorer la portion alactique les exercices de vitesse utilisés sont pour la plupart compris entre 3 et 10 secondes.

2. Développement de la portion alactique

a) La durée de la course doit donc être comprise entre 3 et 10 secondes.

b) L'intensité du travail doit être maximale ou alors proche du maximum (95 %).

c) Le nombre de répétitions se fera en fonction du niveau des athlètes sprinters (entre 400 et 1.200 m de distance totale).

d) Récupération : Nous avons vu qu'au bout de trois minutes la récupération pouvait être complète. Cependant, on remarque qu'après la 3e ou la 4e répétition le taux d'acide lactique augmente au niveau sanguin; ce qui veut dire que l'organisme sollicite la portion lactique (glycolyse).

Dans ce cas, il est préférable de travailler **par séries** (espacées de 10 minutes au moins) de 2 ou 3 répétitions.

e) Il faut pratiquer pendant ces récupérations une activité physique de faible niveau (afin d'éviter la baisse du niveau d'excitabilité des centres nerveux). Voir Zatsiorsky et Volkov.

3. Développement de la portion lactique

a) La durée sera comprise pour ces exercices entre 20 secondes et 2 minutes.

b) L'intensité de l'exercice requis sera de 80 à 100 % de la maximale (il est à noter que la vitesse peut tomber après plusieurs répétitions).

c) Récupération : le taux d'acide lactique augmente quelques minutes après l'arrêt de l'exercice. Si l'on continue la même alternance travail-repos (avec les mêmes temps de repos) on s'aperçoit que le taux maximum d'acide lactique augmente davantage près de la fin de l'exercice.

Il est donc possible pour obtenir le maximum de sollicitation de cette portion lactique,

— soit de garder une récupération fixe et d'augmenter le nombre de répétitions,

— soit de diminuer le temps de récupération entre chaque répétition, exemple :
  - 8 mn dans le premier intervalle,
  - 6 mn dans le second,
  - 3 mn dans le troisième.

d) Le nombre de répétitions dépend donc du type de travail choisi.

Remarque

Si l'on choisit de diminuer le temps de récupération, il conviendra d'espacer les séries (dans le cas ou un travail avec plusieurs séries se révèle nécessaire), d'au moins 20 minutes pour permettre l'élimination partielle de la dette lactique.

C. DEVELOPPEMENT SUCCESSIF DES QUALITES D'ENDURANCE, DE RESISTANCE ET DE VITESSE DANS UN PROGRAMME DE TRAVAIL

1. Il est nécessaire cependant de savoir lorsqu'il s'agit de développer les qualités de vitesse et de résistance qui sont celles des épreuves de sprint, s'il est aussi utile d'effectuer des exercices d'endurance.

A ces questions, les réponses sont nombreuses et bien que ces qualités ne servent pas directement dans le travail du sprinter, les praticiens et théoriciens affirment que le développement des qualités « d'endurance » (musculaire et respiratoire) est primordial pour le développement des qualités dites de « résistance » et de vitesse. Exemple N. I. Volkov.

Les raisons principalement évoquées sont que :

— la récupération se fera plus rapidement,

— la fatigue arrivera plus tard,

— la quantité de travail à effectuer pourra être plus importante,

— la connaissance des périodes dites « de forme » sera facilitée.

Il est évident aussi que ce travail de l'endurance pourra s'effectuer d'une manière très variée. En voici quelques exemples pour les sprinters :

— au travers des séances de condition physique générale,

— à l'aide de séances de courses à allures régulières,

— grâce à la pratique de divers jeux. Exemple les jeux collectifs pratiqués à intensité moyenne pendant la période dite de préparation foncière.

2. Dans le développement des qualités de « résistance » l'amélioration des possibilités lactiques est primordiale pour l'amélioration des possibilités alactiques.

La glycolyse participe pour une part à la récupération de la portion alactique.

3. Les qualités de vitesse (vitesse de réaction et vitesse gestuelle)

sont habituellement développées tout au long du cycle d'entraînement. Mais elles peuvent se développer davantage après l'amélioration des qualités de « résistance » lactique puis alactique (Yakolev).

D. CORRESPONDANCE AVEC LA TERMINOLOGIE EMPLOYEE PAR LES ENTRAINEURS FRANCAIS

Dans le tableau I nous avons retracé les grosses lignes de plan de travail adopté par le sprint français. La vitesse, la résistance et

TABLEAU I

		Période de préparation hivernale	*Période de précompétition*	*Période de compétition*
Vitesse - Réaction - Gestuelle		xxx	xxx	xxxxx
Préparation physique générale		xxxxx	xxx	x
Résistance	Vitesse (intensité)	x	xxx	xxxxx
Résistance	Récupération		xxx	xxx
Résistance	Spécifique		xxx	xxxxx
Résistance	Volume	xxx	xxxxx	x
Endurance (forme variées)		xxxxx	xxx	x
		Octob., novemb., décemb., janv., février.	Mars, avril, mai.	Juin, juillet, août.

xxxxx Effet prédominant.
xxx Effet secondaire.
x Entretien.

l'endurance y sont placées et développées selon les périodes de l'année et les effets recherchés.

Nous avons replacé ici la « résistance spécifique » car elle a selon les distances de compétition des caractéristiques bien particulières sur lesquelles nous reviendrons et que nous ne pouvons classer dans les autres types de résistance.

TABLEAU II

Distances utilisées et intensité des exercices dans le travail de vitesse. Résistance et endurance du sprinter.

Vitesse - réaction - gestuelle		Distances courtes ↗ 60 m	Intensité près maximale ou maximale
Préparation physique			
Résistance	Vitesse	Courtes ↗ 200 m	Intensité près maximale ou maximale
	Récupération	Courtes et moyennes 100 m à 300 m	Intensité près de la maximale
	Spécifique	Selon les distances	Intensité proche de la maximale
	Volume	Longues 400 m à 1.000 m	Intensité moyenne
Endurance		Très longues	Allure modérée

Le tableau III nous permet d'effectuer le parallèle entre le vocabulaire employé sur un plan pratique dans l'entraînement du sprint et la terminologie basée sur les phénomènes biochimiques que nous venons d'employer.

On peut rappeler ici que pour développer la portion alactique il est préconisé des exercices de durée comprise entre 3 secondes et 10 secondes avec récupération complète vers 3 minutes de repos actif. Que d'autre part pour développer la portion lactique les exercices seront d'une durée comprise entre 20 secondes et 2 minutes avec une récupération beaucoup plus longue.

TABLEAU III

Correspondance de la terminologie française de l'entraînement avec les phénomènes biochimiques.

Vitesse - réaction - gestuelle		Anaérobie alactique
Préparation physique		
Résistance	Vitesse	Anaérobie alactique surtout
	Récupération	Anaérobie alactique puis lactique
	Spécifique	Anaérobie alactique ou lactique selon les distances
	Volume	Anaérobie lactique
Endurance		Aérobie

TABLEAU IV

Schéma de la progression en résistance et vitesse selon les critères biochimiques.

		Nature de l'exercice	*Hiver*	*Pré-compétition*	*Compétition*
Vitesse		An. alactique	xxx	xxx	xxxxxx
Préparation physique					
Résistance	Vitesse	An. alactique	x		xxxxx
	Récupération	An. alactique puis lactique		xxx	xxx
	Spécifique	An. alactique ou lactique selon les distances			xxxxx
	Volume	An. lactique	x	xxxxx	x
Endurance		Aérobie	xxxxx	x	x
			Octobre Février	Mars, avril, mai	Juin, juillet, août

TABLEAU V

Progression en résistance.

	Lactique	Alactique	
MARS	**Volume**	Alactique et lactique ↓	
AVRIL	Beaucoup de répétitions puis l'intensité augmente et moins de répétitions.		
MAI			Alactique ↓
		Récupération	
JUIN		Plusieurs répétitions, plusieurs séries puis l'intensité augmente, moins de répétitions.	
JUILLET			**Vitesse ou intensité**
AOUT			Intensité maximale, on peut augmenter les répétitions.
		Compétition	

E. L'ENTRAINEMENT DU SPRINT COURT (100 m et 200 m)

1. Plan annuel

1. Plan annuel
(voir tableau I)

a) La période de préparation hivernale qui dure généralement en France d'octobre à février est une période d'amélioration de la technique de course et de préparation physique générale.

L'endurance peut se faire sous des formes très variées (course lente, jeux collectifs, circuits trainings...).

La résistance volume est effectuée à cette époque d'une manière peu intense avec un « volume » de travail relativement important (entre 2.000 et 3.000 m).

On peut recommander dans la préparation physique générale de faire des parcours en nature avec côtes et obstacles divers, de faire même des courses d'obstacles 100 m haies ou 110 m haies.

b) La période de pré-compétition est celle ou doit s'effectuer un gros travail de résistance de type lactique, puis progressivement alactique ce qui sera la caractéristique de la période de compétition. Ce type de travail : soit en résistance volume, soit en résistance vitesse déjà va permettre la progression ultérieure en vitesse.

c) Pendant la période de compétition, l'intensité des parcours effectués est le plus souvent à vitesse maximale.

Remarque

Lorsque le sprinter participe l'hiver à des compétitions, le caractère de la préparation à ce moment (fin janvier et février) sera mis sur le développement de la vitesse de course (vitesse gestuelle et vitesse de réaction) et non pas sur le développement de la résistance, ce qui est le cas de la préparation aux compétitions estivales.

2. Chaque période de plusieurs mois peut se subdiviser en cycles ayant des buts bien nets : par exemple l'amélioration technique ou l'amélioration des exercices de force... Dans chaque cycle, il pourra y avoir des micro-cycles avec une alternance de la quantité et de l'intensité du travail sur deux ou trois semaines.

3. Nous donnerons dans le tableau VI l'exemple d'une semaine d'entraînement d'un sprinter dans la période hivernale et dans un cycle où il cherche à développer la préparation générale et la technique de course.

Le tableau suivant (VII) décrira une semaine de la période de pré-compétition où le travail de résistance devient primordial. Puis VIII nous donnons l'exemple d'une semaine de travail en période de compétition et d'une séance de vitesse pratiquée dans cette même période.

Remarques

Caractéristique d'un entraînement de sprint court : L'entraînement de l'Ecole Russe actuelle.

1. Planification extrêmement poussée. Période d'entraînement très précise avec objectifs par cycles et micro-cycles.
2. Deux périodes de compétition dans l'année (janvier à mars pour l'indoor). Juillet à septembre pour les compétitions d'été.
3. Doses de travail très étudiées par micro-cycles. L'accent est mis dans ces micro-cycles soit sur l'intensité soit sur le volume de travail, jamais sur les deux.
4. Recherche des effets localisés de l'entraînement dans chaque séance (séance type vitesse ou résistance vitesse).
5. Succession des séances d'entrainement dans chaque micro-cycle de travail.

TABLEAU VI

Semaine d'entraînement en hiver :
préparation générale et technique (10^8 à 11).

	Buts	*Séance*
Lundi	Préparation physique générale Musculation	Circuit - training (abdx, dorsaux - montée genoux, multi-sauts...) Tirages, arrachés
Mardi	Amélioration de la vitesse réaction, gestuelle	Séance de vitesse - départ position diverse - 30, 40, 50 × 3 et progressivement accéléré
Mercredi	Technique de course Résistance volume	Travail de bondissements « skipping » 6 × 500 m en 1' 35" - 1' 40".
Jeudi	Repos	
Vendredi	Endurance	15' de course à allure modérée, 1 h de jeux collectifs basket - volley-ball
Samedi	Préparation physique générale et résistance vitesse	Travail d'appuis, multi-sauts - cloche pieds, aux bancs 6 × 150 m en 20"
Dimanche	Repos	

TABLEAU VII

Semaine pré-compétition (10^{8}-11)
Travail important en résistance

	Buts	*Séance*
Lundi	Préparation physique générale Endurance	Travail d'appui (m. sauts, aux bancs) 15' de course à allure régulière
Mardi	Résistance Volume	2 × 400 1' 05" 2 × 300 48 2 × 250 35 2 × 200 28
Mercredi	Vitesse gestuelle Résistance vitesse	8 × 40 m lancés 5 × 150 m 17-18"
Jeudi	Repos	
Vendredi	Résistance spécifique	2 × 120 × 4 13-13^{5} R entre 2 répétitions 3' 8' entre chaque série
Samedi	Condition physique générale Endurance	
Dimanche	Repos	

TABLEAU VIII

Exemple d'une semaine de compétition (11").

Lundi	Préparation générale Vitesse	Circuit - Training (léger) 4 × 30 m 4 × 30 m 4 × 60 m
Mardi	Résistance Vitesse	4 × 60 m 3 × 100 m 3 × 100 m
Mercredi	Repos	
Jeudi	Résistance spécifique	2 × 150 m (R 3') × 3 10' entre chaque série
Vendredi	Repos	
Samedi	Vitesse	4 × 60 m (lancé)
Dimanche	Compétition 100 m - 200 m	

TABLEAU IX

Exemple de séance de vitesse (réaction gestuelle) dans la période de compétition (valeur 10^3-10^5).

I	Echauffement, 3 × 80 m en accélérant progressivement
II	4 × 30 m, départ en blocks
III	4 × 30 m, vitesse maximale - blocks départ au pistolet
IV	4 × 60 m, vitesse maximale - blocks départ pistolet
V	4 × 30 m, lancé vitesse maximale
	Entre chaque course dans chaque série 3' de récupération entre chaque série 8'

Semaine d'entraînement en hiver pour un coureur de 400 (valeur 48).

Cycle préparation physique générale.

	Buts	*Séance*
Lundi	- Technique de course - Résistance volume	- 5 × 50 m en montant les genoux 800 × 2 500 × 2 ou 4 à 8 × 500 m 300 × 4 en 1' 20" - 1' 25"
Mardi	Préparation physique générale Musculation	Circuit - trainings spécifique durée 30' Flexions (charges moyennes) Arrachés
Mercredi	Préparation physique générale Résistance	Circuit de 500 m × 8 avec 200 m en côtes 1re portion allure lente : côte en accélération
Jeudi	Repos	
Vendredi	Endurance	15' de course (sports collectifs)
Samedi	Préparation physique Vitesse Résistance vitesse	Bondissements 3 × 30 - 3 × 50 - 3 ×60 3 × 120 - 3 × 150
Dimanche	Repos	

Semaine dans la période de 400 m pré-compétition (coureur 48").

	Buts	*Séance*
Lundi	Résistance Volume	3 × 500 (1^{15} à 1'20) 3 × 400 (1 à 1^{05})
Mardi	Préparation physique générale Vitesse	Circuit - Training 3 × 30 - 6 × 50 m
Mercredi	Résistance spécifique	4 à 6 × 250 m 90 %
Jeudi	Repos	
Vendredi	Résistance Vitesse	6 à 8 × 150 m *vite* récupération 3'
Samedi	Condition physique Technique Endurance	
Dimanche	Repos	

F. L'ENTRAINEMENT DU 400 M

Le découpage annuel respecté sera le même que pour les épreuves de sprint court 100 et 200 m (voir tableau I).

La caractéristique de la préparation hivernale du coureur de 400 m est tout d'abord une condition physique générale très importante. En plus du travail du type circuit-training, il convient d'ajouter de nombreux parcours en nature avec côtes le plus souvent possible et beaucoup de renforcement musculaire.

Sur le plan de la résistance, on trouve deux types de préparation hivernale :

— Ceux qui effectuent un gros volume de travail sur des distances allant de 300 à 1.000 m à des allures peu rapides.

— Ceux qui réalisent un volume de travail moins important, mais avec un souci déjà à cette époque de l'année d'intensité (parcours de 300 à 600 m à 75 ou 80 % de la valeur maximale).

Pour le reste la préparation du coureur de 400 m est semblable à celle du sprinter court. Les séances de vitesse technique sont cependant réalisées avec le souci du plus grand relâchement possible.

La période de pré-compétition est particulière. Le coureur de 400 m doit y réaliser un travail très éprouvant de type lactique. Les distances réalisées à l'entraînement pour cette résistance sont comprises entre 150 et 300 m et l'on cherche à aller de plus en plus vite au cours de la période de pré-compétition.

Remarque : Particularité de l'entraînement des coureurs U.S. de 400 m.

Pendant la période hivernale :

1. les sprinters américains effectuent un énorme travail de condition physique (montée genoux, côtes, bondissements...),
2. la résistance pratiquée pendant cette période que l'on peut assimiler au type volume possède le caractère intensité qui va être croissant tout au long de cette période. Les distances utilisées vont du 300 au 600 généralement,
3. ces athlètes font peu de vitesse pure.

Pour la période de pré-compétition la méthode U.S. utilise surtout une résistance vitesse (type alactique), une résistance spécifique (lactique) très difficile avec des distances de 200, 250 ou 300 m parcourues à des vitesses proches de la maximale pendant toute cette période.

La recherche du relâchement pendant toutes ces répétitions et pendant le travail spécifique est de règle.

Records du monde

Hommes :

— 100 m. — 9″95 — HINES (E.U.)
— 200 m. — 19″72 — MENNEA (Italie)
— 400 m. — 43″86 — EVANS (E.U.)

Femmes :

— 100 m. — 10″88 — OELSNER (R.D.A.)
— 200 m. — 21″71 — KOCH (R.D.A.)
— 400 m. — 48″02 — KOCH (R.D.A.)

Le demi-fond

C. DESSONS

1. Démarche pédagogique

Il est indéniable que l'origine de nos connaissances en matière d'entraînement à la course est principalement issue de l'observation et de l'expérience tentée. Il est non moins probable que l'expérience restera encore longtemps le fondement de « l'art d'entraîner » et nous n'avons pas à renier les bases de notre démarche pédagogique car le début de certaines Sciences, telle la médecine fut comparable. Cependant une évolution est proche et nous devons éviter les querelles stériles qui opposèrent dans l'antiquité les médecins empiriques aux dogmatiques. Ce péril n'est pas illusoire car les entraîneurs chevronnés peuvent se remémorer l'ancienne guerre des méthodes entre l'entraînement naturel du type suédois et l'intervall'training de Gerschler-Reindell. Avec le recul, ce conflit nous apparaît actuellement déraisonnable, car ces deux formes d'entraînement se trouvent désormais liées dans nos conceptions actuelles par un principe directeur alors indiscerné. Un empirique a été souvent synonyme de sorcier, charlatan et l'acception la plus commune est celle d'un homme qui agit au gré des circonstances particulières, sans idée directrice donc sans méthode. L'expression d'« entraînement empirique » fut rapidement péjorative. Nous devons le regretter car le raisonnement empiriste semble être le plus approprié au stade actuel de nos connaissances de l'entraînement. En effet, si nous tentons de retrouver notre démarche commune au cours des colloques, des concertations, des stages nationaux, des échanges entre médecins sportifs et physiologues, des écrits des entraîneurs, nous aboutissons au cheminement suivant :

1. L'observation du propre entraînement de l'entraîneur, celui-ci ayant le plus souvent pratiqué la course à pied, fut la base de nos connaissances.

2. L'observation de l'entraînement des autres athlètes fut l'étape suivante.
3. Puis, l'accumulation des faits observés.
4. La liaison des faits observés et le dégagement de principes directeurs.
5. La confirmation ou l'infirmation de ces principes directeurs par la continuation de l'observation.
6. Puis le pédagogue devenant plus exigeant, il tenta de vérifier ces principes directeurs :
   — par des expériences pédagogiques, exemple : groupes d'élèves subissant des entraînements différents et caractéristiques (Allemagne de l'Est);
   — par des expériences mesurées : exemple : rapport de la fréquence et de l'amplitude chez le sprinter (U.R.S.S.);
   — par des expériences physiologiques : étude du coefficient d'absorption max. de l'O_2 (Suède).
7. Les résultats ainsi obtenus permettent d'affirmer la conduite pédagogique en situant mieux l'effort exigé, et en confirmant ses effets, sa finalité.
8. De plus, ils autorisent la communication car notre « art d'entraîner » ne peut évoluer qu'à travers la transmission de l'information et la confrontation de nos acquisitions.
9. Le retour à l'homme, à l'individu dans sa complexité, sa diversité n'autorise pas une application rigide des connaissances mais oblige à une adaptation constante en fonction de la nature de l'athlète.

Nous constatons donc qu'il n'est nul besoin d'opposer les scientifiques aux hommes de terrain. Pour les éducateurs responsables, il semble qu'une « vérité » pédagogique demande à être vérifiée pour être utilisée, mais elle sera toujours remise en cause dans son application car l'intuition de la nature de l'athlète auquel elle s'applique est indispensable.

A. L'ERE DE L'ENTRAINEMENT INSTINCTIF

C'est une idée désormais admise que l'enfant doit à l'environnement une part essentielle de son édification. Chez l'animal l'instinct continue d'apparaître comme un « a priori de l'espèce »; chez l'homme, un isolement précoce (exemple : les cas d'enfants sauvages) révèle l'absence de ces comportements innés : « ils demeurent démunis dans leur solitude au point d'apparaître comme des bêtes dérisoires, comme des moindres animaux » (Itard).

Certes, il semble nécessaire d'invoquer des structures organisatrices innées entrant en jeu à un stade déterminé de la maturation de l'enfant. Dans le cas de chaînes de conduites spontanées déclenchées par une catégorie de stimuli spécifiques, on est renvoyé à des montages, inscrits dans l'équipement génétique de l'individu. Mais la reconnaissance d'un déterminisme génétique des conduites n'exige pas qu'on élimine totalement le rôle de l'éducation. Les recherches actuelles montrent l'enchevêtrement des facteurs innés et des facteurs d'apprentissage dans les comportements qualifiés « d'instinctifs ».

Au cours de la dernière décade, la tendance générale dans la formation du jeune coureur fut de se fier d'emblée à sa nature, à ses sensations, à son instinct; la conduite de l'entraînement de l'apprenti coureur n'était soumise à aucun contrôle car, estimait-on, l'individu guidé par ses sensations ne peut commettre d'erreurs. Cette attitude pédagogique masquait en réalité l'ignorance dans laquelle nous étions de distinguer les différents modes d'effort. Malgré l'engouement actuel pour la pédagogie non directive, je pense que nous devons aider l'enfant à situer son action. Il doit apprendre à traiter, à structurer l'information fournie par ses sensations afin de parvenir à de véritables perceptions. Ces mécanismes perceptifs, en relation directe avec l'intelligence, peuvent se perfectionner mais aussi se dégrader. Un mauvais apprentissage peut être à l'origine « d'illusion » aux répercussions graves sur l'avenir sportif du jeune coureur. Ainsi ,au cours de séances de résistance-intervalle j'ai assisté à des reprises d'effort non contrôlées à 170 pulsations/minute alors que l'athlète déclarait : « je me sens bien, j'ai récupéré ».

Actuellement, grâce au travail des entraîneurs et des médecins sportifs, nous commençons à situer les frontières entre ces différents modes d'effort. Il est possible d'aborder une véritable éducation des perceptions de jeune coureur par une mise en situation précise et un contrôle de l'entraînement.

Cette ère de l'entraînement instinctif coïncida avec une interprétation outrancière des apports de l'Ecole Suédoise. En effet, du *fartlek* (jeu dans la nature) élaboré par l'entraîneur Gosse Holmer qui se traduit en réalité par une succession de modes d'efforts très variés adaptés aux variations du terrain naturel, de « tests » sur sentiers ou parcours étalonnés qui jalonnent la préparation dirigée par Gosta Olander à Volodalen, certains entraîneurs ne retiendront que les courses en longues et lentes randonnées dans la forêt suédoise. La nature toute bienveillante, apaisante sur le plan organique et psychique se superposa dans beaucoup d'esprits avec le mythe du « bon Sauvage » de J. J. Rousseau. L'éducation fut alors fondée sur la prédominance de l'influence du milieu naturel dans lequel l'athlète évolue en toute liberté et par lequel il accèdera à sa nature véritable.

Il faut souligner que cette attitude pédagogique favorisa l'éclosion d'athlètes équilibrés mais cette ère est achevée car certains procédés découverts dans la pratique de l'entraînement sportif aboutissent désormais à une meilleure rentabilité de la préparation.

B. L'ERE DES PROCEDES D'ENTRAINEMENT

La « manière de faire », de courir, fut élevée dans cette période au niveau de l'Institution. Là encore, ce sont les interprétations outrancières des apports des Ecoles de courses étrangères qui aboutirent à des excès dans l'entraînement, à des conflits entre entraîneurs, chacun étant assuré de détenir *la vérité* !

C'est l'époque où suivant l'influence de l'entraîneur, l'entraînement est effectué sur « aiguilles de pins », dans les dunes de sable, ou à l'opposé sur terrain plat. Le plus bel exemple de l'application exclusive d'un procédé reste pourtant l'utilisation de l'Intervall' Training par les entraîneurs Français. Rappelons que ce procédé met en évidence la valeur de la période de récupération après l'effort : « le principal facteur du processus d'adaptation ne réside pas dans l'effort lui-même, mais dans l'intervalle » souligne Gershler. Les conditions de cette période bénéfique sont caractérisées avec précision :

— Un effort d'une durée maximum d'une minute et ayant pour fonction d'amener le régime cardiaque à 180 pulsations par minute.

— Un intervalle devant être compris entre 1 mn 30 s et 45 s afin d'amener de 180 à 120 pulsations avant la reprise de l'effort suivant. L'entraînement à l'aide de ce procédé s'illustre alors par le plus grand nombre de répétitions possible maintenant les conditions précitées. Or nous ne retiendrons en France que ce procédé répétitif qui suivant les conceptions de l'entraîneur sera :

— soit appliqué d'une manière rigide et souvent sans discernement sur le plan quantitatif (des séries de 100 répétitions furent couramment effectuées);
— soit ridiculisé comme issu d'un esprit germanique rigide et étroit.

Les entraîneurs qui, tel Gaston Pretot (entraîneur de Sochaux qui forma entre autres les coureurs de 1.500 m Boxberger et Nicolas) ont connu et vécu l'expérience pédagogique menée par Gerschler, à partir des travaux cardiologiques du professeur Reindell, savent que le « footing » n'était pas banni dans la préparation des athlètes.

Les séances sur piste étaient le plus souvent précédées de 10 à 12 km de course en nature. Cette partie et cet aspect de l'entraînement n'apparaissaient pas alors d'une importance primordiale mais étaient cependant réalisés.

En conclusion, l'avènement de chaque procédé a fait naître en France un engouement dû, certes à l'attrait de la nouveauté, mais aussi en réaction à la conception idéaliste de l'entraînement naturel. Car enfin s'il suffisait de prôner un retour à « l'état de nature » pour atteindre la plénitude de l'épanouissement des dons de l'athlète, le rôle de l'entraîneur ou pédagogique se trouve ainsi restreint à une intervention plus que discrète. Une frustration accentuée est latente chez beaucoup d'entraîneurs, d'autant que le principe de la disposition infailliblement bénéfique de la nature s'applique aussi au maître. Ainsi l'entraîneur possèdrait, soit d'une manière innée ou par révélation, le génie pédagogique de l'enseignement de la course, structure préétablie par la nature qui ne pourrait s'acquérir par une transmission quelconque du Savoir. En découvrant donc un procédé, un « truc » l'entraîneur issu du commun pense donc prendre sa revanche sur « l'entraîneur sorcier ».

C. VERS UNE DEMARCHE METHODIQUE

1. Les qualités du coureur et les modes d'effort

« La méthode est un ensemble de procédés raisonnés pour faire quelque chose » (Littré).

La définition des qualités requises par la pratique de la course au cours du colloque réunissant en mars 1966 les meilleurs entraîneurs français marque une étape importante dans l'évolution de notre démarche pédagogique. En effet pour la première fois l'utilisation des procédés se rapporte au développement d'une qualité considérée.

Peu importe si les bases physiologiques correspondantes semblent bien primaires ou même erronnées (1) si l'on s'en réfère aux derniers travaux en physiologie sportive, l'essentiel est qu'une conduite raisonnée de la préparation transparaisse à la lecture du rapport de synthèse de ce colloque.

Parallèlement aux efforts des entraîneurs français pour mieux situer leur action pédagogique, la recherche en physiologie sportive commence à situer les différents modes d'effort en regard des qualités du coureur définies empiriquement par l'« homme de terrain ». Ainsi le procédé d'entraînement sera utilisé non seulement afin de développer une qualité mais aussi en se référant aux effets physiologiques. Cette évolution est certainement un progrès pour l'éducateur responsable mais n'est pas sans danger lorsque l'emporte une systématisation aux seuls fins de simplification. En effet nous observons actuellement des jeunes qui vont faire de la « cavité cardiaque » en forêt (traduire footings lents uniformes).

On oublie déjà qu'il est peu pensable d'avoir une action élective sur une partie de l'individu, dans un sport comme la course qui entreprend l'organisme dans sa globalité. Cette confusion des modes de travail avec leurs effets, toujours remis en cause par une science en

(1) Conférer les tableaux pp. 121-122-123.

COLLOQUE 1966

VITESSE - RESISTANCE - ENDURANCE

(définition - effet - buts à atteindre - moyens)

LA VITESSE

Définition	Effets	Buts à atteindre	Moyens permettant de développer la vitesse
Type d'effort **qualificatif** à dominante neuro-musculaire. Aptitude à parcourir le maximum de mètres/seconde.	La brièveté de l'effort de vitesse pure ne permet pas aux muscles de s'alimenter immédiatement en oxygène (apports directs cardio-pulmonaires). Les muscles utilisent donc leurs propres réserves, d'où très important déficit en O_2 en raison de l'intensité de l'effort.	**Pour le sprint :** 1. Parvenir à atteindre la plus grande V. possible dans un minimum de temps, et la maintenir sur la plus grande distance possible. 2. La dette d'O_2 faisant baisser l'aptitude à l'effort, il faut adapter la musculature aux efforts d'intensité maximale. 3. Assurer la capacité de coordination, augmenter la capacité de décontraction au moment de l'effort final [1].	**Entraînement par répétitions :** a) Sur distances courtes (0 à 100/120 m). b) En côte. Recherche de **l'amplitude optimum** de la foulée, liée **à l'augmentation et au maintien de la plus grande fréquence possible de pose de pieds.** L'intensité est maximale, en raison des fortes sollicitations neuro-musculaires et des perturbations métaboliques profondes (anaérobies).
		Pour le demi-fond La vitesse se présente sous deux aspects : 1. **V. absolue** ou maximale (voir ci-dessus). 2. **V. utile,** calculée en fonction de la performance visée sur la distance préparée. Elle doit tenir compte des possibilités d'accélération en fin de course, ou des changements d'accélération en fin de course, ou des changements d'allure en course.	**Entraînement par montées de régime (paliers)** Ex. : 150 = 3 × 50 m. De 5 à 50 : 75 % de la V. max. De 50 à 100 : 90 % de la V. max. De 100 à 150 : 100 % de la V. max. Passer les vitesses sans brutalité et maintenir le rythme. **Entraînement par modulation d'allure** (On dit vite - lent - vite). **Vite :** mise en action puissante sur 30 m. **Lent :** maintenir vitesse acquise sans pousser (40 m). **Vite :** finir rapidement sur 30 mètres. Donner ainsi la notion d'EMBRAYAGE-DEBRAYAGE sans perturber le rendement personnel.

L'ENDURANCE

Définition	Effets	Buts à atteindre	Moyens permettant de développer la vitesse
Type d'effort quantitatif à dominante organique et psychique. Faculté d'ordre général régie par le principe d'économie dans l'effort.	L'entraînement en E. progressif : **augmente** le capital globules rouges transport O_2 accru, **favorise** l'élimination normale du CO_2 (priorité à l'expiration), **ouvre** le système capillaire, **active** le fonctionnement des organes de désintoxication (foie, reins élimination des déchets). Dans l'entraînement par intervalles, ceux-ci permettent avant tout au cœur d'effectuer son travail de pompage. La dette légère d'O_2 contractée doit être récupérée aux 2/3 dans la minute qui suit.	Parvenir à maintenir sur une distance relativement longue, ou sur une longue durée, un effort soutenu, continu, sollicitant en priorité la volonté de l'athlète. Endurance : effort organique + tolérance psychologique. Mais c'est aussi l'entraînement à la capacité d'absorption et d'utilisation de l'O_2 pendant la course (steady-state).	**I. Course en tout terrain,** à allures variées, en exploitant au mieux la nature et le profil des parcours utilisés. **Durée :** de 30 à 90-100', et même 2 heures (fond et grand fond). **Intensité :** 80 à 90 % des possibilités du moment sur distance totale parcourue. **II. Courses par intervalle :** Eléments à considérer : a) **Intensité.** Etablir progression de novembre à mars de 75 à 100 % de la vitesse utile. Pouls fin d'effort : b) **Distances :** courtes 100 à 400 m. Priorité au secteur 150/140. Reprise aux alentours de 115/120. 100/110 pour le demi-fond court et la vitesse. c) **Répétitions :** par série de 3 à 5 parcours. Nombre de séries variable suivant besoins, degré d'entraînement et période considérée. d) **Récupération :** 1. **Inter-parcours :** égale à la distance parcourue 2. **Inter-série :** maximum 3 à 4'.
		Pour le sprinter, c'est un problème d'amélioration de la résistance à la fatigue. Les besoins du sprinter étant très différents, le travail d'endurance est plus axé pour lui sur la recherche de l'économie technique que sur le développement des qualités organiques.	**Pour le sprinter :** **I. En tout terrain** (période hivernale). Succession de courses très diverses de plus ou moins longue durée (30 à 50-60'), souples, décontractantes, à allure de trot léger, alternées avec des sprints en pente, des accélérations progressives et de changements de rythme. **II. Courses par intervalles.** Distances : 0 à 200 m. Etablir progression de novembre à mars, de 70 à 85 % des possibilités du moment. Répétitions et récupération identique au demi-fond.

LA RESISTANCE

Définition	Effets	Buts à atteindre	Moyens permettant de développer la vitesse
Type d'effort qualificatif et quantitatif à dominante organique et neuro-musculaires. Qualité spécifique permettant de reculer les limites de la fatigue, ou de résister à la fatigue sur la distance préparée.	Vise à l'adaptation et au renforcement des qualités organiques et neuro-musculaires du sujet, en le rendant capable en particulier de supporter une importante dose de travail musculaire (dette l'O_2, et de soutenir d'importantes perturbations cardio-pulmonaires (sprint prolongé et demi-fond notamment).	**La résistance du sprinter** peut être sollicitée de deux manières : a) Etre capable de tenir dans le rythme au-delà de la distance préparée (légèrement au-delà). b) Etre capable de supporter une succession d'efforts exigée par l'addition des épreuves individuelles ou des relais, ou par les qualifications préliminaires.	**Pour le sprint court :** de 0 à 250/275 m. **Pour le sprint long :** de 100 à 500/600 m. Sur les distances les plus longues, c'est l'équivalent du travail de **R.V.** des **spécialistes de demi-fond** (préparation hivernale). On diminue progressivement les distances et on augmente graduellement le nombre de parcours et l'intensité (80 à 95 % des possibilités du moment). Sur les distances les plus courtes on rehcerche l'effet de **résistance-train des spécialistes de** demi-fond (entraînement printanier). **Intensité :** 95 à 98 % des possibilités maximales. **Récupération :** distances longues : aux 2/3 par opposition au travail d'endurance; distance courte : totale. **Répétitions :** variables suivant besoins et faculté d'adaptation.
		Demi-fond - Fond : Parvenir à maintenir progressivement et le plus longtemps possible la vitesse utile, correspondant à la vitesse de déplacement sur la distance préparée, et compte tenu de la performance envisagée.	**Demi-fond - Fond** ENTRAINEMENT FRACTIONNE sur des distances inférieures à la distance préparée (4/5 au plus) et représentant de préférence des portions sous-multiples de cette distance : **Exemples :** pour coureur de 800 : 200/400; pour coureur de 1.500/3.000 : 250, 300, 500, 750 et 1.000. **Intensité :** idéalement 100 % de la vitesse utile. **Exemple :** performance recherchée sur 800 m : 2'. Vitesse utile sur 100 m pour atteindre 2' = 15". Je répéterai donc des 200 en 30" et des 400 en 60" — et même plutôt légèrement moins (29/30 et 59/60). **Nombre de parcours et durée de récupération** doivent correspondre au but poursuivi. **Le domaine de la résistance englobe :** a) **La résistance-intensité :** intensité de 100, 110, 115 % de la vitesse utile. b) **La résistance-spécifique : 100 % de la vitesse utile.** c) **La résistance-volume :** intensité inférieure à la vitesse utile, et distances supérieures à la distance préparée.

constante progression peut amener les mêmes excès que la querelle des procédés.

2. Modes d'effort et procédés

La démarche, proposée à l'éducateur, sera de toujours situer le procédé pédagogique utilisé, dans son mode d'effort, afin d'en connaître les répercussions. Au cours d'une activité physique, l'effort produit se situera dans différents moments physiologiques.

Dans la phase anaérobie alactique

L'effort demandé à l'athlète peut être voisin de l'intensité maximum (régime cardiaque 180-210) et nous saurons que cette phase ne peut excéder 6 à 8 secondes.

Le terme employé pour qualifier ce genre d'effort est *vitesse.*

Dans la phase anaérobie lactique

L'effort demandé dépasse 8 secondes et l'intensité correspond à un régime cardiaque supérieur à 160 pulsations/minute. Son utilisation régulière provoque des effets de pariétalisation cardiaque.

Le terme employé pour qualifier ce genre d'effort est *résistance.*

Dans la phase aérobie alactique

L'effort demandé correspond à un régime cardiaque situé entre 120 et 160 pulsations/minute. Son utilisation régulière provoque une augmentation de la cavité cardiaque.

Le terme employé pour qualifier ce genre d'effort est *endurance.*

L'éducateur s'attachera à faire éprouver à son élève ces trois efforts de natures différentes, et il s'efforcera de lui en faire connaître les frontières.

Lors de l'utilisation d'un de ces procédés, le jeune athlète devra apprendre à le situer. Ainsi, une séance d'entraînement, où l'intervalle est utilisé, peut constituer un effort :

— soit de vitesse : séries de 8 × 40 m, 8 ×50 m, etc., avec une récupération à 100 pulsations/minute.

— soit de résistance : séries de 10 × 200 m avec une intensité de

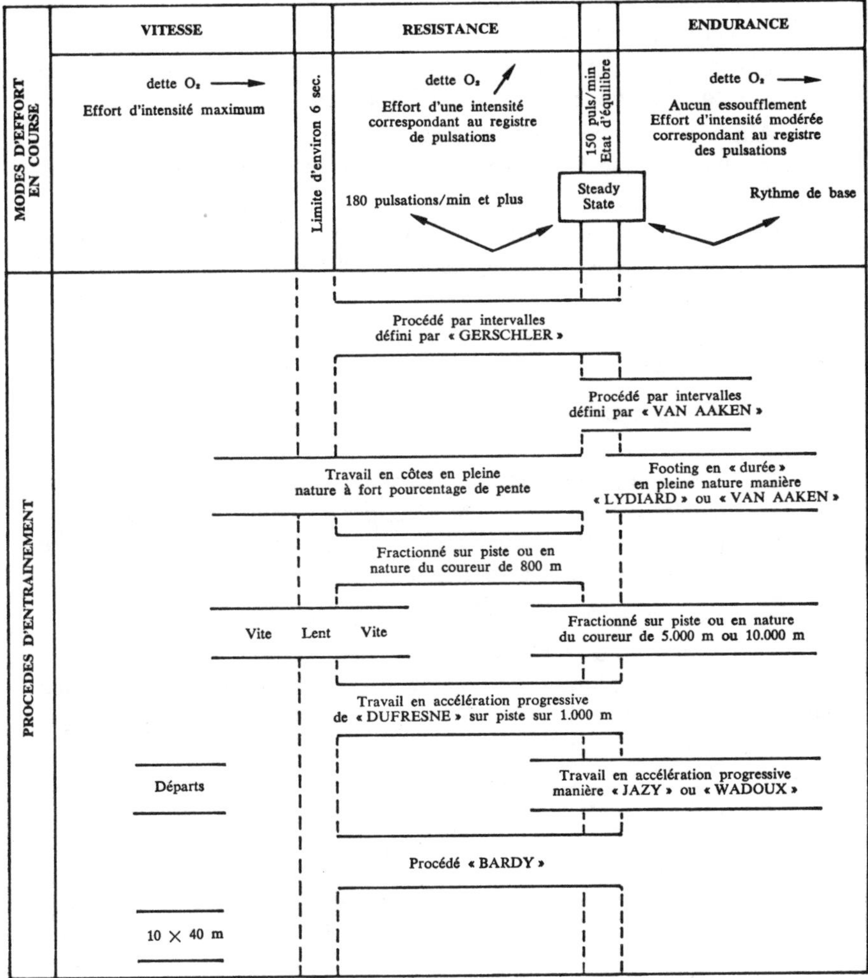

180-190 pulsation/minute et une récupération à 120 pulsations/minute.

— soit d'endurance : séries de 10 × 200 m avec une intensité de

130-150 pulsations/minute et une récupération à 90-100 pulsations/minute.

Les erreurs d'entraînement les plus communes sont dues à la confusion de ces modes où à leur dégradation.

Ainsi, une séance de vitesse peut dégénérer en séance de résistance si la récupération se fait avec un retour à 150 pulsations/minute au lieu de 100.

Une séance d'endurance continue en pleine nature peut évoluer en séance de résistance si le régime cardiaque dépasse 160 pulsations/minute.

Je propose ce tableau illustrant la situation des exercices pédagogiques les plus connus afin d'en déterminer les effets (1).

A. *ENDURANCE*

• *But*

La préparation en endurance n'est pas une fin en soi. En effet, excepté pour les marathoniens, elle n'est pas spécifique de l'effort prévu en compétition. L'amélioration de cette qualité a pour but de permettre un entraînement en résistance rentable.

• *Caractéristiques et conséquences pédagogiques*

— *Le régime d'équilibre*

L'effort en endurance est caractérisé par un secteur cardiaque au moins égal à 120 et inférieur à 160 pulsations/minute. En pédagogie pratique, cette observation exclut le travail collectif. En effet, lorsque un athlète Wadoux court en endurance, un senior de catégorie régionale (Nicouleau 3 mn 47 s au 1.500 m par exemple) est à 170 pulsations/minute; donc, en résistance. De même, pour une allure de 2 mn au 400 m les régimes, dans une classe de l'enseignement primaire CMI, s'étalaient de 130 à 180 pulsations/minute. Citons aussi quelques allures d'athlètes du Bataillon de Joinville pour confirmer cette cette remarque.

— 130 pulsations/minute Meyer (1 mn 48 s au 800 m), 2 mn au 400 m.

— 130 pulsations/minute Gadonna (3 mn 50 s au 1.500 m), 1 mn 50 s au 400 m.

(1) Tableau p. 125.

— 130 pulsations/minute Marguet (3 mn 50 s au 1.500 m), 1 mn 35 s au 400 m (1).

— 130 pulsations/minute Auliac (14 mn 20 s au 5.000 m), 1 mn 30 s au 400 m.

Au cours des stages nationaux, nous constituons des groupes homogènes après un test d'allure vérifié par une prise de pouls à la carotide. Nous calculons les temps moyens de chaque groupe sur des parcours étalonnés afin d'éviter les erreurs grossières. Nous demandons surtout un contrôle personnel tant que l'athlète n'est pas capable de percevoir le régime adéquat.

— *La quantité de travail*

Théoriquement, en endurance véritable, seules les réserves énergétiques peuvent limiter un effort de cette nature. En réalité, une progression exagérée en endurance cesse d'être utile. Les quantités moyennes de travail utilisées actuellement sont les suivantes :

— Minimes 3 à 4 séances d'une demi-heure par semaine.

— Cadets 3 à 4 séances de trois-quarts d'heure par semaine.

— Juniors 3 à 4 séances d'une heure par semaine.

(Le kilométrage est évidemment fonction du niveau atteint en endurance. En une heure Wadoux effectue 15 km, un junior 10 km.)

Mis à part les investigations électro et vecto-cardiographiques, l'abaissement du pouls de repos est dans 80 % des cas un indice de progression en endurance. De même, l'augmentation de l'allure pour un même régime d'équilibre est un test de terrain facile à réaliser et peut apporter une confirmation.

Dans le cas d'excès en endurance, la tonicité cardiaque peut devenir insuffisante pour une systole efficace et le pouls peut remonter légèrement (Dr Stephan).

— *Place de l'endurance dans la formation générale du jeune et la saison*

« Il nous paraît souhaitable d'édifier d'abord une cavité cardiaque confortable avant de faire appel à un entraînement plus spécifique, générateur de muscle cardiaque... » (Dr Leclerq).

Nous trouverons donc cette phase à dominante endurance à la fois dans la formation générale de l'athlète et au cours de la saison. Il est curieux de remarquer que nos athlètes nationaux les plus endurants ont cultivé cette qualité avant la puberté par un certain mode de vie (rural ou montagnard) ou par la pratique d'une activité physique modérée longtemps soutenue (promenades à bicyclette, longs parcours de natation, etc.).

Cette période prépubertaire semble permettre l'acquisition d'un potentiel particulièrement stable en endurance.

De même au sortir de la préparation hivernale, un entraînement bien conduit doit amener les athlètes à un déséquilibre en endurance (observé couramment à l'electro-cardiogramme) qui sera réduit progressivement, avec un apport en résistance, jusqu'à la période d'équilibre ou « période de forme ».

B. *RESISTANCE*

La finalité de la préparation en résistance est la compétition. Au cours de cette deuxième phase, nous pouvons jouer sur trois facteurs principaux : l'intensité, la récupération, le volume. Lorsqu'un de ces facteurs est dominant, les autres revêtent des caractéristiques précises, faute de quoi survient un déséquilibre rapide amenant la contre-performance et même une fatigue qui impose l'arrêt de l'entraînement.

Le tableau des pages 130 et 131 permet d'illustrer l'utilisation des différents facteurs; utilisation dont le but est la spécificité de l'effort utilisé.

C. *LIAISONS DES DIFFERENTS MODES : VITESSE, ENDURANCE, RESISTANCE*

L'essentiel est que le jeune athlète ressente la succession des dominates : endurance associée à la vitesse, puis à la résistance. Cependant dans cette évolution, on n'assiste pas à une transformation de l'endurance en résistance, mais à un rapport progressif. En effet, même au cours de la période de précompétition où le facteur spécifique en résistance est primordial, un entretien en endurance véritable ou en vitesse pure est nécessaire.

Nous vous proposons avec le Dr Stephan le croquis ci-dessous illustrant cette liaison et donnant un exemple d'utilisation des facteurs de résistance.

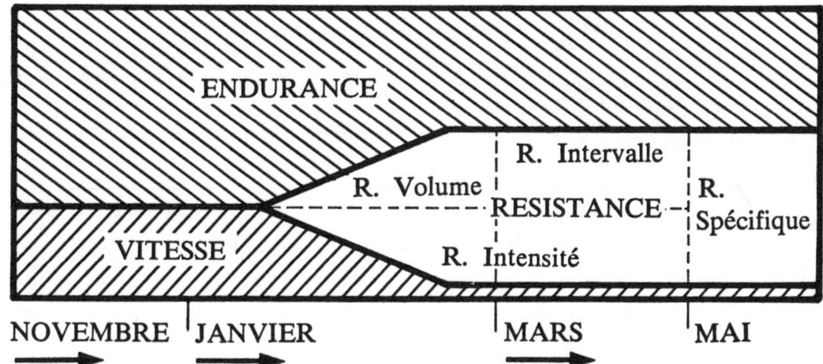

RESISTANCE : définition et exemples d'évolutions « abrégées » de types de séances

FACTEURS DOMINANTS				
INTENSITE	— **L'intensité** est non seulement maximum mais d'une grande qualité (conf. exemple). Cette forme d'entraînement fait suite à celui de la vitesse pure (180-190 pul./mn). — **Le volume** de la séance ira progressivement de 400 à 1.000 mètres environ. — **La fraction** utilisée augmentera lorsque le temps effectué correspondra à la qualité de l'ensemble de la séance. — **La récupération** observée est un retour vers 95 ou 100 pul./mn.	10 × 40 m	10 × 50 m Vitesse pure
VOLUME	— **L'intensité** est faible (registre cardiaque 160-170 pul./mn) et progressive. — **Le volume** de la séance important 3 à 8 km. D'abord progressif, il diminuera lorsque l'intensité aura atteint un certain seuil. — **La fraction** utilisée peut être dégressive au cours de la saison. — **La récupération** observée est un retour à un plateau de 110-120 pul./mn.	1 × 1.200 m 1 × 800 m 1 × 600 m 1 × 400 m Total : 3 km	1 × 1.200 m 2 × 800 m 2 × 600 m Total : 4 km
INTERVALLE	— **L'intensité** est limitée par l'allure de compétition. Actuellement on ne recherche plus une intensité terminale de 180 pul./mn d'une manière systématique. — **Le volume** de la séance, d'abord progressif, est dégressif au cours de la saison lorsque l'intensité aura atteint un certain seuil (de 3 km environ à la distance envisagée en compétition). — **La fraction** est souvent spécifique de la distance connue : 200 m pour le 800 m, 300 m pour le 1.500 m, 400 m et 500 m pour le 5.000 et le 10.000. — **La récupération** observée est un retour vers 120 pul./mn et peut devenir plus incomplète (conf. exemple) jusqu'à 165-170 pul./mn.	8 × 200 m en 28" 1' 30" de réc. à 120 pul.	10 × 200 m en 28" 1' 30" de réc. à 120 pul.
SPECIFIQUE	— **L'intensité** devra faire éprouver à l'athlète les sensations rencontrées en compétition. Les fractions employées étant inférieures à la distance de compétition, l'allure d'entraînement sera supérieure au train envisagé, voire maximum. — **Le volume** est dégressif au cours de la saison jusqu'à la distance envisagée. — **La fraction** utilisée augmentera progressivement afin d'approcher l'effort spécifique. — **La récupération** observée est voisine de 100 pul./mn.	4 × 200 m 4 × 300 m 4 × 200 m Total : 2 km 800	4 × 200 m 5 × 300 m 2 × 200 m Total : 2 km 700

3 × { 40 m, 50 m, 60 m }	3 × { 40 m, 60 m, 80 m }	2 × { 40 m, 60 m, 80 m, 100 m }	4 × 40 m 2 × 80 m 2 × 100 m 1 × 120 m	6 × 40 m 2 × 60 m 2 × 100 m 2 × 150 m	L'athlète n'envisage d'employer une fraction supérieure que si elle n'entraîne pas un « décrochage » dans la qualité de la séance. Exemple : 40 m 5"2 - 50 m 6"3 60 m 7"3 - 80 m 9"3 100 m 12"5
		Résistance			Décrochage entre 80 et 100

2 × 1.200 m 2 × 800 m	2 × 1.000 m 2 × 750 m 2 × 500 m	2 × 800 m 3 × 600 m 3 × 400 m	500 m 1.000 m 500 m 1.000 m 5 m	400 m 800 m 400 m 800 m 400 m	**Séances : coureur 5.000 m** Dans les séances 1, 2, 3, 4, 5, le volume progresse, la fraction diminue. Dans les séances 6, 7 : exemples du procédé d'alternance utilisé en fin de préparation en cross-country et piste.
Total : 4 km	Total : 4 km 500	Total : 4 km 600	Total : 3 km 500	Total : 2 km 800	

12 × 200 m	10 × 200 m	8 × 200 m	6 × 200 m	4 × 200 m	**Séances : coureur 800 m en 1'48"** Dès que la récupération ferme le registre 180-120 pul./mn pour devenir incomplète, il suffit généralement de 2 ou 3 séances pour « être en forme ». Nous estimons que cette forme d'entraînement doit être absente de la préparation du jeune. Elle peut être employée en l'absence de compétitions relevées avec des athlètes possédant une base en endurance conséquente.
en 28"	en 27"	en 27"	en 26"	en 26"	
			60" de réc.	50" de réc.	
		Zone dangereuse pour les jeunes			
1' 30" de réc. à 120 pul.	1' 15" de réc.				
		Départ de la fraction en réc. incomplète : 150-160 pul./m			

4 × 200 m 4 × 400 m 2 × 100 m	2 × 300 m 3 × 500 m 2 × 200 m	2 × 400 m 1 × 800 m 2 × 200 m	1 × 500 m 1 × 1.000 m 1 × 250 m	 1 × 1.200 m 1 × 300 m	**Séances : coureur de 1.500 m** Le sommet de la pyramide est la partie véritablement spécifique de l'entraînement. Le reste de la séance est un complément terminant l'échauffement ou préparation à la fin de course.
Total : 2 km 600	Total : 2 km 500	Total : 2 km	Total : 1 km 750	Total : 1 km 500	

2. Endurance

Si l'on considère les palmarès des Jeux Olympiques de Mexico, celui de Munich, nous constatons que l'âge des finalistes ne s'élève pas. Au contraire, nous pouvons noter une certaine précocité dans l'épanouissement des athlètes, caractéristique qui ne s'oppose actuellement pas à une prolongation avancée de la carrière (Norpoth, Ryun, Fromm, Plachy, Boxberger junior à Mexico et plus récemment Gonzales). Cette observation est évidente également en fond, et va à l'encontre de la tradition française qui n'orientait vers cette discipline que des coureurs ayant atteint une certaine maturité (Jazy). Si une génération d'athlètes de nationalités diverses effectue une carrière sans dommages pour leur santé et leur épanouissement sportif, cela signifie clairement qu'une préparation judicieuse a été effectuée dès leur adolescence et même pendant l'enfance.

Un des premiers apports issus de l'expérience des entraîneurs est une sorte de postulat :

La qualité de base est l'endurance

Toute préparation spécifique s'appuyant sur un entraînement en endurance incomplet, aboutit, après des résultats immédiats souvent spectaculaires, irrémédiablement à la stagnation, puis à la régression des performances.

Combient de carrières ébauchées avons nous constatées chez de jeunes coureurs ! Après quelques succès acquis à partir d'une préparation à dominante Résistance, ces athlètes débutants demeurent sur un palier. En revanche lentement, mais régulièrement d'autres jeunes, dosant progressivement leur travail en Résistance sur un potentiel en Endurance conséquent, poursuivent leur épanouissement. Il est certes possible de revenir à une phase de préparation en Endurance lorsque celle-ci a été éludée. L'expérience prouve malheureusement la difficulté de convaincre de jeunes athlètes habitués au succès, à revenir vers un effort profitable seulement à longue échéance.

Cette opinion n'est pas l'apanage des entraîneurs français. Voici quelques témoignages :

Manfred Reiss entraîneur olympique de la Fédération Est Allemande « le développement de l'endurance doit représenter le centre majeur de l'entraînement des jeunes et celui des enfants en particulier... La « méthode de fond » (endurance continue) est la meilleure dans l'entraînement des enfants et des jeunes, pour développer l'endurance. Cela signifie qu'elle doit atteindre 80 à 90 % du kilométrage total. »

Filine et Boldyryev : « L'analyse de la carrière sportive des meilleurs spécialistes mondiaux sur ces distances révèle que la majorité d'entre eux ont développé leur endurance en utilisant les sports collectifs, le ski de fond, la natation, etc. Chez d'autres coureurs, le procédé majeur fut la course à pied pratiquée en grande quantité mais à vitesse faible et moyenne. Il en résulte que de nombreux entraîneurs doivent porter l'accent très tôt sur l'endurance. »

De notre expérience, confrontée avec celles de nos collègues étrangers, nous pouvons dégager les grands facteurs caractéristiques du développement de la qualité d'endurance :

1. *La précocité de la préparation*

En effet, la croissance de l'enfant présente des phases d'acquisition favorable où l'éducation de certaines facultés est non seulement plus rentable, plus efficiente mais aussi plus stable.

« Il y a un âge pour apprendre à lire, et un âge pour devenir endurant. » (Colloque 1969 des entraîneurs français) citation Dr Andrivet I.N.S. Il semble donc que cette phase favorable se situe entre 10 et 15 ans dans la période prépubertaire. Précisons immédiatement « l'innocuité » de ce mode d'effort : il est préconisé et appliqué dans des Instituts de cardiologie américains pour la rééducation de certains types de maladie cardio-vasculaires (régime de l'effort 120 pulsations/minute maximum).

2. *Un effort adapté à la pratique physique du 3e âge*

Cette innocuité est également corroborée par l'utilisation de ce mode d'effort dans la pratique physique du 3e âge. Les pays où se pratiquent un athlétisme du 3e âge (la Suisse, l'Allemagne de l'Ouest) voient se propager un engouement pour une préparation en endurance. Les nombreux participants vétérans aux multiples courses de fond organisées dans ces nations constatent un maintien de leur jeunesse biologique. Le docteur Mermeke de Brême donne pour exemple : Volshow 71 ans couvrant les 10 km en 53 minutes et de Meyer 77 ans couvrant la même distance en 68 minutes avec une aisance surprenante.

3. *Effort adapté à l'enfant*

« L'enfant et le jeune sont de véritables coureurs de fond innés car ils possèdent un volume cardiaque important relativement à leur poids de corps. » Dr Van Aaken. Vous pouvez illustrer cette affirmation sur le terrain en refaisant l'expérience pédagogique suivante :

Trois groupes d'enfants d'âge déterminés dans le tableau et issus du même environnement effectuent un effort de Sprint prolongé (400 m) et quelques jours après une course de fond (3 à 4 km). Les résultats portant sur un échantillonnage de 100 enfants.

	400	3 km
8-10 ans	178,5	166,5
10-12 ans	186,6	176,4
12-14 ans	183,6	178,2

— *1re observation :* l'enfant supporte mieux l'épreuve de fond à tout âge.

— *2e observation :* son adaptation à l'effort d'endurance décroît à l'approche de la puberté.

Les réserves émises à l'égard des longues distances en compétition chez le jeune doivent être écartées. La F.F.A. en modifiant le registre des épreuves de 1/2 fond cadettes a suivi cette évolution : passage du

1.000 m, à un éventail plus ouvert 600 m, 1.200 m, 2.000 m, puis aux distances classiques 800 m, 1.500 m, 3.000 m.

De même, aux U.S.A., les juniors n'hésitent pas à se confronter sur 5.000 m, 10.000 m et marathon (2 h 29' meilleure performance junior 1972). Cette pratique ne semble pas porter préjudice à un 1/2 fond senior florissant malgré un niveau social très évolué, argument invoqué trop souvent en France.

Accordons donc une grande importance au développement de l'endurance durant l'adolescence tout en observant le principe d'une formation variée et multiforme. Conseillons au jeune coureur d'affronter la préparation aux courtes distances (400 - 800 - 1.500 m) que si une base suffisante en endurance est acquise.

Docteur Andrivet - Colloque 67

Pour la période prépubertaire ...

« le travail d'endurance... est un excellent moyen de formation cardiaque, musculaire, respiratoire... Ce travail d'endurance qui sera fait, sera stable et permettra ensuite de tolérer le travail de résistance. »

A. PROGRESSION EN ENDURANCE CHEZ L'ENFANT

1. La course en durée

Au stade de l'initiation et dans la première phase de la formation du jeune coureur la course en durée, contrôlée par la fréquence cardiaque et progressivement augmentée, préserve l'intégrité physiologique de l'enfant tout en éduquant ses sensations.

L'expérience pédagogique « de la Course de Santé » menée dans l'enseignement primaire par un groupe d'instituteurs (M. Bonne en particulier) et contrôlée par le Dr Stephan de l'Institut National des Sports ont démontré les effets bénéfiques de l'effort proposé.

Résultats succincts :

Eléments du bilan

— Examens biométriques

— Examens électrocardiographiques.

Les résultats :

Ils concernent une population de 32 élèves de 10 à 12 ans ayant subi un entraînement d'endurance et appartenant à deux groupes scolaires différents. Les résultats obtenus ont été comparés à une population de référence du même âge n'ayant subi aucun entraînement.

Bilan de l'examen :

— Biométrique : taille et poids moyens légèrement supérieurs aux normes (1,35 m et 37 kg).

— Vectocardiographie :
Interprétation de la vectocardiographie :
- Résistance : l'angle QRS -T s'ouvre.
- Endurance : l'angle QRS -T se ferme.
Le vectocardiogramme de référence pour les enfants de 11 ans :
- Angle QRS : 35°.
- Angle T : 40°.
Le vectocardiogramme des enfants de Rombas et de Richemont :
- Angle QRS : 25° (—10°).
- Angle T : 38° (—2°).

— Conclusion : la variation de 10° est significative statistiquement et prouve une amélioration sur le plan cardiaque due au travail d'endurance.

— Pour certains enfants dont le rythme cardiaque dépassait 140 pulsations lors du test de contrôle, la fermeture de l'angle est inférieure à la fermeture de l'angle est inférieure à la moyenne constatée (conséquence d'un travail orienté vers la résistance).

Quelles que soient les erreurs dans les conditions de l'expérience dans l'enregistrement des résultats, les effets de la course de santé sont bénéfiques et meilleurs que ceux obtenus par le travail traditionnel.

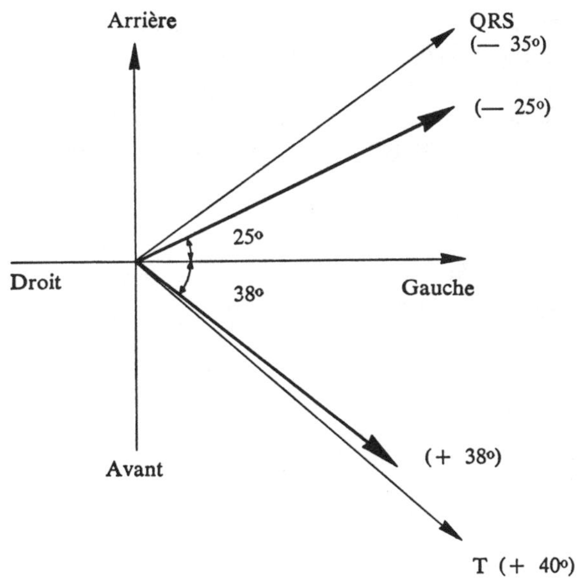

Le bilan médical de l'expérience présenté par le Dr Stephan a été précédé par un exposé sur les bases physiologiques de la course à l'endurance (voir détails A.E.F.A. n° 21, 29, 30 - E.P.S. n° 103, 107, 110).

a) *Les procédés*

La course en durée doit avoir pour effet de permettre à l'enfant de soutenir un effort longtemps, sans se fatiguer, et sans que son rythme cardiaque atteigne un niveau élevé (voisin de 150 pulsations/minute). Cette recherche d'un régime de course qui équilibre apports et dépenses, n'exclut toutes préoccupations techniques et l'enfant doit également rechercher l'efficacité : sa foulée, le relâchement. L'enfant apprendra également à prendre ses pulsations :

— au cou (artère carotide) ou main sur le cœur ou au poignet (artère radiale);

— dans un premier temps il découvrira ses pulsations;

— dans un deuxième temps il contrôlera à partir d'un temps donné par l'éducateur, puis individuellement (6 secondes est une phase de contrôle qui traduit une fréquence proche de celle de l'effort donc, avant le freinage cardiaque. 15 secondes est une phase permettant un contrôle plus précis, l'erreur éventuelle n'étant multipliée que par 4).

La course en durée

Lorsque vous vérifiez les régimes d'endurance d'un groupe d'enfants vous constatez de grandes différences. Il est donc indispensable de constituer des petits groupes d'enfants possédant un même régime, exemple (fig. 14).

Course groupée	X X X X	régime 110 pul./mn
à une	O O O O	régime 140 pul./mn
même allure	o o o o	régime 160 pul./mn

(contrôle sur 6 seconde immédiatement après l'arrêt)

Dans ce cas précis, vous constituez donc 3 groupes de travail qui recherchent leur régime d'équilibre.

Un critère cardiaque du régime type « endurance » se situe dans la fourchette 130-150 pulsations/minute.

Fig. 14.

Observation (fig. 15)

Un visage d'enfant en endurance (bon équilibre cardio-pulmonaire).

Un visage d'enfant en résistance (essoufflement).

b) *Les tests de la progression*

Monsieur Chanon, Conseiller Technique Départemental, après avoir organisé pendant plusieurs années des brevets d'endurance (7.000 brevets délivrés en 1972 dans le département du Gard) propose le barème suivant qui correspond à quelques adaptations près à celui de la R.D.A. :

Notre barème			Celui de R.D.A.	
	1er degré	2e degré	Barème unique	
7 et 8 ans	6 mm	8 mm	6- 7 ans	7 mm
9 ans	7 mm	10 mm	8- 9 ans	10 mm
10 ans	8 mm	10 mm	10-13 ans	15 mm
11 ans	10 mm	12 mm		15 mm
12 et 13 ans	12 mm	15 mm		15 mm
14 et 15 ans	15 mm	18 mm	14-15 ans	18 à 20 mm
16 et 17 ans	18 à 20 mm	25 mm	16-17 ans	20 à 25 mm

2. Procédés à dominante endurance

PROCEDE AVEC RECUPERATION MARCHEES

Exemple de situation

— Formation pédagogique : individuelle au début afin de permettre un contrôle aisé, puis par groupes homogènes.

— Un parcours de 250 m.

— 200 m (coureurs en régime endurance).

— 50 m récupération « marchée ».

— Effectuer sans fatigue le plus grand nombre possible de parcours.

— Durée totale : 15 minutes environ pour la première séance (fig. 17).

Fig. 17.

Explication : la récupération très courte est là pour faire prendre conscience à l'enfant du régime très modéré de la course.

PROCEDE D'ENDURANCE CONTINUE SUR PARCOURS UNIQUE

Situation

— Un parcours naturel de préférence de 600 à 800 m, peu accidenté (afin d'éviter de brusques changements de régime).

— Course individuelle (contrôle plus aisé), puis par groupes homogènes.

Explication

— le but est la durée;

— la progression sera très graduée : de 8 à 25 minutes par exemple, au cours de la saison.

PROCEDE D'ENDURANCE CONTINUE SUR PARCOURS DIFFERENTS

— sur un stade ou en nature;

X X X
— formation par groupes O O O
o o o

— prévoir pour chaque groupe un parcours d'une durée unique 2 mn, donc de distances différentes.

A. Régime endurance — 2 mm 350 m

B. Régime endurance — 2 mm 300 m

C. Régime endurance — 2 mm 250 m

— les différents groupes doivent se présenter à la zone de contrôle simultanément (fig. 18).

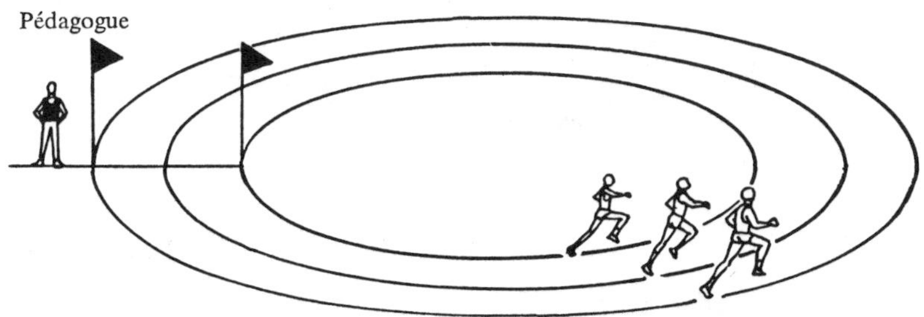

Fig. 18.

Explication : prendre conscience que pour un même régime les allures sont différentes.

PROCEDE A DOMINANTE ENDURANCE + VITESSE

Situation

— Stade ou parcours naturel de 400 m environ.

— Régime d'endurance sur le parcours, allure maximum en côte, descente en marchant.

— Régime d'endurance sur le pourtour de la piste, allure maximum dans la zone vitesse (30 à 40 m). Récupération : 50 à 100 m de marche (fig. 19).

Explication : ce procédé a le mérite de rompre la monotonie de l'allure continue, cependant il ne doit être entrepris qu'après une parfaite connaissance des sensations du régime d'endurance.

Contrôle : les temps des 30 à 40 m ne doivent pas aller en dégressant au cours de la séance.

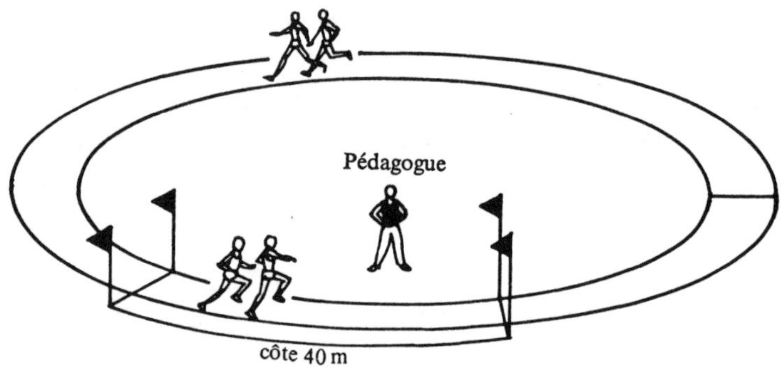

Fig. 19.

PROCEDE A DOMINANTE ENDURANCE + RESISTANCE

Situation (fig. 20 et 21)

— Un stade ou en nature sur parcours étalonné.

Sur piste :

— Un parcours en endurance continue, (la corde) de durée définie (exemple : 8, 10, 15 minutes), enchaîné avec un parcours en résistance (exemple : 150 m).

— Départ individuel échelonné.

Explication : ce procédé doit terminer l'éducation des sensations en endurance. Il a le mérite de satisfaire le besoin de l'enfant de se « défouler » après une période de course modérée.

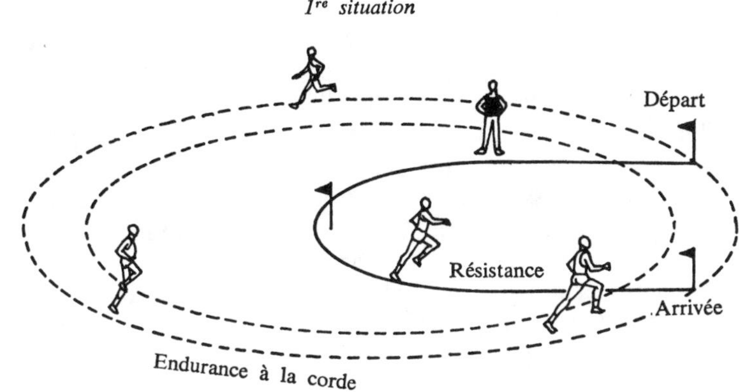

Fig. 20. Première situation.

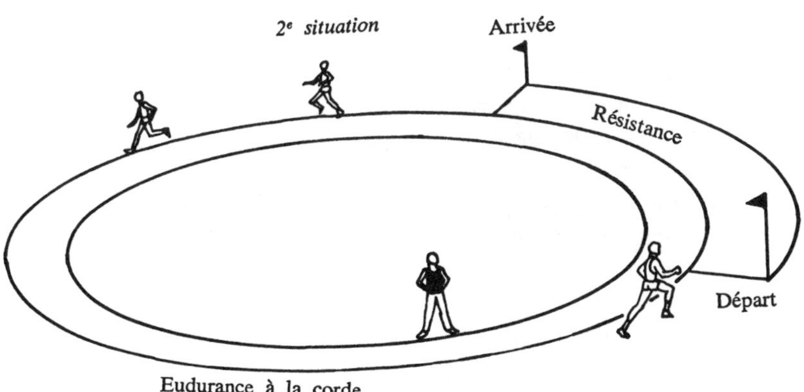

Fig. 21. Deuxième situation.

B. PROGRESSION EN ENDURANCE CHEZ L'ATHLETE CONFIRME

Si dans la formation du jeune coureur, une base en endurance intégrale apparaît indispensable, chez l'athlète confirmé la progression ne peut s'effectuer uniquement par une augmentation du volume de travail. Pour corroborer cette assertion, Baranow entraîneur russe déclare dans un article intitulé « Erreurs à l'entraînement des coureurs de demi-fond soviétiques » — « on a accordé ces dernières années, en U.R.S.S. une grande importance à l'augmentation du volume total du travail effectué sous forme de course... De 1966 à 1968 nos internationaux en 1/2 fond ont augmenté ce volume de 1,5 à 2 fois et pourtant, les défaites furent leur lot au cours des rencontres internationales... » la course lente (processus aérobie) était passée de 27 à 47 % du volume total de l'entraînement annuel. Baranow conclut « Manifestement, le volume seul, n'amène pas la performance de haut niveau ». Aussi chez l'athlète confirmé, il est souhaitable de proposer des séances à *dominante* endurance et où l'apport de vitesse et de résistance sera croissant avec :

— le nombre d'années antérieures de formation du coureur;

— l'âge du coureur;

— le déroulement de la saison dans le cycle annuel.

Cet apport variera également :

— avec la discipline considérée : plus important pour le 800 m que pour le marathon en pourcentage du volume global du travail;

— avec la nature de l'athlète : la progression s'effectue en développant les qualités dominantes même si une partie de l'entraînement tend à combler les lacunes.

1. Procédés classiques

Apport d'efforts brefs en vitesse ou approchant

— Haegg le grand champion Suédois associait sa préparation en nature, de courts démarrages.

— Bogey coureur de 10.000 m français avait l'habitude d'associer à l'allure relativement lente de ses footings des sprints courts (40-60 m) en profitant de petites côtes ou descentes lors de ses entraînements sur le golf d'Aix-les-bains.

— Lydiard l'entraîneur Néo-Zélandais préconisait à la fin de séances lentes une série de 10 × 40 m.

— Mimoun, Rhadi sur un plateau de travail plus élevé variaient en brèves séquences leur allure de base.

Apport de Résistance

— Van Aaken, Docteur allemand et entraîneur de Norpoth préconisait de terminer les séances d'endurance par une ou plusieurs fractions de la distance envisagée en compétitions.

— Wadoux, Jazy les deux meilleurs performers français du 1.500 m intégraient dans leurs footings 4 à 6 longues accélérations progressives de 400, 800 ou 1.200 m où tout le registre de l'effort en résistance était abordé (récupération marchée 40-50 m).

2. L'endurance chez les Finlandais

Les Championnats d'Europe d'Helsinki en 1971, les Jeux Olympiques de Munich, le Cross des Nations 1973... ont été marqués par le retour au premier plan des coureurs Finlandais (Vataïnen, Viren, Vasala, etc.). Le séjour de Lydiard en Finlande n'a certes pas été étranger à cette bénéfique évolution; cependant des entraîneurs, tel Sinkonen, ont su adapter des méthodes venues des antipodes aux conditions de préparation de leurs pays (climatiques principalement).

Les 3 formes d'entraînement foncier

Les Finlandais adoptent 3 allures d'entraînement foncier.

Ces allures sont déterminées à partir d'un test effectué sur une distance courue de 20 km à un régime cardiaque d'environ 170 pulsations/minute. Si par exemple la moyenne au kilomètre est de 4 minutes, nous aurons :

— allure rapide de 4 mn + 10 s au km,

— allure moyenne de 4 mn + 30 s au km,

— allure lente de 4 mn + 1 mn au km.

Le volume de la séance sera fonction de l'allure proposée. Ainsi un cycle hebdomadaire de 90 à 100 km pourrait se traduire de la manière suivante pour un coureur de 1.500 m confirmé.

— Lundi, allure moyenne 12 à 15 km;
— Mardi, allure rapide 10 km;
— Mercredi, allure lente 18 à 20 km;
— Jeudi, Fartlek 10 km;
— Vendredi, allure moyenne 12 km;
— Samedi, allure lente 18 km;
— Dimanche, allure rapide 10 km.

En utilisant la terminologie française ces allures correspondraient :
— à la Résistance - Volume (170 pulsations/minute)
— Endurance cardio-vasculaire (équilibre 150 pulsations/minute)
— Endurance intégrale (équilibre 120 pulsations/minute).

3. Les cycles d'endurance

La progression du volume en durée ou en kilométrage ne doit pas éluder les phases de restauration qui permettent d'éviter les incidents tendineux et articulaires au cours de la préparation hivernale. Les coureurs de toutes nations ont adopté des cycles sur 4 ou 5 semaines inspirés de ceux de l'entraîneur national allemand Paul Schmidt.

Ce procédé ménage une progression raisonnée :

La progression atteindra un maximum au 2/3 environ de la préparation hivernale. Elle peut se maintenir mais devra diminuer lorsque l'apport en Résistance s'accentuera soit en qualité ou en intensité.

Pendant la période précompétitive et la période de compétition un entretien de 50 à 40 % du cycle maximum semble être une pratique courante. Le pourcentage d'augmentation des cycles annuels est pendant les premières années de 20 à 25 % de l'année précédente mais là encore l'assimilation individuelle reste le meilleur critère.

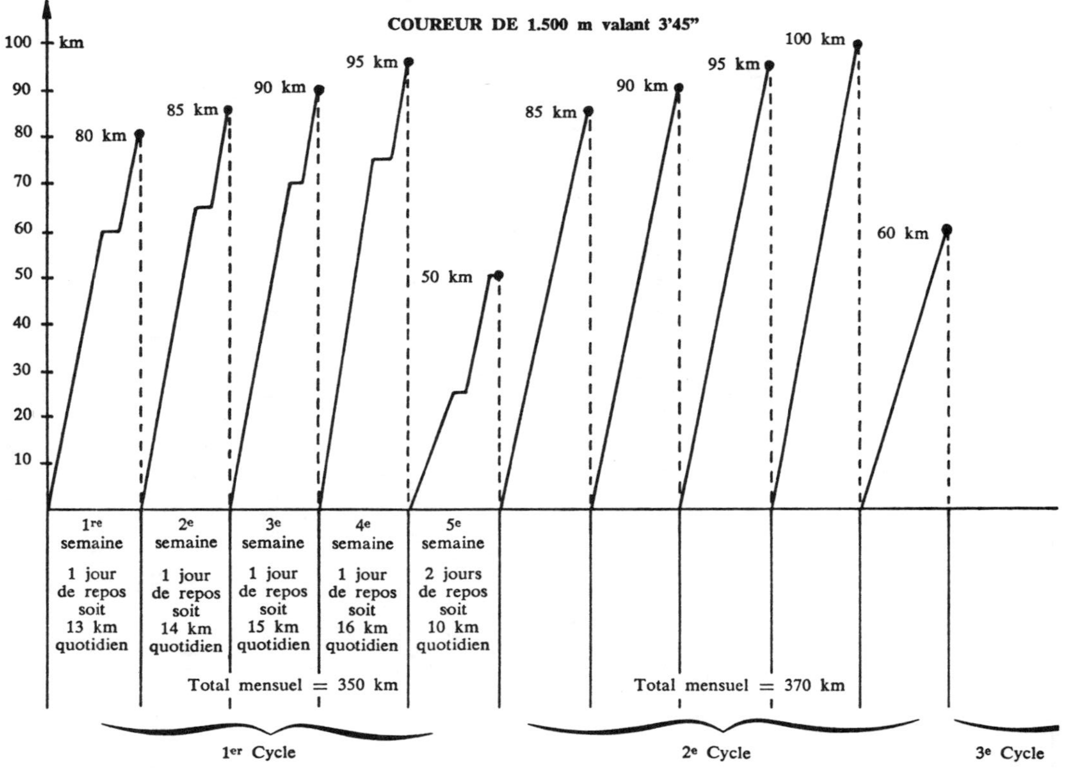
COUREUR DE 1.500 m valant 3'45"
km
100
90
80
70
60
50
40
30
20
10
80 km
85 km
90 km
95 km
50 km
85 km
90 km
95 km
100 km
60 km
1re semaine
1 jour de repos soit 13 km quotidien
2e semaine
1 jour de repos soit 14 km quotidien
3e semaine
1 jour de repos soit 15 km quotidien
4e semaine
1 jour de repos soit 16 km quotidien
5e semaine
2 jours de repos soit 10 km quotidien
Total mensuel = 350 km
Total mensuel = 370 km
1er Cycle
2e Cycle
3e Cycle

3. Résistance (*)

La Résistance est une qualité qui ne s'oppose pas à l'Endurance mais la complète, ou mieux, la réalise. Toute méthode d'entraînement qui entretiendrait un dualisme rigide, dogmatique n'aboutirait pas à l'harmonie recherchée dans l'épanouissement de l'athlète.

A. FINALITE DE L'ENTRAINEMENT EN RESISTANCE

L'entraînement en résistance a pour but l'adaptation de l'organisme à la compétition afin de réaliser la meilleure performance possible. Il doit permettre :

— d'éviter le découragement prématuré du jeune coureur dans une discipline où il découvrira « la souffrance »;

— de préparer son épanouissement sportif;

— de le préserver, par une conduite pédagogique lucide, de traumatismes physiologiques importants.

B. CARACTERISTIQUES D'UNE PROGRESSION EN RESISTANCE

ABOUTISSEMENT

La progression vise à la réalisation d'une performance envisagée antérieurement à une date précise du calendrier annuel. Elle aboutit, dans son apogée, à une séance « test » reproduisant l'effort spécifique,

(*) Cette partie du texte de Monsieur Desson a été publiée par la revue E.P.S. nº 124, p. 65-70.

à laquelle succède une phase d'entretien, caractérisée par des séances réduites et coïncidant avec la période de compétition.

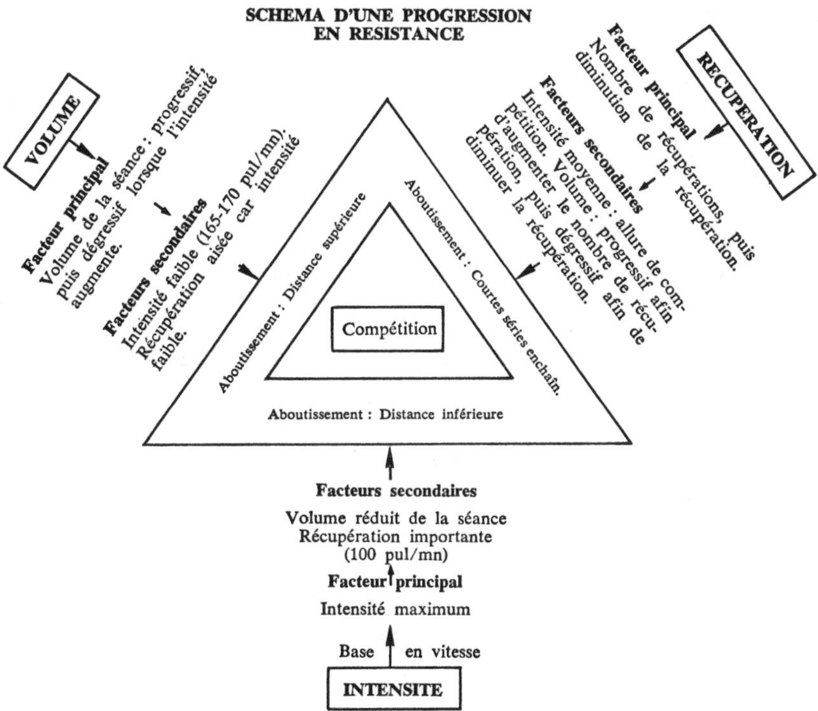

BASES

La préparation en résistance doit correspondre au potentiel d'endurance et de vitesse de l'athlète.

PROGRESSIVITE

La préparation à l'effort spécifique sera progressive et utilisera, de manière graduellement accentuée, trois facteurs.

Le volume ou quantité de travail effectué dans la séance.

La récupération ou intervalle de temps compris entre la fin d'une fraction d'effort et la reprise de la suivante.

L'intensité ou qualité de l'effort proposé.

ALTERNANCE

Les séances de résistance alternent généralement avec des séances d'entretien en endurance.

ACCENTUATION DES FACTEURS : VOLUME, RECUPERATION, INTENSITE

Au cours du déroulement du « cycle résistance », l'accent sera porté successivement sur l'un des trois facteurs, les deux autres n'étant que peu mis en évidence.

EXEMPLES : TABLEAUX A-B-C

Le nombre de séances est volontairement réduit et n'illustre que quelques points d'une progression.

La composition des séances est volontairement « classique » afin de mettre en évidence l'évolution des facteurs. Le pédagogue peut varier cette composition (en changeant la fraction d'effort par exemple) afin que le coureur ne reste pas enfermé dans une forme particulière de travail.

Enfin, ces exemples ne sont pas des « recettes » et tentent uniquement de concrétiser l'application de principes directeurs qui se dégage actuellement de l'entraînement moderne.

— Le « facteur volume » chez un coureur de 800 m senior dont la performance se situe entre 1 minute 52 secondes à 1 minute 54 secondes (tableau A).

TABLEAU A

						Sommet	
Volume	1.500 m	2.000 m	5.200 m	2.000 m	1.500 m	1.000 m	
Fraction	3 × 500	1 × 1.000 2 × 500	2 × 1.000 1 × 500	1 × 500 1 × 1.000 1 × 500	1 × 1.000 1 × 500	1 × 1.000	Séances
Intensité	1 mn 25 s	2 mn 50 s 1 mn 20 s	2 mn 45 s 1 mn 20 s	1 mn 20 s 2 mn 40 s 1 mn 15 s	2 mn 35 s 1 mn 15 s	2 mn 30 s	d'entret.

Observations

1. L'aboutissement souhaité est généralement un « test » sur la distance supérieure : 500 m ou 600 yards pour le coureur de 400 m, 1.000 m pour le coureur de 1.500 m, cross-country ou course sur 20 km ou course d'une heure pour le coureur de fond (course de trois-quarts d'heure en junior), actuellement organisées par la F.F.A.).

2. L'intensité sera fonction d'un équilibre à préserver entre un régime inférieur à celui de la résistance spécifique (demi-fond : 165 pulsations/minute) et un geste technique juste (cette remarque est importante pour le sprint où la foulée ne doit pas perdre en qualité).

3. La récupération est complète (100 pulsations/minute environ), en demi-fond elle est généralement aisée et active (trot), conséquence de la faible intensité de l'effort consenti.

— Le « facteur récupération » chez un coureur de 1.500 m cadet dont la performance se situe aux environs de 4 minutes 15 secondes (tableau B).

TABLEAU B

						Sommet	
Volume	1.000 m	1.250 m	1.500 m	2.000 m	1.500 m	1.000 m	
Fraction	5 × 200	5 × 250	2 × 3 × 250	2 × 4 × 250	6 × 250 m	4 × 250 m	
Intensité	33 s	48 s	45 s	45 s	43 s	42 s	Séances
Récupér.	2 mn 15 s	2 mn 15 s	2 mn 5 mn entre les séries	2 mn 5 mn entre les séries	2 mn	1 mn 30 s trot	d'entret.

Observations

1. L'aboutissement est généralement une séance « test » où le nombre de fractions est réduit, où l'allure est légèrement supérieure à celle de compétition, où la récupération est active (trottée) et a tendance à devenir « incomplète » pour des coureurs possédant 3 à 4 ans d'entraînement (départ à un régime cardiaque au-dessus de 120 pulsations/minute).

2. L'intensité sera calculée afin de rejoindre très vite l'allure de compétition mais ensuite ne la dépassera que très légèrement.

3. Les fractions peuvent être regroupées en série (troisième séance) afin de permettre une récupération plus complète et préserver la spécificité de la foulée.

— Le « facteur intensité » chez un coureur de 800 m cadet (tableau C).

TABLEAU C

						Sommet	
Volume		530 m	560 m	600 m	550 m	400 m	
Fractions	Séances de vitesse	2 × 60 2 × 80 1 × 100 1 × 150	2 × 80-100-150	2 × 100 2 × 200	1 × 150 1 × 300 1 × 100	1 × 400	Séances d'entret.
Intensité							

Observations

1. L'aboutissement est généralement une séance « test » sur une fraction très proche de la distance envisagée : 300 m pour le coureur de 400 m, 500 ou 600 m pour le coureur de 800 m, 1.000 m ou 1.200 m pour le coureur de 1.500 m, 2 × 1.000 m ou 2.000 m pour le coureur de 3.000 m, 2 × 2.000 m pour le coureur de 5.000... Ce sommet peut être aussi une compétition sur la distance inférieure à celle que l'on envisage au cours de la saison.

2. L'entretien de la vitesse est effectué à l'échauffement.

3. L'intensité est proche du maximum.

4. La récupération est importante et l'entraîneur veille non seulement à un retour cardiaque à 100 pulsations/minute, mais aussi à une restauration du potentiel nerveux.

5. La fraction maximum utilisée au cours de la séance augmente au cours de la progression.

C. SUCCESSION DANS L'ACCENTUATION DES FACTEURS DOMINANTS (Croquis)

Lors des stages nationaux, la coutume est d'amener les athlètes à confronter leur programme de préparation au cours de petites réunions, parfois, tumultueuses, mais riches en enseignement.

Nous avons constaté que leurs plans d'entraînement révélaient souvent une conduite simultanée concernant trois facteurs : volume, intensité, récupération, en une sorte de « crescendo », aboutissant à une apogée commune proche de la compétition (fig. 22).

Ce type de conduite a pour conséquence :

D'éprouver l'organisme dans une phase proche de la compétition.

De ne prévoir aucune phase de repos, l'alternance entre les formes de résistance étant impossible si l'on ne veut pas éluder une partie du programme de préparation.

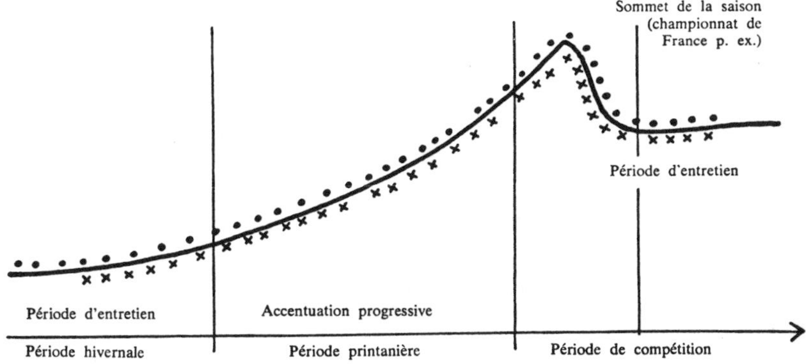

Fig. 22.

Tableau de l'utilisation classique des facteurs dans le travail en résistance.

Distances Compétition	Volume				
	Volume	Fraction	Intensité	Récupération	Volume
100 m 200 m	1.000 m à 1.500 m	150 m 200 m 250 m 300 m	varie avec la fraction envisagée	complète 90/100 pul./mn	600 m à 1.000 m
400 m	1.200 m à 1.800 m	600 m 500 m 400 m 300 m	varie avec la fraction envisagée	complète 90/100 pul./mn	1.000 m à 1.500 m
800 m	2.000 m à 5.000 m	400 m 600 m 1.000 m 1.200 m 1.500 m	varie avec la fraction envisagée	aisée car intensité faible	environ 3.000 m
1.500 m	5.000 m à 8.000 m	500 m 1.000 m et fractions plus importante en nature	varie avec la fraction envisagée	aisée car intensité faible	2.500 m à 5.000 m
5.000 m et 10.000 m	8.000 m à 10.000 m	500 m 1.000 m et fractions plus importante en nature	varie avec la fraction envisagée	aisée car intensité faible	5.000 m à 8.000 m
Remarques	Il est impératif de ne pas aborder des registres de Résistance Spécifique d'où pul./mn égales ou inférieures à 170.				Vol. dégress. lorsque : - l'intensité de la fraction est optimum; - la rec. est incomplète.

Récupération			Intensité			
Fraction	Intensité	Récupération	Volume	Fraction	Intensité	Récupération
60 m 80 m —— 100 m	allure spécifique allure technique correcte	nombre 10 ↗ 6 durée décroissante	400 m 600 m	40 m ↗ 200 m	près du maximum	complète
80 m 100 m 150 m —— 200 m	allure spécifique allure technique correcte	nombre 10 ↗ 6 durée décroissante	400 m ↗ 800 m	↗ 300 m	près du maximum	complète
100 m 150 m 200 m —— 250 m	allure spécifique	nombre 20 ↗ 6 durée décroissante	500 m ↗ 1.000 m	↗ 600 m	près du maximum	complète
200 m 250 m 300 m —— 400 m	allure spécifique	nombre 20 ↗ 6 durée décroissante	500 m ↗ 1.200 m	↗ 1.200 m	près du maximum	complète
250 m 300 m 400 m —— 500 m	allure spécifique	nombre 20 ↗ 6 durée décroissante	800 m ↗ 2.000 m	↗ 2.000 m	près du maximum	complète
la fraction la plus usitée est soulignée			le travail de vitesse effectué à l'échauffement n'est pas compris			

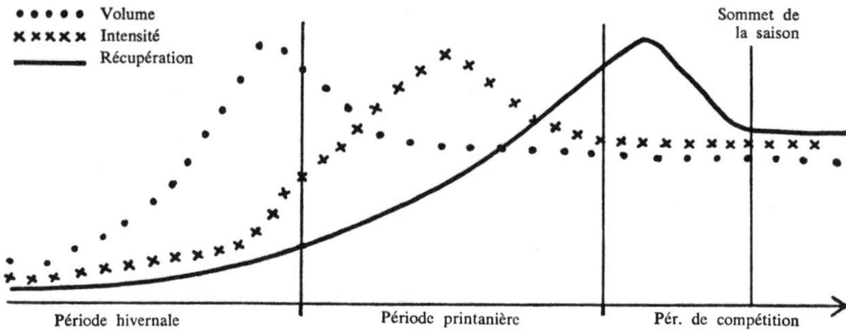

Fig. 23.

Il est donc important de proposer à l'athlète :

Un décalage des sommets des différentes formes de résistance.

Une succession des sommets en fonction de la préparation hivernale effectuée, des qualités dominantes de l'athlète, de la situation des objectifs dans le temps et de la discipline envisagée.

Le schéma précédent est illustré par les courbes suivantes (fig. 23).

La succession des dominantes est classique :

L'accent mis sur le volume après un travail hivernal à dominante endurance permet une bonne adaptation au cross-country et facilite une première évolution de l'intensité.

L'accent sur l'intensité, à partir d'un travail de vitesse, est situé dans une phase en retrait de la période de compétition afin d'éviter une dépense nerveuse trop grande.

L'accent sur la récupération, travail peu éprouvant nerveusement, mais permettant d'être « en forme » rapidement, peut terminer cette approche de la spécialité.

Cette succession des accentuations est loin d'être immuable. Elle sera individuelle et variera en fonction des objectifs (cross, saison estivale) envisagés dans le temps.

D. PREDOMINANCE DE CERTAINS FACTEURS

Une importance plus grande (séances plus nombreuses ou plus

importantes) est accordée à certains facteurs qui varient en fonction de trois points.

LA DISTANCE ENVISAGEE EN COMPETITION

En sprint 100, 200 m, l'intensité sera primordiale.

Sur les distances moyennes 400-800 m, le facteur récupération possédera une place prépondérante.

En fond, le facteur volume sera à la base de l'adaptation du coureur.

LES QUALITES DOMINANTES DU COUREUR

L'expérience accumulée en matière d'entraînement tend à prouver que, si l'on doit pallier les lacunes d'un athlète, sa progression sera surtout fonction de l'épanouissement de ses qualités.

Un coureur qui excelle aussi sur la distance inférieure aura intérêt à préserver la qualité de son entraînement en accordant la prépondérance à l'intensité (exemple : un coureur de 800 m issu du 400 m).

Un coureur qui excelle aussi sur la distance supérieure aura intérêt à préserver une certaine partie de son entraînement en accordant la prédominance au facteur volume (exemple : un coureur de 1.500 m excellent cross-man).

L'AGE ET L'EDUCATION ANTERIEURE DU COUREUR

L'éducateur sera vigilant et contrôlera les effets de l'utilisation prépondérante des trois facteurs.

Le volume amène généralement une dégradation rapide de la qualité musculaire; par contre il favorise une liaison peu traumatisante avec le travail d'endurance.

Le facteur récupération permet l'adaptation la plus rapide à une distance de compétition mais il semble figer l'athlète à un niveau donné.

Le facteur intensité éprouve nerveusement les athlètes scolaires en période de travail intellectuel, par contre, les effets sur le système cardio-vasculaire paraissent favorables.

CONCLUSION

La prise de conscience de l'objectif à atteindre est indispensable à l'établissement d'une progression en résistance, mais reste du domaine de l'aléatoire.

C'est là où l'intuition semble suppléer les connaissances, où la prise de responsabilités de l'éducateur comporte certains risques, là où se révèle l'« art d'entraîner ».

4. La technique en demi-fond

L'apport technique est-il nécessaire en demi-fond ? Le sujet reste encore très contreversé car nombreux sont les entraîneurs qui estiment que la foulée est adaptée de manière immédiate à la morphologie et aux possibilités physiques du coureur. Il y a certes une grande part de bon sens dans cette opinion largement répandue et un athlète ne pourra « monter les genoux en fin de course » que s'il dispose des ressources physiques d'effectuer cette correction et le conseil de l'entraîneur le plus persuasif n'aura que peu d'influence. Nous pouvons donc affirmer qu'une grande part des défauts techniques du coureur de demi-fond tendront à s'atténuer en comblant les lacunes d'une formation physique générale (souplesse, renforcement abdominal, lombaire...) ou par un entraînement approprié (travail en côte pour la puissance d'impulsion par exemple). Il est cependant nécessaire tout en respectant le style de chacun dans la personnalisation de la foulée de faire référence à quelques données techniques élémentaires.

A. PRINCIPES GENERAUX

1. Le rapport fréquence-amplitude

En sprint la fréquence étant proche du maximum, les efforts de l'entraîneur se sont portés ces dernières années vers l'accroissement de l'amplitude de la foulée. En demi-fond, le problème est nettement différent. Il importe que le coureur dispose en course d'une foulée optimum, c'est-à-dire d'une amplitude en accord avec sa morphologie et ses moyens musculaires. Ce facteur est donc relativement stable et doit tendre par un travail approprié, musculation ou exercices de vélocité, vers sa valeur optimum. *Le progrès dans la performance s'effectuera donc principalement par l'accroissement de la fréquence.* L'éducateur devra donc rechercher dans ses procédés pédagogiques des moyens pour :

— maintenir en course le plus longtemps possible cette foulée optimum malgré la fatigue (exemple travail en côtes);

— accroître la vélocité (exemple accélérations par paliers).

2. Relâchement et respiration

Ces deux facteurs sont très liés en demi-fond : toute crispation entraîne des freinages du jeu respiratoire et l'augmentation de la dette d'oxygène en course occasionne en retour une diminution du relâchement musculaire.

Là encore le progrès viendra principalement de l'entraînement généralisé à la course : le débutant, même relâché naturellement, perd cette faculté lors des premières difficultés respiratoires. Cependant l'éducateur peut porter son attention sur :

L'amplitude du jeu respiratoire

La régulation du rythme s'effectuant de manière réflexe, il est vain de s'y attacher; par contre en conseillant au coureur d'amplifier l'expiration, ce qui a pour conséquence d'amplifier également l'inspiration, on retarde la tendance au blocage respiratoire et à l'asphyxie des fins de course.

Des aspects techniques précis

— Avoir le visage détendu.

— Avoir les épaules basses et le cou dégagé.

— Conserver l'amplitude de l'action des bras avec le temps actif orienté vers l'arrière et le temps passif orienté vers l'avant.

— Avoir les mains relâchées.

B. TECHNIQUE ET MORPHOLOGIE

Ces deux kinogrammes (*) nous proposent des séquences de la foulée de deux athlètes, Viren et Puttemans aux caractéristiques mor-

(*) Le lecteur trouvera un troisième kinogramme à la figure 35, page 210

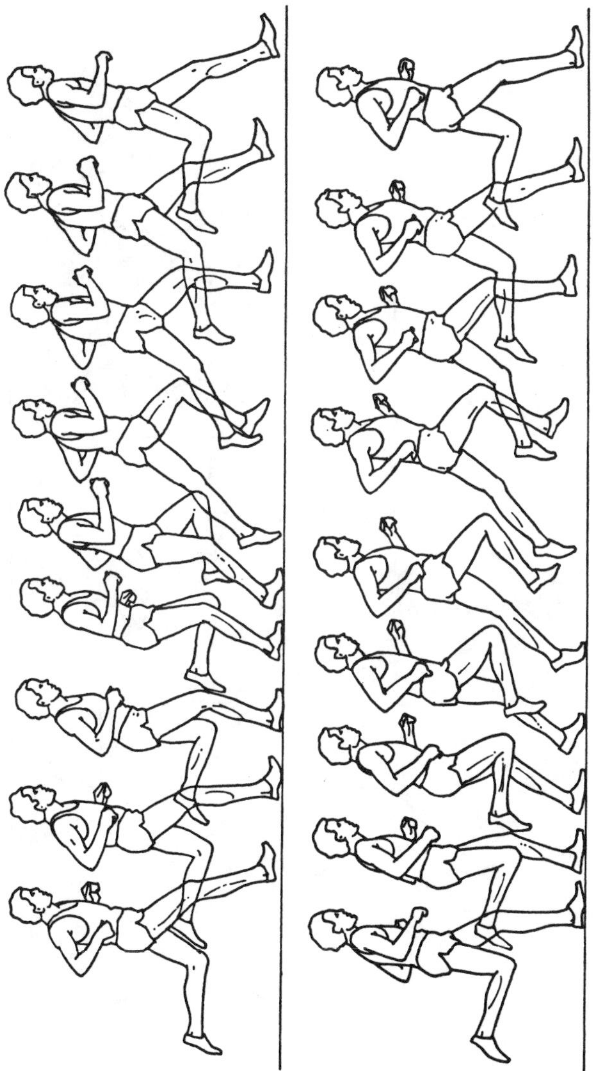

Fig. 24. Viren.

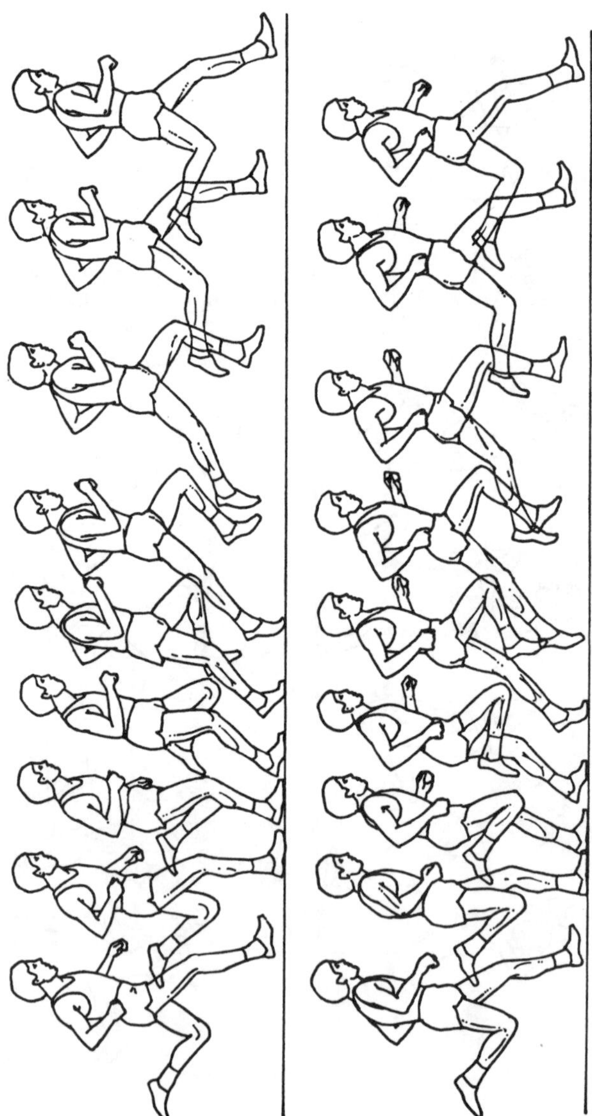

Fig. 25. Puttemans.

phologiques assez éloignées : le premier est un coureur longiligne aux masses musculaires peu importantes, le deuxième est un coureur plus puissant et d'une taille inférieure.

1. Similitudes

a) *Le bassin* est remarquablement placé chez ces deux athlètes lors de l'élévation du genou libre, le bassin avance afin de permettre à la jambe d'impulsion d'effectuer une poussée maximale.

b) *Phase d'amortissement et de soutien*

Dans cette séquence de foulée, dans les deux styles, la réception est caractérisée par une attaque du sol, légèrement par le talon.

c) *Phase d'impulsion*

Après déroulement complet du pied au sol la poussée de l'appui est donnée dans une amplitude maximale et sous un angle similaire chez les deux coureurs d'environ 45°.

d) *Phase de suspension*

La jambe libre « va chercher le sol » le plus tôt possible en attaquant par une action de pied en avant du genou confirmant la recherche de l'économie et non de l'amplitude maximum.

2. Adaptations en fonction de la morphologie

a) Puttemans recherche un gain d'amplitude :

— en accentuant le retour de la jambe d'impulsion dont le talon revient très haut au niveau du bassin (3e et 11e positions de la figure 25) alors qu'il ne dépasse guère le niveau du genou chez Viren;

— en accentuant la montée du genou de la jambe libre (6e et 7e positions de la figure 25);

— en « cherchant le sol » plus tardivement pendant la phase de suspension et la prolongeant (7e et 16e positions de la figure 25).

b) Viren possédant une puissance musculaire inférieure pour des leviers plus grands recherche l'économie avec une foulée se rapprochant plus du double appui. La phase de suspension est écourtée par les moyens opposés à ceux utilisés par Puttemans.

— Elévation peu importante du genou de la jambe libre.

— Recherche rapide de la réception par une pose de pied très en avant du genou accentuée par une fermeture du segment bras qui poursuit son action très loin vers l'arrière (16e et 17e positions de la figure 24).

5. Une approche d'un entraînement spécifique, le 800 m

A. ASPECTS PARTICULIERS DU REGLEMENT

— Les ordres du starter dans les courses de 800 m ou de 880 yards sont identiques à ceux du sprint.

— Lorsque les deux premiers virages se disputent en couloirs, les concurrents sont autorisés à se rabattre à la corde à l'entrée de la ligne droite. (Le décalage des marques de départ est celui du 400 m corrigé pour compenser les concurrents placés le plus loin de la corde et qui ont plus de chemin à couvrir pour parvenir à cette corde à la fin de la ligne droite d'arrivée.)

Un arc de cercle à l'entrée de la ligne droite (rayon de la longueur de cette ligne droite et centre fixé à l'arrivée à 30 cm de la corde) marque l'endroit où les coureurs peuvent quitter leur couloir.

Cet aspect particulier du règlement du 800 m, seule course de demi-fond à utiliser les couloirs fut progressivement amené afin d'éviter les bousculades dangereuses dans cette épreuve éminemment tactique. Dans un premier temps le premier virage fut seul couru en couloir, puis le point dangereux étant transposé à la sortie de ce virage, le règlement prescrivit 300 m de course en couloirs. Cette modification semble efficace car après une telle fraction de course les concurrents commencent à individualiser leur allure. D'aucuns regrettent la course d'homme à homme, coude à coude, où les contacts étaient certes quelquefois sévères mais cette lutte autrefois offerte au spectateur était plus attrayante que ce début de course linéaire d'aujourd'hui.

B. L'EFFORT DU 800 M

Cette épreuve sur 2 tours de piste, à l'orée du sprint, est évidemment la course en résistance la plus intensive du demi-fond. La phase critique de cette course se situe entre le 400 et le 600 m dans une épreuve bien conduite (phase anaérobie 65 % - aérobie 35 %). La répartition de l'effort la plus souvent adoptée est l'égalité des trains : premier 400 m = deuxième 400 m.

Il faut cependant remarquer que de nombreux coureurs issus de la distance inférieure du 400 m préfèrent effectuer une première moitié d'épreuve plus rapide que la seconde (Fiasconaro); en revanche les coureurs issus de la distance supérieure auront tendance à établir le record avec une première partie de l'épreuve plus lente que la seconde (Ryun).

	Temps sur 800 m	*Premier 400 m*	*2e 400 m*	*Gain ou perte*
Ryun (USA)	1'44"9	53"3	51"6	— 1"7
Snell (NZ)	1'44"3	51"	54"1	+ 3"1
Courteney (USA)	1'45"8	50"7	55"3	+ 4"4
Harbig (ALL)	1'46"6	52"5	54"1	+ 1"6

C. LA CONDUITE DE L'ENTRAINEMENT SUR 800 M

1. L'effort d'une équipe d'entraîneurs

Après les J. O. de Mexico, lorsque Dufresne concentra ses ambitions sur le 1.500 m, la faiblesse de notre élite sur 800 m apparut crûment. Cette carence était d'autant plus décevante que nos meilleurs coureurs se soumettaient à un entraînement soutenu. Aussi avec plusieurs entraîneurs de clubs nous avons spontanément remis en cause nos conceptions afin que les jeunes Gonzales, Meyer, Gadonna ou Sanchez puissent s'épanouir. Nous avons observé la conduite des préparations des coureurs étrangers (tels Fromm, Plachy, Ryun...) et comparées aux nôtres, trois appositions furent constatées :

A. *ENDURANCE*

L'athlète français avait les conceptions suivantes : la course de 800 m est plus rapide que le 5.000 m donc les « footings » doivent être plus intensifs que ceux des coureurs de fond. D'où une préparation foncière réduite (séance de 6 à 8 km) car l'intensité se situait dans les régimes de la résistance-volume et dégénérait souvent en résistance-spécifique.

En revanche Plachy nous avouait qu'il trottinait en footing et marchait même lorsque ceux-ci se déroulaient en montagne.

A Athènes, les lieux ne permettaient pas d'effectuer de séance d'endurance en nature. Nous vîmes les trois allemands de l'Est (Fromm, Matuckwski, Schultz) réaliser leur entraînement sur piste à une allure de 1 minute 45 secondes au 400 m pendant 1 heure, imperturbables sous les quolibets des Français ...Quelques jours après, ils étaient finalistes !

B. *VITESSE*

Ce mode d'effort était écarté car suspect de « dépenser de l'influx nerveux » et remplacé par un entraînement en résistance sur séries de 100 m. Là, les coureurs de 400 m français nous ouvrirent la voie dans leur discipline plus proche du 800 m que ne l'est le 1.500 m.

C. *RESISTANCE*

Le coureur de 800 m étranger réalisait le double de son homologue français en préparation en résistance et l'effectuait d'une manière plus intensive. Ainsi lorsque Ryun ou Plachy effectuait, en fin de cycle, 6 × 400 m en 52 secondes, nos coureurs ne dépassaient pas 2 à 3 × 400 m en 54 secondes. Nos athlètes étaient parfaitement conscients de cette différence aisément discernable lors des grands rassemblements précédant les confrontations internationales. Ils tentèrent d'aligner leur programme en résistance sur leurs voisins mais cet entraînement ne fut pas rentable.

2. Directions de nos efforts

Les premières conclusions de nos observations furent aisées. Nos coureurs de 800 m n'effectuaient qu'une préparation en résistance ignorant les deux véritables modes d'effort en endurance et vitesse. Or la résistance est la réalisation d'un potentiel aussi notre démarche fut simple :

— dans un premier temps : augmentation du capital endurance + vitesse;

— dans un deuxième temps : exploitation de ce capital par une progression en résistance.

3. Premier bilan de la formation de nos jeunes

Le bon comportement du trio Meyer, Gadonna, Gonzales, lors

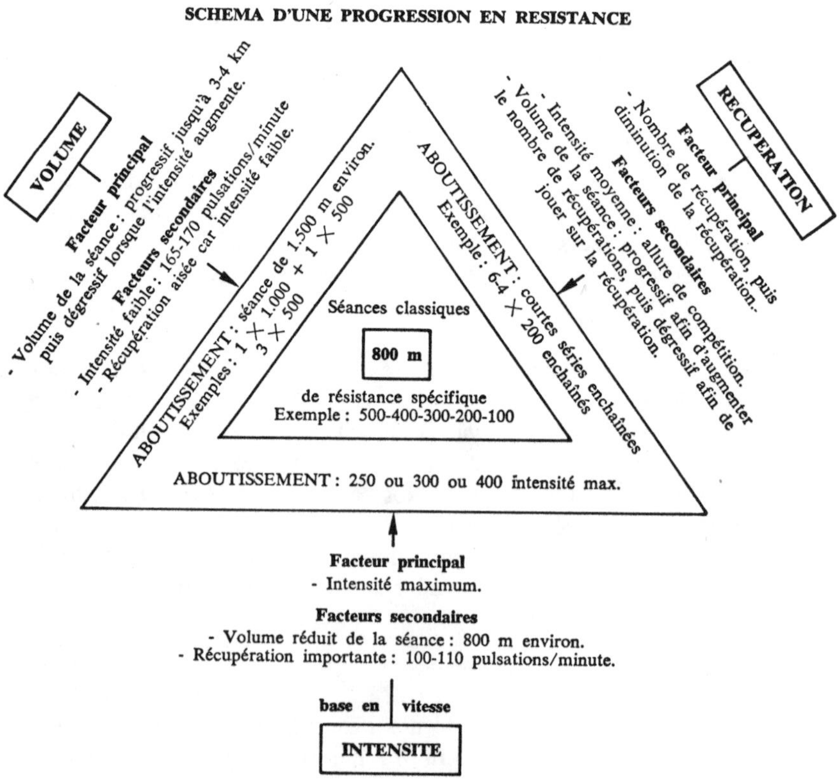

des matches juniors à Dole fut important, car il vérifia que ce travail d'équipe était bien orienté. Depuis nos jeunes ont poursuivi leur progression et je pense que le moment est venu de faire profiter nos collègues de nos réussites... et erreurs !

A. *ENDURANCE*

Il fut malaisé de faire admettre à nos coureurs de 800 m qu'étant moins endurants qu'un coureur de 5.000 m, ils devaient adopter une allure plus modérée correspondant à leur régime individuel. Je me souviens des critiques subies par Meyer et ses camarades : « leur allure est ridicule de lenteur en footing ! ».

En effet, elle se situait à l'époque aux environs de 5 minutes 15 secondes au km. Les « censeurs » avaient raison au premier degré, en effet l'allure d'endurance de nos coureurs de 800 m était trop lente faute d'avoir cultivé cette qualité. Cependant l'erreur aurait été de l'accélérer dans l'immédiat, entraînant ainsi un effort d'intensité comparable à la résistance-volume.

Cet égarement aurait eu pour conséquence de régresser encore l'allure correspondante au régime d'équilibre. Par contre, respectant leur régime individuel, la progression a été régulière.

Exemple : Meyer au début effectuait un parcours de 10 km en 1 heure à un régime de 130 pulsations/minute.

Trois mois après il effectuait le même parcours en 45 minutes à un régime identique de 130 pulsations/minute.

Le respect de ce principe a permis à nos athlètes de doubler en une année leur kilométrage. Durant l'hiver, ils ont atteint une quantité hebdomadaire de 80 à 90 km.

B. *VITESSE*

Ce mode d'effort fut admis d'emblée car nos athlètes en ressentaient le besoin et parce que leur leader Meyer, formé à l'école du 400 m donna l'exemple. Ainsi, au cours de l'hiver un minimum d'une séance par semaine fut réalisé. Notons au passage une de nos erreurs : au début nous ne nous sommes pas souciés de la récupération, conseillant seulement un retour marché sur la distance. Malheureusement pour nos athlètes néophytes à ce genre d'effort, ce fut insuffisant.

Après vérification, leurs régimes cardiaques se situaient entre 190 après l'effort et 140 au retour entraînant une préparation en résistance et non en vitesse.

C. *RESISTANCE*

L'aboutissement d'une progression en résistance est de préparer l'athlète à la course envisagée, en l'occurrence le 800 m. Cette évidence ne fut pas toujours respectée. J'ai rencontré trop de champions du 20 × 200 m ou du 10 × 400 m pour ne pas relever cette erreur. Trop de vice-champions se sont satisfaits en réalisant des entraînements de coureurs valant 1 minute 45 secondes oubliant que l'aboutissement était la compétition.

Voilà pourquoi, le 800 m est situé au centre de la progression sur le schéma 1 illustrant la progression en résistance. La phase terminale de cette préparation est spécifique et cherche à reproduire à l'entraînement les sensations des efforts rencontrés en compétition. L'évolution vers la résistance spécifique se fera en « jouant » avec les 3 facteurs possibles : le volume, l'intensité et la récupération. Lorsque au cours d'une séance un facteur est en évidence, les deux autres sont « en sommeil ».

Pour illustrer cette démarche, nous avons relevé dans les dossiers d'entraînements du Bataillon de Joinville, les séances les plus significatives de Gadonna et Meyer (pp. 171 et 172).

La préparation de ces deux athlètes a des aspects communs :

— Solide entraînement en résistance-intensité s'appuyant sur une base en vitesse pure, et des accentuations différentes.

— Chez Meyer : insistance sur la résistance-récupération.

— Chez Gadonna : insistance sur la résistance-volume.

A travers des principes directeurs, une personnalisation est donc possible et indispensable.

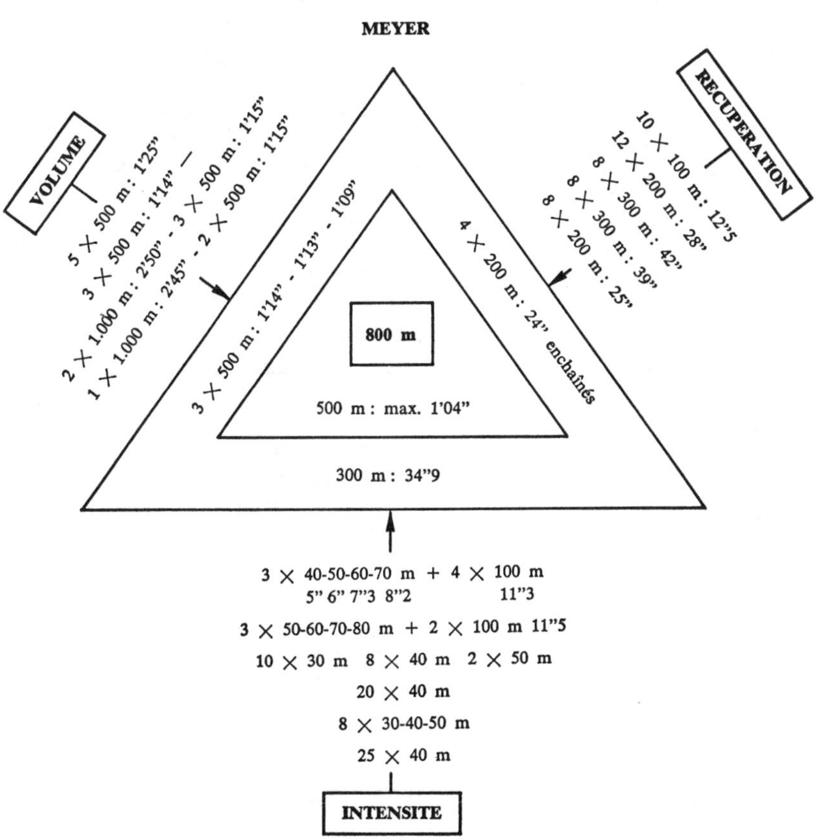
MEYER
VOLUME
5 × 500 m : 1'25"
3 × 500 m : 1'14" —
2 × 1.000 m : 2'50" - 3 × 500 m : 1'15"
1 × 1.000 m : 2'45" - 2 × 500 m : 1'15"
RECUPERATION
10 × 100 m : 12"5
12 × 200 m : 28"
8 × 300 m : 42"
8 × 300 m : 39"
8 × 200 m : 25"
3 × 500 m : 1'14" - 1'13" - 1'09"
4 × 200 m : 24" enchaînés
800 m
500 m : max. 1'04"
300 m : 34"9
3 × 40-50-60-70 m + 4 × 100 m
5" 6" 7"3 8"2 11"3
3 × 50-60-70-80 m + 2 × 100 m 11"5
10 × 30 m 8 × 40 m 2 × 50 m
20 × 40 m
8 × 30-40-50 m
25 × 40 m
INTENSITE

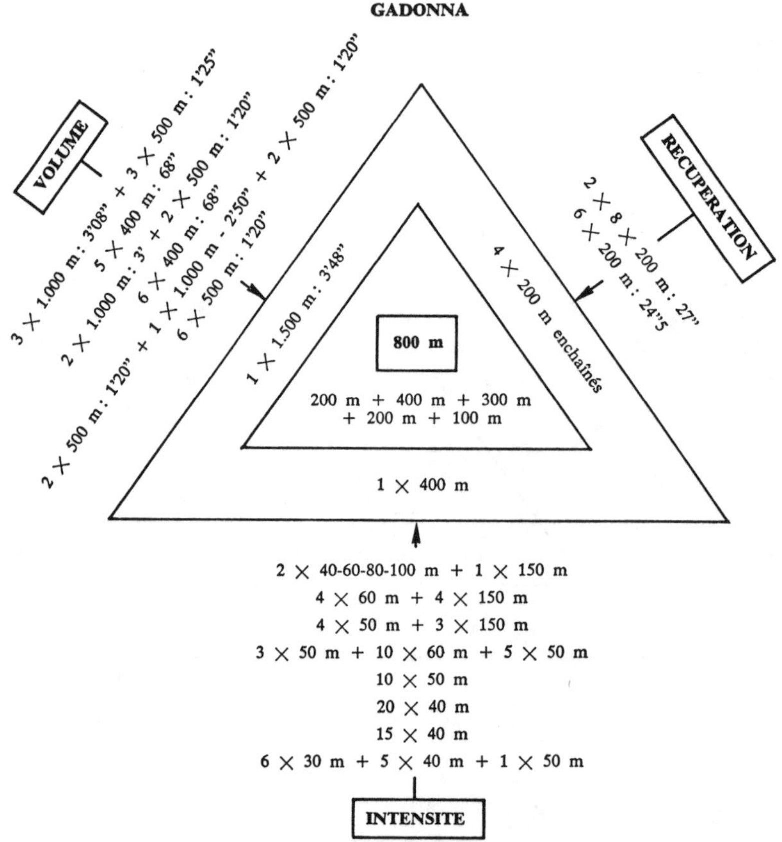

D. *LA PERIODE DE COMPETITION*

C'est une période d'entretien de l'acquis. L'erreur la plus commune est de vouloir progresser autrement que par la compétition.

L'endurance est réduite d'un tiers.

La vitesse est réduite de 50 % et souvent effectuée sur des fractions « lancées » afin d'éviter les mises en action trop éprouvantes.

La résistance est variable suivant la nature du coureur (comme dans sa préparation). Par exemple :

— Chez un endurant, fragile nerveusement (fréquent).

Nous utiliserons la résistance-spécifique issue de la résistance-récupération car nous savons que c'est un procédé très efficace. Soit : 6 ou 4 × 200 m en 26 secondes avec 30 secondes de récupération.

— Chez un résistant doué d'un potentiel nerveux correct.

Nous utiliserons la résistance-spécifique avec une dominante issue de la résistance-intensité car nous savons que c'est le mode d'effort le moins « déséquilibrant » pour cette nature d'athlète. Soit 250 m maximum - récupération 110-100 - 500 m maximum - récupération 110-100 - 150 m maximum - retour au calme prolongé.

E. *LE CYCLE HEBDOMADAIRE*

Actuellement nous n'avons pas encore dépassé 2 à 3 séances de résistance par semaine pour 3 séances d'endurance. Ce rapport est évidemment variable suivant l'acquis des années de formation du coureur. Cette année la répartition classique était la suivante :

— lundi : endurance;

— mardi : résistance-volume;

— mercredi : endurance + renforcement musculaire;

— jeudi : vitesse puis résistance-intensité;

— vendredi : repos;

— samedi : endurance;

— dimanche : endurance + résistance-récupération puis résistance-spécifique.

OPTIONS POUR L'AVENIR

Actuellement le coureur de 800 m paraît atteindre son apogée relativement jeune : Plachy, Arzanof, Fromm, Ohlert, Ryun... ont atteint le niveau international vers leur vingtième année. Il nous faut donc oser préparer nos coureurs de cet âge pour réaliser des performances de l'ordre de 1 minute 46 secondes afin d'être seulement présents lors des rencontres internationales. Il nous faut des athlètes plus endurants (120 km par semaine est un régime actuellement moyen) plus rapides (22 secondes au 200 m est nécessaire) afin que nos athlètes puissent assimiler la préparation en résistance indispensable.

6. Aspects d'autres approches spécifiques, le 1.500 m

A. ASPECTS PARTICULIERS DU REGLEMENT

Dans les courses de plus de 880 yards les indications du starter sont « A vos marques » et quand tous les concurrents sont immobiles le coup de pistolet est tiré.

B. L'EFFORT DU 1.500 M

A partir du 1.500 m s'équilibre processus aérobie et anaérobie (50 % - 50 %). Dans cette discipline se rencontre donc 2 types de coureurs opposés :

— des coureurs résistants aux qualités musculaires orientées vers le travail en dette d'oxygène tels Ryun, Snell, Dufresne;

— des coureurs endurants plus adaptés à des efforts à tendance aérobie tel Wadoux, Norpoth.

La phase critique pour les premiers apparaîtra vers le 1.000 m, pour les seconds vers le 1.200 m. La répartition de l'effort sera fonction de la tactique adoptée ou du but recherché (victoire ou record). Cependant les premiers auront tendance à ralentir la première phase de leur course afin que la phase critique apparaisse plus tardivement, les seconds envisageront l'égalité des trains.

SCHEMA D'UNE PROGRESSION EN RESISTANCE POUR LE 1.500 M

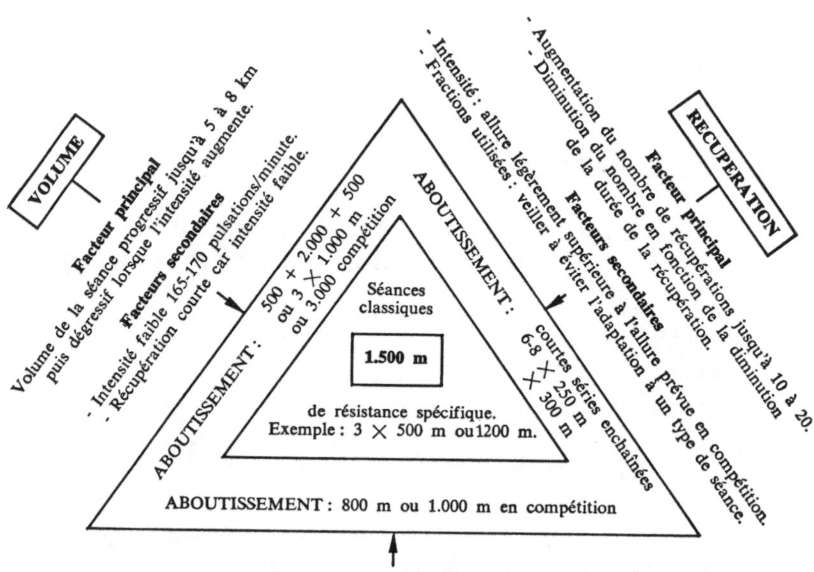

Facteur principal

- Intensité proche du maximum mais avec une constante préoccupation de l'économie du geste.

Facteurs secondaires

- Volume réduit de la séance : 1.500 m environ.
- Récupération importante : 100-110 pulsations/minute.

Base en

- vitesse pure 40-50-60 m
- vitesse sur fractions progressive de 80 à 150 m
- changement de rythme : 50 m lent - 50 m vite / 50 m lent - 50 m vite...
- côte

INTENSITE

SCHEMA D'UNE PROGRESSION EN RESISTANCE POUR LE 5.000 M ET 10.000 M

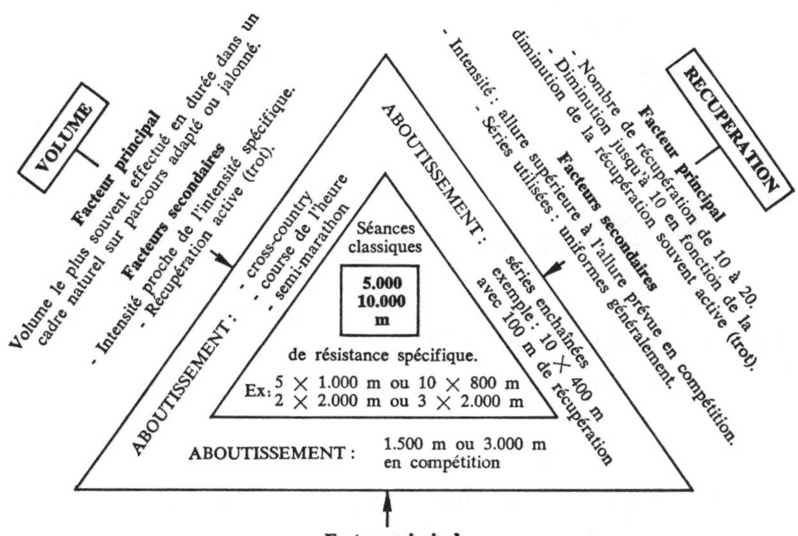

Facteur principal

- Intensité maximum compensatrice de la dégradation de la qualité musculaire provoquée par l'entraînement quantitatif.

Facteurs secondaires

- Volume de la séance de 1.500 m environ à 3.000 m.
- Base en accélération progressive en côtes.

7. Steeple-chase

A. ASPECTS PARTICULIERS DU REGLEMENT

Le steeple est une course avec obstacles, transposition de l'épreuve de cross-country dans une enceinte d'un stade.

Ces obstacles sont de deux sortes :

1. Les haies

Elles sont au nombre de quatre. Elles doivent mesurer entre 91,1 et 91,7 cm de haut et 39,6 cm au moins de largeur. Le poids de chaque haie se situe entre 80 et 100 kg. La base, assurant sa stabilité, doit mesurer entre 120 et 40 cm. Ces haies doivent être placées sur la piste de manière à ce que 30 cm de la barre supérieure se trouvent à l'intérieur de la lice.

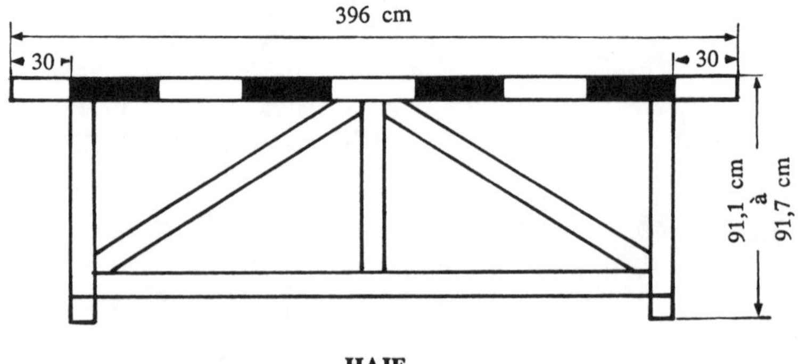

Fig. 26 et 27. Haie.

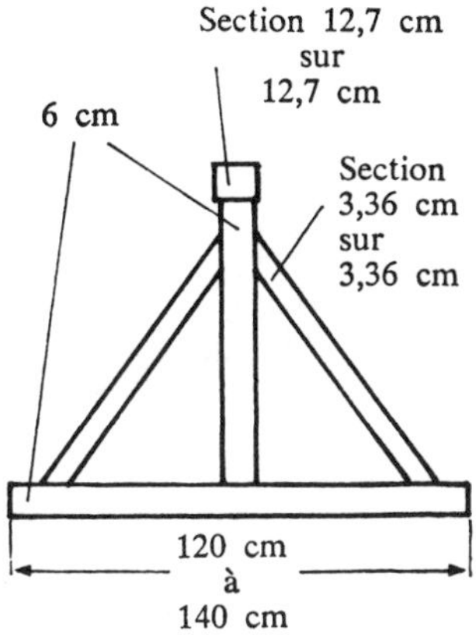

2. La rivière

Elle est construite à l'intérieur ou à l'extérieur de la piste, ce qui a pour conséquence directe de diminuer ou d'augmenter le tour de piste traditionnel de 400 m. La ligne d'arrivée étant généralement fixe, les lignes de départ en steeple diffèrent donc de celles des distances classiques.

La rivière sera toujours le quatrième obstacle de chaque tour. (Exception le 1er tour du 2.000 m steeple.)

Cette rivière est composée d'une haie fixe et d'un fossé d'eau. Le fossé, situé après la haie, mesure 3,66 m de longueur et de largeur. La profondeur de l'eau est de 70 cm au pied de la haie et diminuera progressivement jusqu'au niveau du sol. Pour assurer une bonne réception aux concurrents, le fond du fossé d'eau sera recouvert à l'autre extrémité d'un matériau approprié d'au moins 366 cm de largeur et de 250 cm de longueur.

— Le parcours se trouvant entre le départ et le début du 1er tour d'obstacles ne comprendra pas de haies, celles-ci étant enlevées jusqu'à ce que les compétiteurs entament ce 1er tour.

— Le franchissement des obstacles peut s'effectuer avec ou sans l'aide des mains ou en y mettant le pied.

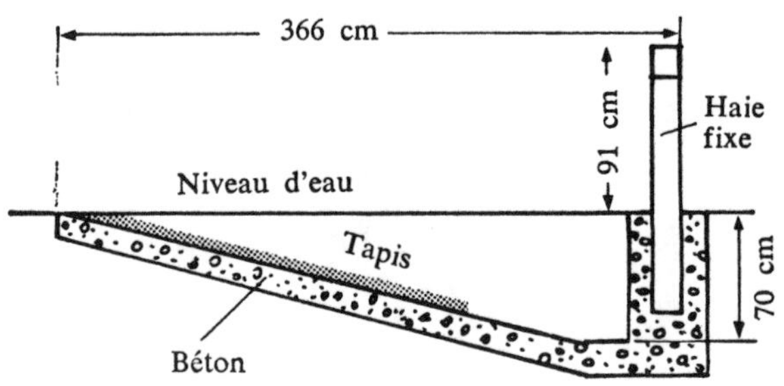

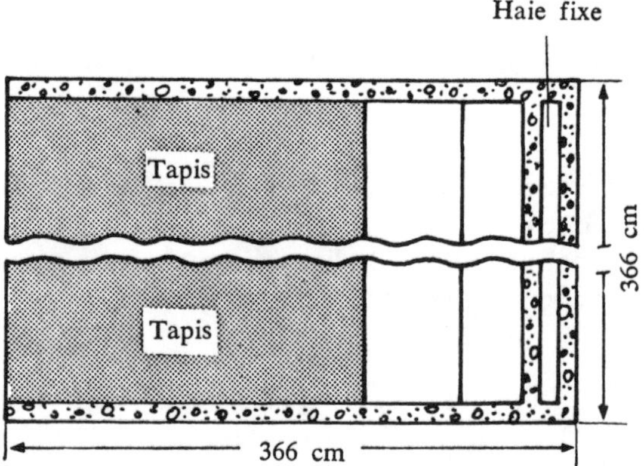

Fig. 28 et 29. Rivière.

Epreuves

— Le 3.000 m réservé aux séniors comporte 200 m plat + 7 tours d'obstacles (28 haies + 7 rivières).

— Le 2.000 m réservé aux juniors comporte 5 tours d'obstacles. Au premier tour le 1er obstacle est la haie précédant la rivière (18 haies + 5 rivières).

— Le 1.500 m réservé aux cadets comporte 300 m plat + 3 tours d'obstacles (12 haies + 3 rivières).

B. TECHNIQUE DE FRANCHISSEMENT

1. Les haies

La technique de franchissement de la haie de steeple s'apparente à celle du 400 m haies. En effet, il est préférable d'effectuer le passage dans la foulée plutôt qu'avec une pose de pied sur l'obstacle. L'impulsion est prise indistinctement sur l'un ou l'autre pied, car tout ralentissement ou piétinement avant l'obstacle doit être évité.

2. La rivière

Kinogramme de Kantanen (Finlande)

— Positions 1 et 2

L'impulsion est située à distance convenable (à environ 2 m). Une impulsion trop proche entraînerait une réception avec un centre de gravité en arrière des appuis et par conséquent un blocage.

Une impulsion trop éloignée risquerait d'entraîner une chute. Cet appui d'impulsion est généralement pris par le pied d'appel. Lorsque la rivière est située dans une courbe (les rivières modernes sont désormais situées sur une portion de piste rectiligne) il est préférable d'effectuer l'impulsion sur pied gauche afin de poser pied droit sur la barrière et de mieux combattre la force centrifuge.

— Positions 3 et 4

Le contact du pied avec la barrière s'opère par la plante du pied.

— Positions 5, 6, 7 et 8

Dans cette phase d'appui sur la barrière, les épaules doivent s'engager vers l'avant, la jambe de soutien doit se fléchir progressivement afin de « laisser filer » le bassin vers l'avant.

L'erreur la plus courante est de produire une réaction dynamique prématurée avec cette jambe de soutien au lieu de cette action passive permettant une translation du bassin vers l'avant d'une manière la plus horizontale possible. Dans ce cas, la sanction est encore une trajec-

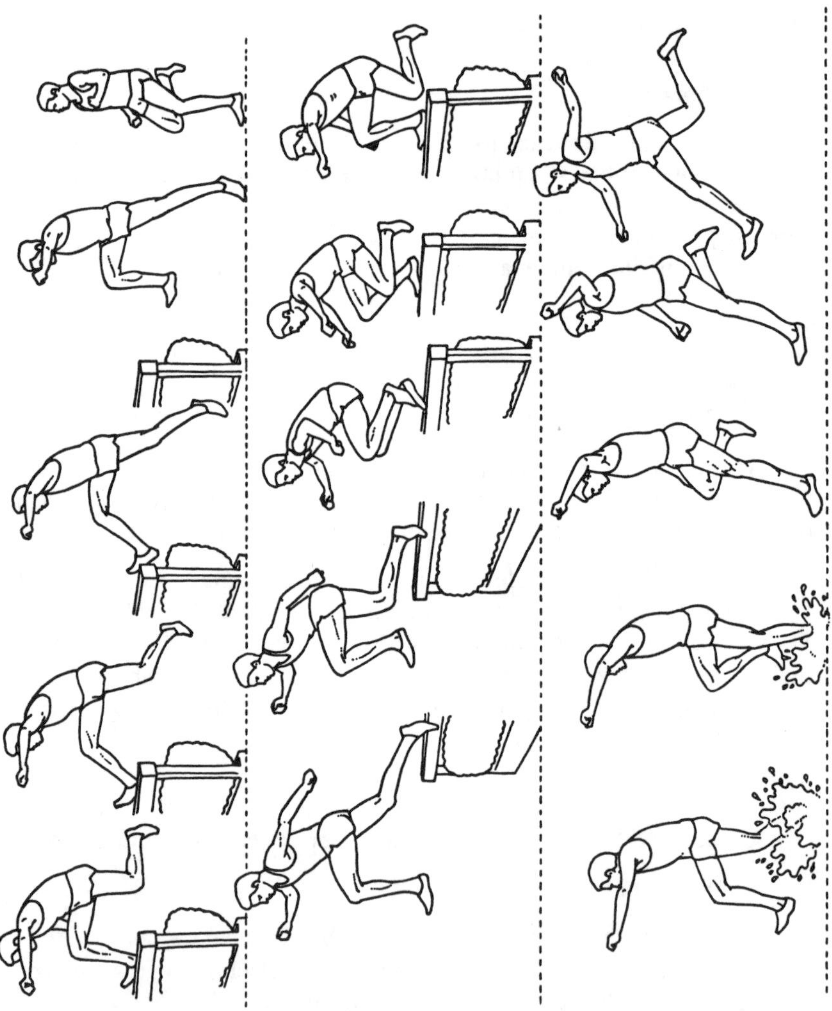

Fig. 30. Tapio Kantanen (Finlande), 3.000 m.

toire plus verticale, une réception en arrière des appuis entraînant un blocage.

— Positions 9 et 10

Lorsque le bassin est placé en bonne position, en avant de l'appui de soutien sur la barrière, s'opère une deuxième impulsion en relais de la première.

Les épaules sont fortement engagées vers l'avant afin d'assurer une réception en déséquilibre-avant, d'où une « sortie » rapide de rivière.

— Positions 11, 12 et 13

Le coureur recherche une réception avec un premier appui dans l'eau proche de la limite du fossé.

La suspension est équilibrée.

— Position 14

Une légère flexion de la jambe de réception évite le blocage.

— Position 15

Le coureur cherche à associer le deuxième appui de réception afin d'assurer une reprise de l'allure de course souple et continue.

C. ELEMENTS DE PROGRESSION POUR FRANCHISSEMENT

1. Dans la foulée

a) Aménager un atelier comprenant :

— Un premier jeu de haies basses, ou de bancs (5 à 6), très rapprochées.

— Un second jeu, tourné dans le sens opposé au précédent, comprenant 5 ou 6 obstacles bas, espacés de 2 m environ.

Accomplir un circuit permettant de travailler alternativement sur les deux jeux.

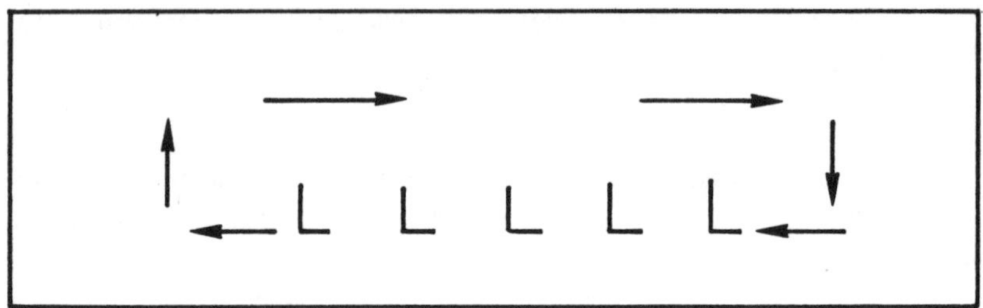

Fig. 31.

Procéder comme suit :

Sur le premier jeu, marcher et enjamber les obstacles alternativement.

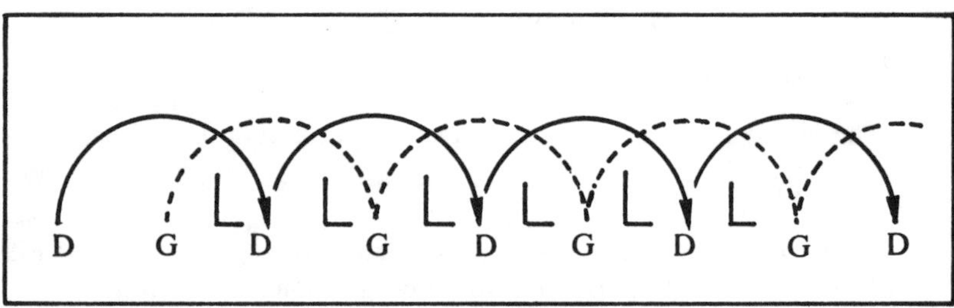

Fig. 32.

En marchant d'abord, puis en trottinant ensuite, revenir en franchissant le second jeu.

Prendre l'impulsion indistinctivement du pied droit ou du pied gauche.

C'est la phase pédagogique d'enjambement, sans sauter.

b) Espacer de 3 à 3,50 m les obstacles du second jeu, et procéder ainsi :

— Imposer une mise en action plus rapide.

— Imposer deux contacts intermédiaires entre les obstacles.

— Imposer alternativement des parcours avec impulsion D ou G.

C'est la phase d'apprentissage de l'impulsion orientée, sans nuire au rythme de course.

c) Disposer le second jeu de haies, de telle manière qu'il y ait 4,50 à 5 m d'écart entre la première et la deuxième, puis 3,50 m entre la deuxième et la troisième, puis 4,50 m entre la troisième et la quatrième, etc.

Procéder ainsi :

— Imposer trois appuis intermédiaires lorsqu'il y a 4,50 m d'écart entre les haies.

— Imposer deux appuis seulement lorsqu'il n'y a que 3,50 m d'écart.

C'est la phase permettant d'apprendre à franchir indistinctement en appui droit ou gauche.

CONCLUSIONS ET REMARQUES

— Etablir une progression portant sur l'espacement et la hauteur des obstacles pour les trois derniers procédés mentionnés (avec le second jeu de haies).

— Exiger que ce travail soit accompli fréquemment en fin d'échauffement alors que les articulations et les muscles soient aptes à répondre aux sollicitations multiples.

2. Avec appui d'un pied

Utiliser d'abord un plinth (0,60 à 0,90 m), ou une poutre d'équilibre. Prévoir une réception souple.

a) En marchant d'abord « bondir » sur l'obstacle (réception par la plante, jambe fléchie) et s'étendre sur la jambe dès que le bassin a dépassé la verticale du point d'appui. Séparer les appuis à la reprise.

b) Même travail en trottinant, puis en courant, en faisant noter que plus la vitesse est grande, plus l'impulsion est distante de l'obstacle. Une bonne séparation des appuis à l'attaque favorise une bonne reprise derrière l'obstacle (éviter la cassure dans l'allure).

c) Utiliser ensuite une rivière de steeple.

Faire prendre l'élan de l'extérieur de la piste vers l'intérieur, de manière à retomber sur la pelouse, côté gauche de la rivière, vers l'intérieur du stade.

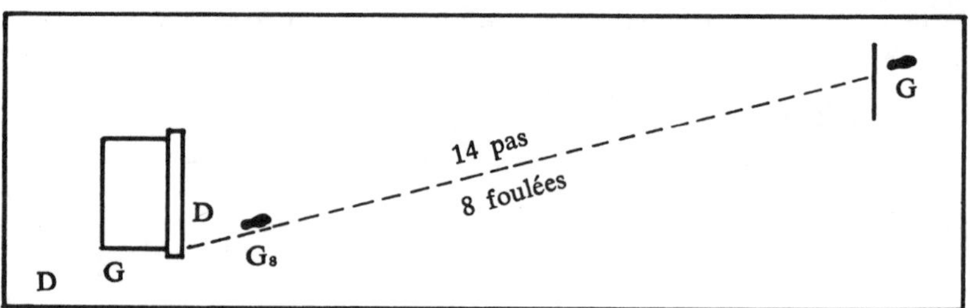

Fig. 33.

Placer une marque environ à 14 grands pas de la rivière. Placer pied gauche (14 = 8), sur cette marque à 14 pas, accomplir 8 foulées.

En partant de la marque de 14 pas accomplir 8 foulées.

— Se mettre en action puissamment et accélérer très progressivement en augmentant graduellement la pression des pieds au sol.

— Franchir selon les indications données précédemment.

— Imposer une réception au sol successivement distante de 1,50 m, puis 2 m, 2,50 m, 3 m de la barrière.

d) Etude du franchissement le coureur étant lancé (adaptation à une marque placée avant la rivière).

— Reculer la marque de 1 à 2 m.

— Prendre 30 à 40 m d'élan, allure 18/20 secondes sur 100 m.

— Poser pied droit sur la marque.

— Accomplir 8 foulées.

— Franchir la rivière.

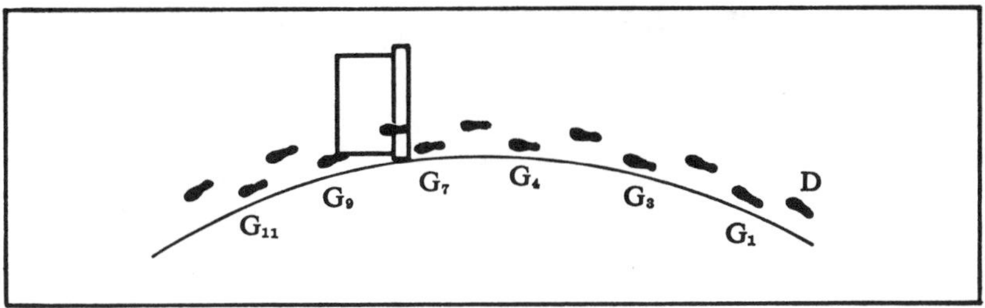

Fig. 34.

e) Gammes de distances à utiliser à l'entraînement.

Pour tout ce qui concerne la préparation générale (endurance, résistance, vitesse), voir le chapitre demi-fond étant entendu que l'effort du 1.500 steeple correspond approximativement à celui du 3.000 plat, et celui du 3.000 steeple à celui du 5.000.

Entraînement spécifique de rythme : les distances les plus couramment utilisées à l'entraînement sont :

— le 400, avec 4 ou 5 obstacles (avec ou sans rivières);

— le 500, avec 5 ou 6 obstacles (dont une rivière);

— le 1.000, avec 11 ou 12 obstacles (dont deux rivières).

8. Entraînements caractéristiques de quelques champions

A. HARBIG Rudolf

PERFORMANCES : 800 m en 1 minute 46 secondes 6 dixièmes (Record du monde; 400 m en 46 secondes 0 dixième (Record du monde); 200 m en 21 secondes 5 dixièmes; 100 m en 10 secondes 6 dixièmes.

Ce coureur allemand, né à Dresden le 8 novembre 1913, fut le véritable précurseur des méthodes d'entraînement moderne et le premier coureur de 800 m à s'entraîner quotidiennement. Son programme reste un modèle dans la variété de l'utilisation des modes d'effort. Harbig était conseillé par Woldemer Gershler mais les séances réalisées prouvent que l'intervall-training n'était alors qu'un procédé d'entraînement utilisé avec parcimonie. Nous sommes loin des exagérations qui sévirent plus tard.

Son record du monde du 800 m fut réalisé à Milan le 15 juillet 1939 lors d'une confrontation avec l'excellent athlète italien Mario Lanzi. Ce temps de 1 minute 46 secondes 6 dixièmes reste une performance très valable à l'heure actuelle alors que tous les autres anciens records du monde de l'époque apparaissent dérisoires en comparaison. La préparation d'Harbig, en avance de plusieurs générations dans son élaboration posait les bases de l'entraînement moderne et en cela il peut, même actuellement, servir de référence.

Harbig commença sa carrière à 19 ans et mourut prématurément en 1944 sur le front de Russie.

ENTRAINEMENT HIVERNAL

Harbig durant l'hiver effectuait généralement quatre entraînements à l'extérieur, soit en parcours naturel en forêt, soit sur la piste.

Ses « footings » duraient généralement 30 à 45 minutes de course facile. Le dimanche matin il lui arrivait souvent de faire une séance en forêt beaucoup plus longue qui pouvait quelquefois atteindre 3 heures mais avec des pauses fréquentes. Au cours de cette séance, Harbig variait souvent ses allures, allant du trot au sprint. Lorsque la neige ne lui permettait pas d'effectuer ce travail, il se contentait d'une longue randonnée en marchant. Ses séances hivernales sur piste étaient constituées principalement par des efforts :

— En résistance volume

Les fractions utilisées étaient le 1.500 m, le 1.200 m, le 1.000 m, le 600 m.

— En vitesse

Les fractions utilisées étaient le 40 m, le 80 m à allure presque maximum et le 100 m en progression.

Exemples de séances

— 30 minutes échauffement, 1.500 m en 4 minutes 30 secondes environ, 15 minutes de trot, 1.000 m en demi-vitesse, 6 × 80 m.

— 20 minutes échauffement, 1.200 m en 3 minutes 40 secondes, 15 minutes de trot, 1.200 m en 3 minutes 32 secondes, 15 minutes de trot, 1.200 m en 3 minutes 34 secondes, assouplissements, exercices de relâchement, 2 × 40 m à allure maximum.

— 30 minutes échauffement, 10 à 12 × 100 m en allure progressive, 15 minutes trot, 500 m en 1 minute 11 secondes.

— 45 minutes échauffement, 3 × 1.000 m en 3 minutes environ avec 15 minutes de trot en récupération.

— 30 minutes échauffement, 1.000 m en 2 minutes 40 secondes, 15 minutes de trot, 2 × 600 m en 1 minute 30 secondes avec 10 minutes de trot en récupération. Il faut noter que

Harbig effectuait quelquefois au cours de l'hiver un « test » sur le mile; par contre, à notre connaissance il ne participait pas aux compétitions de cross-country.

ENTRAINEMENT ESTIVAL

Ce qui caractérise l'entraînement d'Harbig lors de sa saison d'été de 1939 où il établit ses deux records du monde, est l'utilisation de séances de résistance spécifique du coureur de 800-400 m telles qu'elles sont pratiquées actuellement. Il s'en dégage cependant une différence essentielle : l'allure pratiquée est très éloignée du maximum de ce champion chronométrée en 10 secondes 6 dixièmes au 100 m. Il est possible que les allures relativement lentes des fractions courues à l'entraînement par Harbig ménageaient le potentiel nerveux de cet athlète.

Exemple de séances

— 30 minutes échauffement, 5 × 200 en 24 secondes, avec 5 minutes de récupération en marchant.

— 30 minutes échauffement, 2 × 300 m en 38 secondes avec 5 minutes de trot en récupération, 10 minutes de trot, 1 × 500 m en 1 minute 10 secondes, 15 minutes de trot, 1 × 200 m en 24 secondes.

— 20 minutes échauffement, 600 m en 1 minute 27 secondes, trot en 10 minutes, 300 m en 37 secondes, trot en 10 minutes, 500 m en 67 secondes.

Un entretien en effort de vitesse était parfois envisagé :

— 2 × 30 m, 2 × 50 m, 2 × 80 m, 2 × 150 m, 1 × 200 m, 1 × 400 m (départ accroupi).

Des séances lentes pour la saison, se rapprochant de l'effort en résistance-volume intervenaient également :

— 1 × 800 m en 2 minutes 10 secondes, 1 × 800 m en 2 minutes, 1 × 600 m en 1 minute 28 secondes.

ENTRAINEMENT GENERALISE

Harbig effectuait généralement une séance par semaine en gymnase, excepté durant la période de compétition.

Il travaillait aux agrès, soulevait des charges légères mais surtout effectuait de nombreux exercices d'assouplissement.

B. KEMPER Franz Joseph

PERFORMANCES : 800 m en 1 minute 44 secondes et 9 dixièmes; 1.000 m en 2 minutes 16 secondes et 2 dixièmes.

Ce coureur allemand né le 30 septembre 1945, champion d'Europe en 1966, redoutable « finisseur », eut une carrière sportive perturbée par sa formation professionnelle et avant les J. O. de Munich par un mauvais fonctionnement de son système rénal (opération d'un rein envisagée à l'époque).

Kemper, programmait lui-même son entraînement sans recourir à un docteur ou un entraîneur.

En cela, il rejoint les grands coureurs de demi-fond actuels qui, pleinement autonomes et responsables de leur carrière, considèrent cet état comme condition indispensable pour atteindre le niveau mondial. Ainsi l'athlète doit être en mesure d'interpréter ses sensations physiques, physiologiques et d'établir en fonction son entraînement afin d'atteindre un rendement optimum.

Kemper s'entraînait donc le plus souvent en solitaire afin de ne pas subir l'influence d'un autre coureur. Il déterminait un programme annuel mais ne l'appliquait pas d'une manière rigide. Il l'adaptait en fonction de son état de fatigue, du relâchement de sa musculature, du temps et même de son envie de courir. Sur le plan technique, il ne « tirait » jamais sur sa foulée et portait son attention à rester souple.

Dans le travail intensif, il veillait tout « en se faisant mal » à ne pas aller jusqu'à l'épuisement, surtout sur le plan nerveux.

ENTRAINEMENT HIVERNAL

Pendant les deux premiers mois, Kemper se contentait généralement de courses à allure facile de 10 à 12 km qu'il terminait souvent par 20 minutes de fartlet (changements d'allure en pleine nature).

A partir du mois de février, la quantité et la qualité de son entraînement progressait notablement et revêtait le rythme hebdomadaire suivant :

Lundi : une heure environ de footing, sans changement de rythme, mais à allure assez soutenue.

Mardi :

— Le matin : 40 minutes de footing léger accompagné de mouvements d'assouplissements et de quelques changements de rythme.

— L'après-midi : une heure à allure soutenue terminée par 8 à 10 × 200 m (non chronométrés, mais allure de 28 secondes à 30 secondes.

Mercredi :

— Le matin : footing très léger en forêt de 20 minutes.

— L'après-midi : une heure de course sans changement de rythme, mais à allure soutenue (15 km environ).

Jeudi : travail en côtes.

Vendredi :

— Le matin : 40 minutes d'échauffement à allure soutenue, puis 2 × 500 m en 1 minute 25 secondes environ.

Samedi : plus d'une heure de footing à allure soutenue.

Vers la fin de l'hiver le travail en côtes est remplacé par une séance sur fractions courtes :

Exemple : 6 × 150, 3 × 250, 3 × 100.

ENTRAINEMENT ESTIVAL

Cette deuxième partie du cycle de l'entraînement de Kemper laisse une large part à la résistance volume associé à des séances de résistance spécifique d'intensité moyenne.

Cycles de 2 semaines

Lundi : footing en forêt de 45 minutes avec accélérations progressives.

Mardi : 2 à 3 × 2.000 m de 6 minutes 30 secondes à 7 minutes 30 secondes accompagnés de mouvements d'assouplissements et de quelques lignes droites.

4 à 6 × 300 m de 41 secondes à 42 secondes avec 2 minutes de récupération - trot.

Mercredi : 20 minutes échauffement lent suivi de 20 minutes à allure plus soutenue sans changement de rythme.

Jeudi : 2 à 3 × 2.000 m de 6 minutes 30 secondes à 7 minutes 30 secondes - lignes droites progressives, 200 m en 24 secondes, 300 m en 39 secondes, 500 m en 1 minute 8 secondes à 1 minute 9 secondes, 200 m en 24 secondes.

Vendredi : repos.

Samedi : échauffement de 30 minutes, 400 m en 51 secondes.

Dimanche : compétition sur 400 ou 800 m ou 1.000 m.

Lundi : footing en forêt de 45 minutes à allure soutenue terminé par 600 m progressif.

Mardi : 2 à 3 × 2.000 m en 6 minutes 30 secondes à 7 minutes 30 secondes, assouplissements, progressions, 6 × 200 m en 26 secondes avec 2 minutes de récupération trottée.

Mercredi : footing en forêt de 30 minutes, 3 × 500 m en 1 minute 10 secondes de récupération, trot durant 20 minutes.

Jeudi : 2 à 3 × 2.000 m de 6 minutes 30 secondes à 7 minutes 30 secondes - accélération sur pelouse.

Vendredi : repos.

Samedi : 20 minutes de footing - 3 à 5 côtes très raides de 300 m environ - 2 × 100 m à allure vive - 15 minutes de trot.

A l'approche des compétitions, les séances de rythme ne progressent guère d'intensité :

Exemple :

— échauffement, 1 × 1.200 m en 3 minutes environ, 300 m en 38 secondes.

— 2 × 2.000 m en 7 minutes, 1 × 600 m de 1 minute 22 secondes à 1 minute 25 secondes, 1 × 200 m en 25 secondes.

Lorsque Kemper entre dans la période des compétitions importantes, il se contente de footings légers avec quelques accélérations.

C. **BROBERG Dick**

PERFORMANCE : 800 m en 1 minute 44 secondes et 7 dixièmes, 400 m en 46 secondes et 3 dixièmes.

Ce jeune athlète Sud Africain de race blanche fait partie de l'école de demi-fond très florissante animée par l'entraîneur Jan Barnard.

Avec Van Zisl et Malan l'athlétisme sud-africain possède des coureurs capables de figurer au meilleur niveau dans les grands rassemblements mondiaux. Cependant, écartés des Jeux Olympiques à cause de la politique d'Apartheid de leur pays, évincés de nombreux meetings par la pression des athlètes africains, ces magnifiques coureurs de demi-fond n'ont pu dans le passé et ne peuvent encore à l'heure actuelle exprimer pleinement leurs possibilités.

Broberg, né le 8 juillet 1949, eut une carrière relativement précoce et une rapide progression.

— à 18 ans il réalisait 1 minute 50 seconde 4 dixièmes au 880 Y.

— à 19 ans il réalisait 1 minute 47 secondes 8 dixièmes au 800 m, 46 secondes 7 dixièmes au 400 m.

— à 20 ans il réalisait 1 minute 46 secondes 4 dixièmes au 800 m, 46 secondes 5 dixièmes au 400 m.

Conseillé par son père John, Dick Broberg bénéficie de l'avantage des Kenyens de pouvoir s'entraîner en altitude. Par ce fait son programme d'entraînement comporte des caractères spécifiques de cette situation.

— Parcours en nature assez longs mais à allure peu éprouvante.

— Séance sur piste ne comportant pas de fraction supérieure au 600 m, distance à partir de laquelle les effets de faible densité de l'oxygène se surajoute à la dette du coureur.

ENTRAINEMENT HIVERNAL

Le cycle hebdomadaire est le suivant :

Lundi : 1 heure à 1 heure et demie de footing à allure uniforme entrecoupé d'exercices d'assouplissements et de renforcement musculaire.

Mardi : 1 heure de *Fartlek* avec changements de rythme.

Mercredi : 1 heure et demie de footing à allure tranquille mais avec 1/2 heure de travail en côte soutenu.

Jeudi : 1 heure à 1 heure et demie de *Fartlek* avec changement de rythme.

Vendredi : 1 heure de footing à allure tranquille associé avec des exercices d'assouplissements.

Samedi : 1 heure de Fartlek.

Dimanche : repos.

ENTRAINEMENT ESTIVAL

Le cycle hebdomadaire le plus fréquent revêt les caractéristiques suivantes :

Lundi : 4 × 600 m à 90 %.

Mardi : 4 × 400 m, 6 × 300 m, 6 × 200 m à 90 %, 95 %.

Mercredi : 12 × 200 m à 90 %, 3 × 100 m très intense.

Jeudi : 6 × 200 m, 6 × 100 m à 95 %.

Vendredi : 6 × 100 m, 6 × 50 m intense.

Samedi : compétition.

Dimanche : repos.

D. **DOUBELL Ralph**

PERFORMANCES : Champion Olympique du 800 m en 1968 à Mexico, recordman du monde avec 1 minute 44 secondes 3 dixièmes, 400 m en 46 secondes 4 dixièmes, 200 m en 21 secondes 6 dixièmes.

Cet athlète australien, vainqueur à 23 ans aux J. O. de Mexico (né le 11 février 1945) eut une rapide, mais prestigieuse progression :

— 18 ans - 1 minute 54 secondes 6 dixièmes.

— 19 ans - 1 minute 49 secondes 8 dixièmes.

— 20 ans - 1 minute 47 secondes 5 dixièmes.

— 21 ans - 1 minute 46 secondes 2 dixièmes.

— 22 ans - 1 minute 46 secondes 7 dixièmes.

— 23 ans - 1 minute 44 secondes 3 dixièmes.

Il vient relativement tard à l'athlétisme, lui préférant le criket et le football australien. Conseillé par Frantz Stampfl, Doubell adopte un cycle hebdomadaire répété tout au long de l'année sans grande modification. Sa préparation est caractérisée principalement par une dominante résistance-volume effectuée sur piste en cendrée.

Lundi : après-midi 5 km d'échauffement en course lente, 20 × 400 m de 65 secondes à 68 secondes avec 200 m de récupération en trottant.

Mardi :

— Matin : 5 km sur un golf à allure lente.

— Après-midi échauffement 20 minutes, 10 × 800 m en 2 minutes 15 secondes avec 400 m de récupération en 2 minutes 30 secondes.

Mercredi :

— Matin : 5 km sur golf.

— Après-midi 50 × 100 m sur l'herbe avec 30 minutes de récupération (allure vive).

Jeudi :

— Matin : 5 km sur golf.

— Après-midi : 10 × 600 m entre 1 minute 35 secondes et 1 minute 40 secondes.

Vendredi : repos.

Samedi : test sur 200, 300, 400, 600 ou 1.200 m suivi de 30 × 200 m (allure aisée non chronométrée) avec 100 m de récupération.

Dimanche : test sur 200, 300, 400, 600 ou 1.200 m suivi de 2 × 300 m (allure aisée non chronométrée) avec 120 m de récupération.

Avant Mexico, les tests réalisés par Doubell à l'entraînement impressionnèrent les observateurs :

— 1 × 600 m - 1 minute 16 secondes.

— 1 × 400 m - 46 secondes 4 dixièmes.

le lendemain

— 1 × 300 m - 33 secondes 6 dixièmes.

— 1 × 200 m - 21 secondes 6 dixièmes.

Au cours de l'hiver, cet athlète pratique deux séances de musculation par semaine où il travaille « lourd » pour ses possibilités.

E. **MAY Jurgen**

PERFORMANCES : 800 m en 1 minute 46 secondes 3 dixièmes, 1.000 m en 2 minutes 16 secondes 2 dixièmes, 1.500 m en 3 minutes 36 secondes 4 dixièmes.

Cet athlète, longtemps l'un des leadeurs de la R.D.A. avant de passer à l'Ouest en fin de carrière, fut remarquable principalement par ses qualités de coureur de train. En effet dans les grands rassemblements internationaux, Jeux Olympiques ou Championnats d'Europe, ses prestations furent discrètes alors que ses records et notamment sa performance sur 1.000 m le situait au meilleur niveau des coureurs de demi-fond mondiaux.

Longtemps conseillé par Ewald Mertens, après le décès de ce

dernier (1965) le célèbre entraîneur Est Allemand Manfred Reiss dirigea sa préparation.

Comme tous les Allemands de l'Est de cette époque, sa préparation se caractérise par le développement maximum de l'endurance aérobie par la méthode dite de fond associé à un travail en résistance très inspiré des conceptions de Lydiard.

ENTRAINEMENT HIVERNAL

Jurgen May au cours de cette période s'entraînait uniquement sur des parcours naturels et n'utilisait jamais la piste. Le développement de l'endurance était obtenu par des séances de course de longue durée sans changement de rythme effectuées sur terrain plat, type de travail auquel s'associait des séances de Fartlek avec changements de rythme effectuées sur terrain varié.

Le cycle hebdomadaire était en moyenne de 100 à 120 km par semaine et l'allure était très progressivement accélérée au cours de l'hiver de 14 km à 18 km dans l'heure.

Lundi : 15 km de Fartlek sur terrain vallonné.

Mardi : 30 km de course lente uniforme sur terrain plat.

Mercredi : 15 km de course à allure soutenue sur terrain vallonné.

Jeudi : 10 km de Fartlek.

Vendredi : 20 km de course à allure uniforme mais soutenue sur terrain plat.

Samedi : 5 à 10 km de course uniforme à vive allure.

Dimanche : 10 km de Fartlek en terrain vallonné.

ENTRAINEMENT ESTIVAL

Une période préparatoire aux compétitions (avril, mai) est consacrée au travail de résistance. Les procédés utilisés sont variés allant de la résistance volume sur piste à l'utilisation de l'intervalle, en passant par les sprints enchaînés sur 50 m inspirés de la préparation de Snell (Lydiard).

Lundi : échauffement, courses en côtes : 15 km.

Mardi : 3 × 3.000 m en 8 minutes 35 secondes, 8 minutes 45 secondes environ avec de grands temps de récupération.

Mercredi : entraînement en terrain vallonné : 15 km.

Jeudi : échauffement, un mile avec un sprint tous les 50 m et sur 50 m, 2.000 m entre 5 minutes 20 secondes et 5 minutes 30 secondes, un mile en 4 minutes 30 secondes environ.

Vendredi : entraînement en terrain vallonné : 15 km.

Samedi : le matin 1 × 800 m entre 1 minute 53 secondes et 1 minute 56 secondes, 1 × 1.000 m entre 2 minutes 23 secondes et 2 minutes 26 secondes, 1 × 1.200 m entre 2 minutes 54 secondes et 3 minutes long temps de récupération; l'après-midi 5 × 400 m en 58 secondes, 60 secondes, suivi de 5 × 200 m en 26 secondes, 28 secondes.

Dimanche : 45 minutes de course lente.

Pendant la période de compétition, l'effort quantitatif de May est notablement réduit : 60 km environ par semaine. Le travail de résistance est entretenu par des séances réduites utilisant des fractions moyennes 200, 300, 400 m courues à vive allure.

F. **PLACHY Joseph**

PERFORMANCES : 800 m en 1 minute 45 secondes 4 dixièmes.

Cet athlète tchécoslovaque, né le 28 février 1949 était encore junior lorsqu'il termina 5e aux Jeux Olympiques de Mexico devant Fromm également junior. Depuis, malgré sa victoire en 1970 à Amérique-Europe, sa progression semble se stabiliser : il accéda difficilement en finale aux championnats d'Europe à Helsinki en 1971, fut éliminé en demi-finale aux Jeux Olympiques de Munich en 1972 et éliminé en séries aux Championnats d'Europe de Rome en 1974. Son cas pose clairement le problème de la précocité de l'épanouissement des coureurs de demi-fond.

ENTRAINEMENT HIVERNAL

Ce cycle est divisé en 2 périodes d'environ 2 mois chacune.

Première période (novembre - décembre)

Lundi : après-midi : échauffement, 10 × 600 m en 1 minute 40 secondes environ, récupération marchée 2 minutes environ, retour au calme 20 minutes, trot.

Mardi : après-midi : échauffement, 5 × 300 m en 45 secondes avec récupération trottée de 100 m, marche durant 4 minutes, 5 × 300 m en 47 secondes avec la même récupération, 5 × 300 m en 45 secondes série semblable à la première, retour au calme 20 minutes, trot.

Mercredi : 12 km de footing lent dans la forêt avec interruptions marchées, 20 × 100 m dans un sentier à allure aisée mais avec de courtes récupérations.

Jeudi : échauffement, 4 séries de 200, 300, 400 et 600 m en 30 secondes, 30 secondes, 56 secondes, 60 secondes respectivement, avec une récupération trottée de 100 m environ, 20 minutes de retour au calme, trot.

Vendredi : 16 km de footing.

Samedi :

— Matin : 8 km de footing.

— Après-midi : échauffement, 2 séries de 6 × 200 m en 28 secondes, 20 minutes de course continue à assez vive allure.

Dimanche :

— Matin : 8 km de footing.

— Après-midi : échauffement, 2 séries de 3 × 600 m en 1 minute 38 secondes, 15 minutes de course continue à assez vive allure.

Deuxième période (janvier, mars, début avril)

Lundi : 18 km de footing.

Mardi : 20 km de ski de fond.

Mercredi :

— Matin : 10 km de footing.

— Après-midi : séance de renforcement musculaire en gymnase composé de musculation avec haltères et d'assouplissements.

Jeudi : échauffement, 4 × 3.000 m en 9 minutes 15 secondes avec 400 m de récupération trottée.

Vendredi : long footing de plus de 20 km.

Samedi : repos.

Dimanche : promenade à ski avec son équipe de club.

ENTRAINEMENT ESTIVAL

Les temps réalisés dans certaines séances d'entraînement peuvent paraître modestes, en réalité ces fractions sont souvent courues à allure progressive et les chronos ne sont pas significatifs.

Lundi :

— Matin : 8 km de footing lent.

— Après-midi : 4 séries de 4 × 150 m en 22 secondes.

Mardi :

— Matin : 8 km de footing lent.

— Après-midi : 3 séries de 4 × 150 m, 150 m, 200 m, 300 m en 21 secondes, 21 secondes, 28 secondes, 43 secondes respectivement,

Mercredi :

— Matin : 8 km de footing lent.

— Après-midi : 1 × 400 m allant de 52 secondes à 48 secondes au cours de la saison, 3 à 4 × 120 m allure maximum avec départ au pistolet.

Jeudi : échauffement, 3 × 1.500 m entre 4 minutes 45 secondes et 5 minutes.

Vendredi : 12 km de footing en forêt.

Samedi : repos.

Dimanche : compétition.

G. WOTTLE Dave

PERFORMANCES : 800 m en 1 minute 44 secondes 3 dixièmes (épreuve de sélection a Eugène pour les J. O. de Munich). Champion Olympique en battant Arzanov U.R.S.S. en 1 minute 45 secondes 9 dixièmes.

Rendu célèbre aux Jeux Olympiques par sa victoire sur 800 m, il le fut aussi par sa tactique très personnelle adoptant une position en queue de peloton pour terminer dans les derniers mètres de l'épreuve en première position. Le port de la casquette en compétition lui assura également une large notoriété auprès du public. Il est probable que ce comportement en course, qu'il expliqua par des difficultés de mise en action causées par une ancienne blessure (1971), lui coûta l'accès

Fig. 35. Dave Wottle.

à la finale du 1.500 m; en effet, enfermé à la corde, il ne termina que 4e en demi-finale.

L'entraînement de Wottle est particulièrement intéressant car il est significatif de la place importante qu'occupe le travail en résistance-volume chez de nombreux coureurs américains, notamment dans la période hivernale. Certains aspects, telle l'association de ce type d'effort à la vitesse pure afin d'éviter une perte de la qualité musculaire, se retrouvent dans la préparation de Jim Ryun par exemple.

Ce travail est évidemment effectué sur piste malgré sa monotonie, Wottle se contentant de sorties en nature au kilométrage moyen et aux allures moyennement soutenues.

ENTRAINEMENT HIVERNAL

Première période (novembre - décembre)

Lundi : échauffement (5 à 7 km à une allure uniforme de 4 minutes au km terminée par un 800 m en 2 minute 30 secondes environ). 1.600 m en 5 minutes 15 secondes, 5 minutes de récupération, 800 m en 2 minutes 20 secondes, 2 minutes de récupération, 400 m en 1 minute 10 secondes, 3 minutes de récupération, 800 m en 2 minutes 20 secondes, 5 minutes de récupération, 1.600 m en 5 minutes, 3.200 m de trot.

Mardi : échauffement (idem) 20 × 400 m en 1 minute 10 secondes avec 60 secondes de récupération, 3.200 m de trot.

Mercredi : échauffement (idem), 20 minutes d'assouplissement, footing de 6 à 7 km à allure de compétition de cross-country effectué en groupe, 3.200 m de trot.

Jeudi : 12 km de footing à la moyenne de 4 minutes au km.

Vendredi : 4 à 5 km de course lente sur golf.

Samedi : compétition de cross-country.

Dimanche : 15 à 16 km de footing à allure de 4 minutes au km.

Deuxième période (janvier, février, mars)

Lundi : 7 à 8 km de trot, 4 × 1.200 m en 3 minutes 20 secondes avec 400 m de récupération en marchant et en trottinant, 6 km de trot.

Mardi : 5 à 6 km de trot, 20 × 200 m en 32 secondes, avec 200 m de récupération en trot, 7 à 8 km de course lente.

Mercredi : 6 km de trot, 6 × 800 m en 2 minutes 5 secondes avec 400 m de récupération en marchant , 6 km de course lente.

Jeudi : 8 à 10 km de Fartlek, 4 × 400 m en 1 minute 10 secondes, plus 50 m à vitesse maximum à la fin de chaque fraction, 4 × 400 m en allure progressive par paliers de 40 m avec 60 secondes de repos entre chaque fraction, 7 à 8 km de course lente.

Vendredi : 7 à 8 km d'échauffement, 2.400 m en variations d'allure : 100 m allure rapide, 100 m allure facile, 5 à 6 km de trot.

Samedi : 20 km de course lente.

Dimanche : 20 km de footing.

ENTRAINEMENT ESTIVAL

Lundi :

— Matin : 10 à 12 km de footing à une allure de 4 minutes au km.

— Après-midi : 6 km d'échauffement, 2 × 3.200 m de 9 minutes 30 secondes à 9 minutes 50 secondes avec 20 minutes de récupération, 5 km de trot.

Mardi :

— Matin : 10 à 12 km de footing à une allure de 4 minutes au km.

— Après-midi : 5 km d'échauffement, 20 × 400 m d'intensité progressive de 1 minute 10 secondes pour le premier à 60 secondes pour le dernier avec 200 m marchés entre chaque fraction, 3 km de trot.

Mercredi :

— Matin : 10 à 12 km de footing à une allure de 4 minutes au km.

— Après-midi : 5 km d'échauffement, 1.200 m en 3 minutes 5 secondes, 800 m en 2 minutes, 400 m en 60 secondes avec une récupération complète entre, 5 km de trot.

Jeudi :

— Matin : 10 à 12 km de footing à une allure de 4 minutes au km.

— Après-midi : 3 km de trot.

Vendredi :

— Matin : 6 à 7 km à une allure de 4 minutes 20 secondes au km.

— Après-midi : 5 à 6 km à une allure de 4 minutes 40 secondes au km.

Samedi :

— Matin : 3 à 4 km à une allure de 4 minutes 40 secondes au km.

— Après-midi : compétition.

Dimanche : 20 km de footing à une allure de 4 minutes au km.

Records du monde

Hommes :

— 800 m. — 1'41"73 — COE (G.B.)
— 1 500 m. — 3'31"36 — OVETT (G.B.)
— Mile — 3'47"33 — COE (G.B.)

Femmes :

— 800 m. — 1'53"43 — OLIZARENKO (U.R.S.S.)
— 1 500 m. — 3'52"47 — KAZANKINA (U.R.S.S.)

Les courses de relais

J. MAIGROT et R. DUBOIS

1. Généralités

En raison de leur caractère éducatif les courses de relais occupent une place importante dans la formation sportive de nos jeunes gens.

— Lorsqu'il s'agit de gros effectifs, elles sont pour l'éducateur un excellent moyen de donner à chacun le sentiment de l'équipe, de créer l'émulation dans le club; elles obligent à utiliser des éléments de valeur très diverse. Se sentant solidaires de leurs camarades dans la compétition, nombreux parmi les plus modestes sont ceux qui se surpassent et accomplissent d'excellents parcours. Ces luttes collectives dans lesquelles les équipiers puisent leur enthousiasme jouissent auprès du public d'une faveur particulière; leur intensité les rend spectaculaires. Aussi ne devrait-on plus concevoir de réunions interclubs dont le programme ne comporterait pas désormais sur le stade au moins une course par relais.

— Pour ces courses d'équipe les coureurs doivent se transmettre un « témoin » (ou bâton de relais) dans une zone réglementaire de 20 m de longueur.

Sur piste de 400 m, les relais s'effectuent plus ou moins en virage.

Selon les phases de l'épreuve un équipier est appelé « porteur » du témoin ou « relayeur ».

— Le relayeur est celui qui se mettra en action pour saisir avant la fin de zone le témoin que lui apportera son coéquipier, il deviendra à son tour « porteur ».

Les épreuves classiques de relais sur piste sont :

4 × 100

4 × 200

4 × 400
4 × 800
et 4 × 1.500
(pour les hommes seulement).

— Ces distances figurent au programme des championnats nationaux.

— Aux J.O. se disputent les courses de 4 × 100 et 4 × 400 hommes et femmes.

D'autres épreuves par relais sont disputées sur des distances diverses au gré des organisateurs, exemple : 500, 400, 300, 200, 100 ou 800, 400, 200, 100, etc.

Enfin il existe également des courses par relais sur route, de ville à ville ou à travers ville.

2. Règlement

Des lignes sont tracées à 10 m (11 yards) avant et après la ligne médiane, ceci pour délimiter la zone dans laquelle le témoin doit être passé. Ces lignes doivent être incluses dans le mesurage de la zone.

Dans les courses jusqu'à 4 × 220 yards, les membres d'une équipe, à l'exception du premier partant, peuvent commencer à courir au maximum à 10 m avant la zone d'échange du témoin qui, elle, fait 20 mètres (fig. 36).

Dans toutes les courses de relais, le témoin doit être échangé dans une zone bien définie (1).

Un concurrent peut faire une marque sur la piste dans les limites de son propre couloir. Si la piste se compose d'une matière synthétique, le concurrent peut, sous réserve d'accord du juge, employer un matériau approprié fourni par les organisateurs.

Le témoin doit être porté à la main pendant toute la course. Si un concurrent laisse tomber le témoin, il devra le ramasser lui-même.

Lorsque les concurrents auront transféré le témoin, ils devront demeurer dans leurs couloirs ou zones respectives jusqu'à ce que la piste soit dégagée, afin de ne pas gêner les autres concurrents.

(1) Le réglement actuel prescrit que l'échange du témoin doit se faire dans la zone de 20 m; s'il s'effectue avant celle-ci, un juge ne manquera pas de signaler l'infraction, ainsi une équipe de 4 × 100 m sera disqualifiée parce qu'un des siens était insuffisamment lancé.

Il faut donc espérer que les techniciens du Comité Olympique songeront bientôt à supprimer la ligne intermédiaire de zone. Enfin si l'on sait qu'un équipier blessé peut être remplacé n'y-a-t'il pas lieu de laisser toute liberté aux dirigeants de club pour composer leur équipe de relais en désignant aux éliminatoires comme pour la finale les coureurs de leur choix.

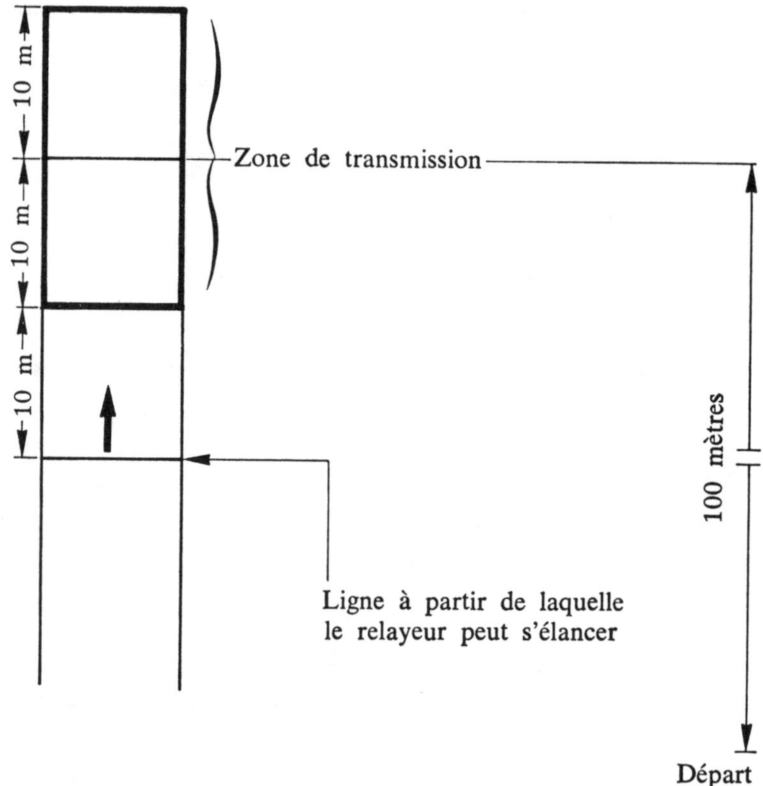

Fig. 36. Relais 4 × 100 m.

Lorsqu'une équipe a participé aux éliminatoires, la composition ne pourra être changée pour les tours suivants, sauf en cas de blessure ou maladie constatée par un médecin officiel désigné pour les réunions.

Le témoin. Ce devra être un tube lisse et creux, de section circulaire en bois, en métal, ou en tout autre matériau rigide, d'une seule pièce, dont la longueur sera de 30 cm au plus (1 pied) et 28 cm au moins (11 pouces), circonférence 120 mm, poids non inférieur à 50 g.

Relais 4 × 400

Dans les épreuves de relais 4 × 400 m ou 4 × 440 yards, le premier parcours se courra en couloirs, ainsi que la partie du 2e tour, jusqu'à la sortie du premier virage du 2e parcours.

Relais 4 × 200 ou 4 × 220 yards

Les deux premiers parcours seront courus entièrement en couloirs, ainsi que la partie du 3e parcours jusqu'à la sortie du premier virage du 3e parcours.

Note : Dans le relais 4 × 400 m ou 4 × 440 yards, où pas plus de trois équipes sont en compétition, il est recommandé de courir seulement le premier virage du premier tour en couloirs.

3. Le perfectionnement technique

Le perfectionnement technique concerne essentiellement le relais 4 × 100 m, car c'est la course la plus généralisée et qui demande la plus grande précision; les équipiers se déplacent dans un couloir qui leur a été désigné par tirage au sort.

Le jugement des relayeurs est capital, la vitesse du témoin au moment de sa transmission retiendra toute l'attention, la moindre hésitation pouvant être la cause d'une baisse de vitesse dans les zones de relais.

Pour la course du 4 × 100 en particulier, 2 procédés de relais peuvent être employés :

A. LE TEMOIN EST CHANGE DE MAIN PAR LE RELAYEUR

L'équipier porteur du témoin, tenant ce dernier dans la main gauche le transmet dans la main droite du relayeur qui le saisit aussitôt avec la main gauche (fig. 37).

On remarque que le porteur du témoin s'écartera plus ou moins vers la droite de son couloir pour la « transmission » dans la main droite du relayeur qui se déplace côté gauche. Cette manière de relayer présente l'avantage d'être sûre si l'on tient compte que les équipiers sont généralement droitiers.

B. LE TEMOIN N'EST PAS CHANGE DE MAIN PAR LE RELAYEUR

Dans la course du 4 × 100 m le premier équipier se déplace tenant le témoin dans la main droite, et le donne au suivant dans la

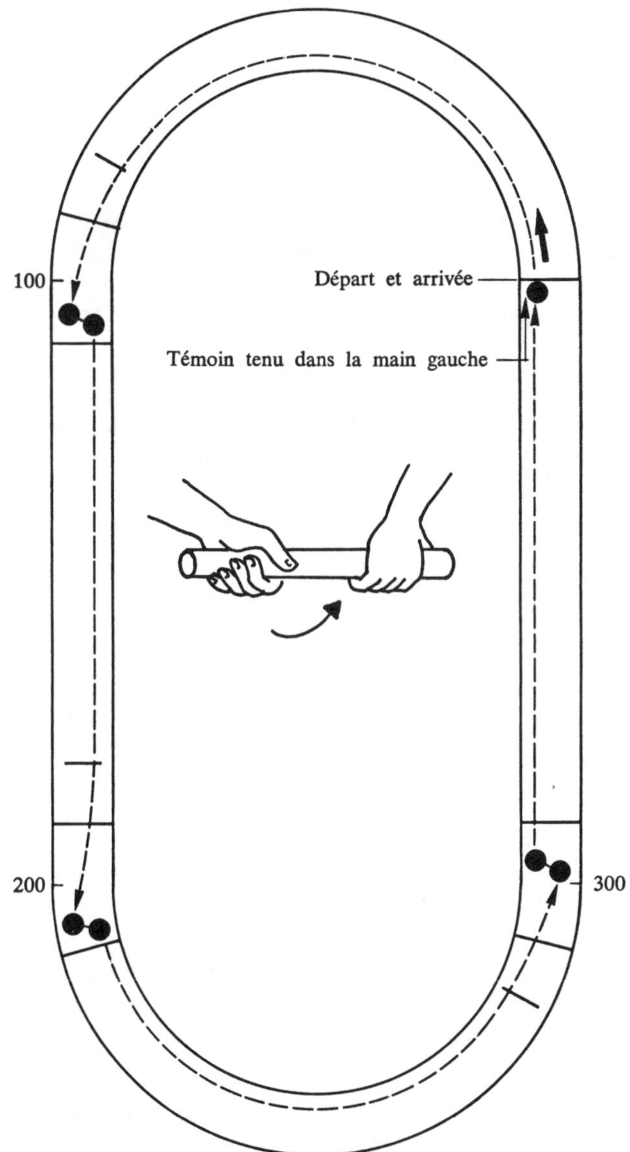

Fig 37. Le témoin est changé de main par le relayeur.

main gauche, le troisième le saisit avec la main droite et le dernier avec la main gauche (fig. 38).

Les 2 coureurs, choisis pour leur aptitude à bien se déplacer en virage, accomplissent tout leur parcours sur la plus petite courbe de leur couloir faisant ainsi moins de chemin.

Ce procédé assez généralisé présente pourtant des inconvénients : certains débutants s'adaptent assez difficilement à la prise main gauche et dans bien des cas le témoin n'est pas engagé suffisamment ce qui oblige à une manipulation pour le transmettre ensuite avec une longueur convenable.

Ce n'est pas sans raison que certains relayeurs reçoivent le témoin en plaçant la main (droite ou gauche), en pronation complète; la transmission se fait alors de haut en bas.

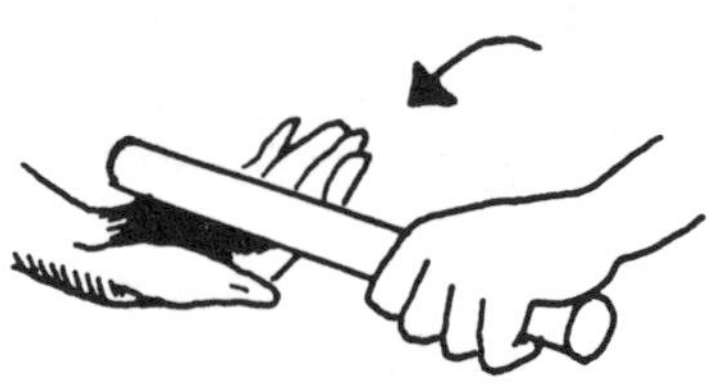

La figure 39 illustre un passage du témoin entre deux coureurs utilisant la technique sans changement de main.

C. LES MARQUES DE DEPART

L'habitude a été prise par les relayeurs de placer une « marque » dans leur couloir avant leur base de départ, cette marque parfois doublée se situe selon la qualité des coureurs, à environ 7,50-8 m ou 8-8,50 m, le relayeur se mettant en action lorsque le porteur du témoin franchit la verticale de la marque ou de la zone.

Notons que si ces marques ont une utilité, elles ne valent cependant qu'autant que les porteurs du témoin se déplaceront à leur plus grande vitesse au cours de leurs essais et que les relayeurs prendront leur départ avec la même promptitude à l'instant favorable.

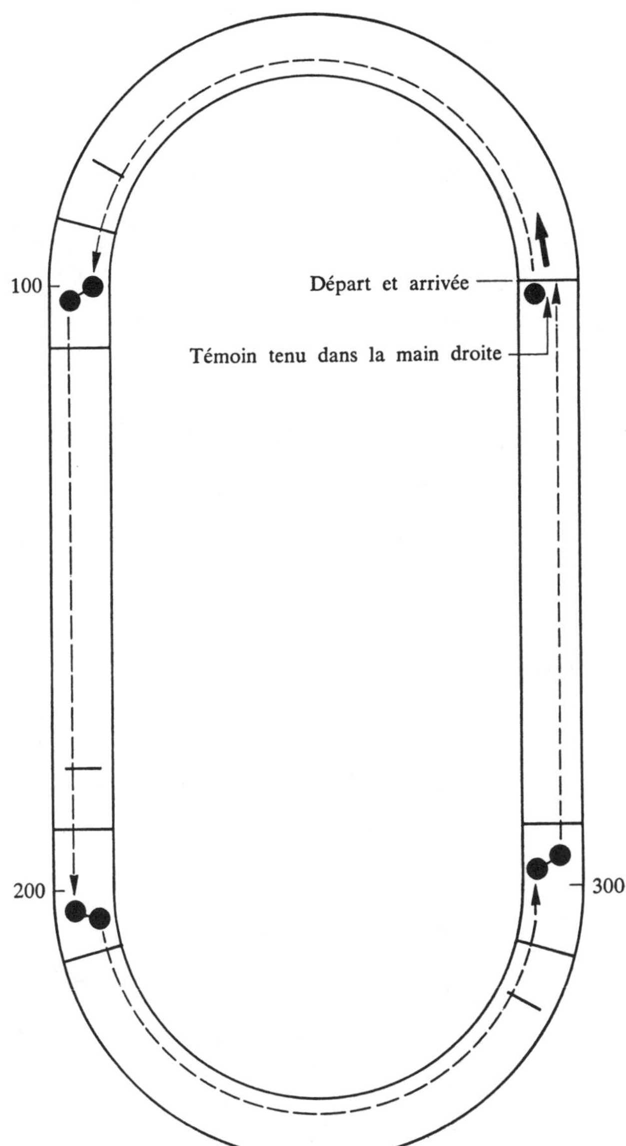

Fig. 38. Le témoin n'est pas changé de main par le relayeur.

Fig. 39. Exemple de passage de témoin dans la technique sans changement de main. Voir p. 220 les réserves sur le départ en trépied.

(La suppression des marques contribuerait certainement à l'amélioration des fonctions psychomotrices des relayeurs.)

Dans un 4 × 100 m en particulier, c'est une évidence que la sûreté de jugement a la plus grande importance, aussi, le relayeur doit-il se préparer avec application; c'est grâce à cela qu'il parviendra à discipliner progressivement son action, les mécanismes cérébraux enregistrant par la suite avec la plus grande précision le déplacement de l'équipier apportant le témoin. Des essais sans marques de départ ont donné de bons résultats; par la suite elles ne furent qu'un complément.

Si la manière de relayer ne présente pas de difficulté il n'en est pas de même du réglage de la vitesse des coureurs dans les zones de transmission; l'échange du témoin doit se faire lorsque les équipiers sont distants d'un mètre environ.

Il arrive que le porteur stimule de la voix son relayeur.

D. LE RELAYEUR SUR BASE DE DEPART; SA POSITION ET SA MISE EN ACTION

Les positions de départ des relayeurs firent l'objet de nombreuses discussions; nous estimons que la plus grande liberté doit être laissée à l'équipier lequel ne peut tirer parti d'une position rationnelle qu'après de nombreux essais.

Un bon relayeur commet peu d'erreurs; il se reconnaît à son calme, à son habileté. On peut dire que la technique d'un relais est conditionnée par le jugement de cet équipier qui déclenche son mouvement de départ au moment précis où le porteur du témoin se trouve à une distance limite; c'est grâce à cette faculté d'apprécier simultanément et avec justesse, distance et vitesse, que le relayeur pourra se saisir du témoin dans les conditions les plus favorables.

Nous supposons ici que le relayeur est placé debout et 10 m avant la zone réglementaire, pied arrière contre la ligne de départ; il occupe la partie droite ou gauche de son couloir, sa position doit lui permettre une mise en action rapide et souple, le tronc et les jambes sont plus ou moins fléchis, poids du corps sur la jambe arrière, la tête tournée du côté de cette jambe pour observer le déplacement de son coéquipier; lorsque celui-ci se trouvera à une distance limite, le relayeur basculant sur sa base se mettra en action (tête directe) pour atteindre un maximum de vitesse au moment où il recevra le témoin (après environ 20 m de course).

Pour saisir le témoin le membre supérieur (droit ou gauche) cessera son oscillation un très court instant, la main sera placée en arrière de la hanche et verticale après avoir accompli un mouvement de rotation en pronation doigts en extension, pouce écarté et tourné vers le corps, s'il est habitué à ce procédé.

En plaçant le membre supérieur en extension complète au moment de l'échange du témoin les équipiers commettraient une faute qui aurait pour conséquence de réduire la vitesse de déplacement dans la zone.

On conseillera au relayeur de placer ses appuis de départ dans leur position habituelle; ainsi sera déclenché plus naturellement son mouvement, avec plus d'efficacité et dans la meilleure direction.

Les courses de relais se disputant sur des distances supérieures à celle du 4 × 100 m exigent également beaucoup d'adresse; dans bien des cas des équipiers apportant le témoin se trouvent gênés par des adversaires, c'est pourquoi au cours de sa mise en action un relayeur observera le déplacement de son coéquipier jusqu'au moment où il lui prendra le témoin avec la main droite ou la main gauche.

LE DEPART EN POSITION DITE EN « TREPIED »

Une patiente observation du mouvement nous fait dire que la position de départ dite en trépied ne présente pas un réel avantage sur celle prise en position debout; il faut en effet tenir compte que le champ visuel du relayeur observant la progression de son coéquipier est très différent.

4. Initiation

A. GENERALITES

Les procédés d'initiation aux courses de relais sont bien connus. Il nous semble cependant utile de revenir sur l'essentiel : apprendre d'abord aux élèves à bien conjuguer leur action dans la zone réglementaire.

L'éducateur ne manquera donc pas de faire remarquer à ses débutants qu'une baisse de vitesse du témoin dans les zones sera plus ou moins sensible selon que les relayeurs se seront mis en action prématurément ou tardivement.

Si les relayeurs partent trop tôt, ils devront ralentir dans la zone pour saisir le témoin; s'ils partent trop tard, ils n'auront pas atteint leur vitesse convenable au moment de l'échange.

Les manières d'échanger un témoin seront démontrées et enseignées d'abord sur place, puis en marchant et en courant à des allures diverses; les élèves pourront être disposés en colonne ou deux par deux à un mètre de distance, le témoin étant transmis au signal du porteur.

Ensuite, à un endroit déterminé par l'éducateur, un élève debout dans son couloir observera attentivement le mouvement d'un coureur se déplaçant dans la même direction; il déclenchera son mouvement de départ pour se trouver après 20-25 mètres de course, en position convenable pour relayer, précédant alors son camarade d'un mètre environ; après un certain nombre d'essais satisfaisants, les équipiers se transmettront le témoin.

— (Au début il n'y a pas lieu d'utiliser le témoin.)

B. EXEMPLES D'EXERCICES D'INITIATION

— Exercices visant à coordonner l'appréciation de la vitesse avec une réaction de départ.

a) Le sujet se met en position de départ de relayeur. Lorsque le porteur d'un témoin courant à vitesse moyenne passe sur une marque située à 4 mètres derrière le sujet, celui-ci démarre. Le même exercice est effectué avec une marque à 6 mètres, puis à 8 mètres.

b) Toute la série des trois exercices est répétée, mais cette fois-ci deux autres porteurs de témoins se déplacent dans les couloirs situés à droite et à gauche du sujet et ne courent pas à la même hauteur. Ils sont légèrement décalés (fig. 41).

C. EXEMPLES D'EXERCICES DE PERFECTIONNEMENT

1. Exercices visant à améliorer la réaction de départ

a) Le sujet prend la position de départ du relayeur. L'entraîneur qui se trouve derrière lui, à environ 15 m, lance un témoin vers le haut et légèrement en avant, de manière à ce que cet objet tombe à environ 7 à 8 m derrière le sujet. Ce dernier doit apprécier la vitesse du témoin et se mettre en action lorsque l'objet touche le sol (fig. 40).

2. Exercices visant à coordonner l'appréciation de la vitesse du porteur du témoin avec une bonne réaction.

a) La série (*a*) des exercices d'initiation est répétée, le porteur du témoin se déplaçant à grande vitesse.

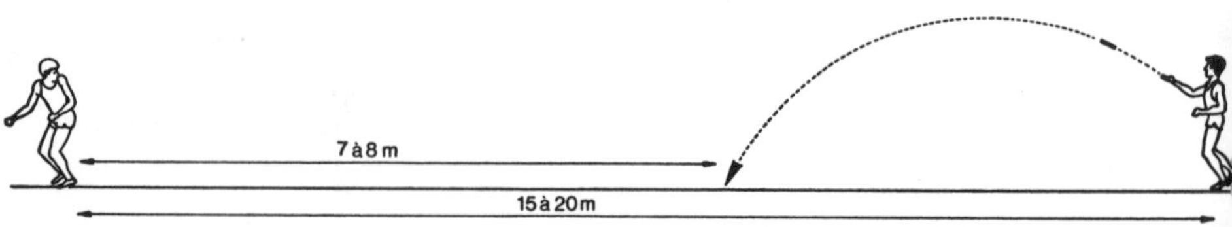

Fig. 40.

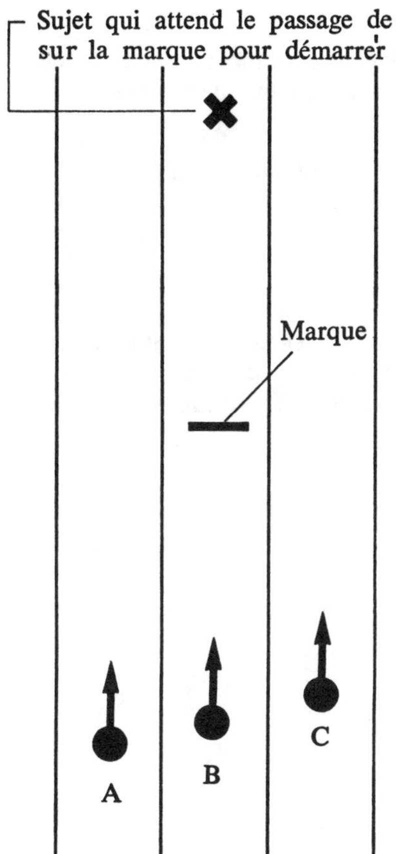

Fig. 41.

b) La série (*b*) des exercices d'initiation est répétée, les porteurs de témoin se déplaçant à grande vitesse.

c) Exercice avec transmission du témoin.

Au cours de leurs essais, les coureurs apportant le témoin se déplacent généralement sur 40 à 60 mètres avant d'être relayés; ce n'est qu'exceptionnellement qu'ils accomplissent le parcours de compétition.

NOTA :

On peut imaginer que l'effort de nos équipiers a pu être réparti de la façon suivante lorsqu'ils ont battu le record actuel de France et d'Europe du 4 × 100 m aux J.O. de 1968.

1er 100 m	10"4		
2e 100 m	9"3	=	19"7
3e 100 m	9"4	=	29"1
4e 100 m	9"3	=	38"4

Pour des raisons psychologiques surtout, on conçoit qu'il serait risqué de dissocier trop souvent une équipe de relais. Chacun des composants s'habitue en effet au mouvement de son partenaire.

Le 110 mètres haies

G. DRUT et J. L. HUBICHE

1. Règlement des courses de haies

A. LES HAIES

Elles seront faites de métal avec la barre supérieure en bois et consisteront en deux bases et deux montants supportant un cadre rectangulaire renforcé par une ou plusieurs traverses; les montants seront fixés à l'extrémité de chaque base. La haie sera conçue de telle manière qu'il faudra exercer une poussée d'au moins 3,600 kg (8 lbs) au centre du bord supérieur de la barre supérieure pour la renverser. Les contre-poids devront être réglables de telle manière qu'à chaque hauteur, il faudra, pour renverser la haie, exercer une poussée de 3,600 kg au moins et de 4 kg au plus.

La largeur maxima de la haie sera de 1,20 m et la longueur maxima de la base sera de 70 cm. Le poids total de la haie ne devra pas être inférieur à 10 kg.

La barre supérieure sera rayée de telle manière que les rayures blanches se trouvent à l'extrémité de chaque haie. Les haies seront placées sur la piste de telle manière que les pieds de haies se trouvent du côté où les concurrents les abordent.

B. REGLEMENT DE COURSE

Toutes les courses se courront en couloir et chaque concurrent devra se tenir dans son couloir, d'un bout à l'autre de la course.

Si un concurrent traîne le pied ou la jambe à l'extérieur d'une haie ou s'il franchit la haie qui n'est pas dans son couloir, ou si, à l'avis du juge arbitre, il renverse délibérément n'importe quelle haie de la main ou du pied, il sera disqualifié.

A l'exception de ce qui précède, le fait de renverser des haies ne fera pas disqualifier un concurrent et n'empêche pas d'établir un record.

C. TABLEAU RECAPITULATIF

	Catégories	Distances	Hauteur des haies	Nombre de haies	Distances		
					du départ à la 1re haie	entre les haies	de la dernière haie à l'arrivée
Hommes	Seniors et Juniors	110 m	1,06	10	13,72 m	9,14 m	14,02 m
		200 m	0,76	10	18,29 m	18,29 m	17,10 m
		400 m	0,91	10	45 m	35 m	40 m
	Cadets	110 m	0,91	10	13,72 m	9,14 m	14,02 m
		250 m	0,91	6	35 m	35 m	40 m
	Minimes	100 m	0,84	10	13 m	8,50 m	10,50 m
	Benjamins	56 m	0,76	5	12 m	8 m	12 m
Femmes	Seniors et Juniors	100 m	0,84	10	13 m	8,50 m	10,50 m
		200 m	0,76	10	16 m	19 m	13 m
	Cadettes	80 m	0,76	8	12 m	8 m	12 m
	Minimes	56 m	0,76	5	12 m	8 m	12 m
	Benjamines	56 m	0,76	5	12 m	8 m	12

N. B. Le 200 m H. masculin ne figure pas au programme des compétitions officielles.
Le 200 m H. féminin ne figure pas au programme des compétition officielles jusqu'à ce qu'il y soit officiellement sur le plan international.

2. Etude technique et biomécanique

A. LA FOULEE EN COURSE DE VITESSE

La course de haies est une course de vitesse. Il s'agit pour le coureur de haies, comme pour le coureur de vitesse de se rendre d'un point à l'autre dans le minimum de temps. Afin de mieux cerner les problèmes posés au coureur de haies, nous rappellerons quelques définitions relatives à la course.

La foulée se divise en deux périodes : l'appui et la suspension.

1. Appui

C'est la période de contact du pied au sol. Elle peut se diviser elle-même en trois phases, en considérant la position du C.G. du coureur par rapport à l'appui : l'amortissement, le soutien et la poussée.

Amortissement. Dans cette phase, le C.G. du corps est situé en arrière de l'appui. Elle est considérée très souvent comme étant une source de freinage. Cependant, certains coureurs rendent cette phase « positive » de par l'action des ischio-jambiers : ce sont les coureurs qui « tractent ».

Soutien. Le centre de gravité est au-dessus de l'appui. C'est une phase très courte qui ne sert que de référence à la description des deux autres phases. C'est aussi la phase de transition entre les fléchisseurs et les extenseurs du train inférieur.

Poussée. Le centre de gravité a dépassé la perpendiculaire à l'appui. C'est la phase « positive » par excellence au cours de laquelle, l'impulsion (quantité de mouvement) est dirigée vers l'avant et le haut, grâce à l'action des extenseurs du membre inférieur, amenant ainsi une suspension.

2. Suspension

C'est la période qui caractérise la course, par opposition à la marche qui ne présente pas cette particularité. Elle n'est pas, elle non plus, « positive » mais elle prépare le nouvel appui suivant. La forme est celle d'une parabole, définie par le trajet du centre de gravité.

Le point de poussée et l'appui suivant vont déterminer une longueur de trajectoire, que l'on appelle longueur de la foulée.

3. Longueur et fréquence

La longueur de la foulée est fonction des qualités physiques du coureur de la longueur des segments et de l'instant de la course. Plus la foulée est longue moins les actions au sol seront nombreuses, et la fatigabilité moindre. Par exemple, sur 200 m un coureur A ayant des foulées de 1,50 m aura environ 135 appuis sur la distance, tandis qu'un coureur B ayant des foulées de 2,50 m en aura environ 80.

Cependant, il n'est pas possible d'accroître démesurément la longueur des foulées sans arriver à des fautes techniques graves d'augmentation de la phase d'amortissement qui entraîneraient un ralentissement. Par conséquent la longueur doit être optima.

L'allongement trop important de la foulée ralentit le coureur; sa fréquence (ou cadence) qui représente le nombre de foulées par seconde, baisse. En reprenant l'exemple précédent, nous nous apercevons que : si A pouvait courir sur une cadence de 7 (fréquence très élevée) B étant sur une cadence de 4 (cadence normale), A arriverait premier car il aurait alors une vitesse de 10,50 m/s, tandis que B en aurait une de 10 m/s. Nous voyons donc que la vitesse de course est fonction de la longueur de la fréquence des foulées.

$$\text{Vitesse} = \text{longueur} \times \text{fréquence}$$

Conclusion

Le souci technique du coureur de vitesse sera de réduire au

maximum les sources de freinage, tout en augmentant la longueur de ses foulées et leur fréquence.

Ce sera bien évidemment aussi, le but du coureur de haies. Cependant l'espace inter-haies étant défini par le règlement international, il sera amené, dans cet espace, à réduire la longueur de ses foulées pour en augmenter la cadence. Par contre, il devra résoudre les problèmes de la présence de l'obstacle en évitant de se freiner, donc de diminuer sa vitesse.

B. LES HAIES

1. *Les problèmes posés par la présence de la haie*

Seules les actions transmises au centre de gravité par le sol sont propulsives. Lorsque le coureur n'est plus en contact avec le sol, une action quelle qu'elle soit n'entre en aucune manière dans l'accroissement de la vitesse de course. La phase de suspension au-dessus de la haie est par conséquent « négative » : elle doit durer un minimum de temps.

Il est alors nécessaire d'envisager le franchissement de la haie non pas comme un saut au-dessus d'un obstacle, mais plutôt comme la suspension d'une foulée qui subit des modifications du fait de la présence d'un obstacle.

2. *Différence entre un saut et une foulée*

La différence réside dans la direction de l'impulsion. Cette articulation est fonction mécaniquement de deux dimensions et du moment où la poussée sera exercée. Les deux dimensions sont : la hauteur du centre de gravité général par rapport au sol (H) et la distance entre la verticale abaissée du centre de gravité et la position du pied de poussée (d).

La combinaison de ces deux dimensions et du moment de poussée fait apparaître soit un saut à dominante verticale soit un saut à dominante horizontale, soit une foulée.

a) *Saut à dominante verticale*

Dans le saut en hauteur en ventral, la vitesse horizontale acquise pendant la course d'élan doit être transformée en vitesse verticale. Le chemin d'impulsion efficace devra donc se situer dans sa plus grande partie en deçà de la verticale du pied d'appel.

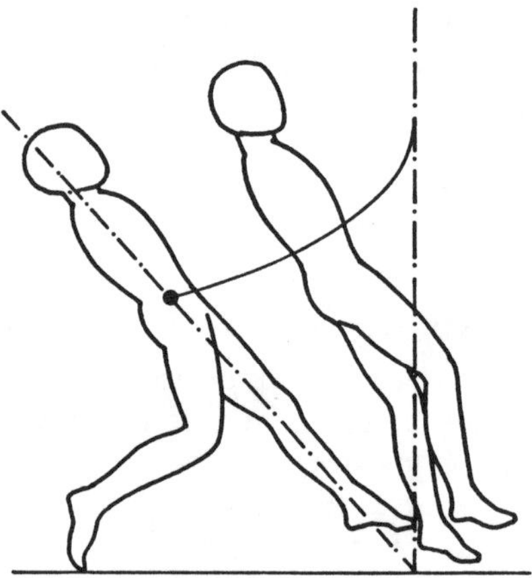

Fig. 42. Saut à dominante verticale.

Au moment de la pose du pied d'appel, le centre de gravité sera très en arrière de l'appui grâce à une prise d'avance des appuis par rapport au tronc. Le centre de gravité sera relativement très bas, grâce à une descente progressive sur les 3 derniers appuis. Cette « compression »en arrière de l'appui est détendue progressivement grâce à la poussée qui débute bien avant la verticale du pied d'appel, d'autres éléments intervenant pour faciliter la montée générale du corps notamment les segments libres.

La direction générale du saut est ainsi vers le *haut* et l'avant.

b) *Saut à dominante horizontale*

Dans le saut en longueur où le but est d'aller loin, la vitesse horizontale doit être importante au moment de l'envol. A cela il faut ajouter une élévation du centre de gravité pour obtenir une suspension longue dans le temps.

Comme dans le saut en hauteur, l'abaissement du centre de

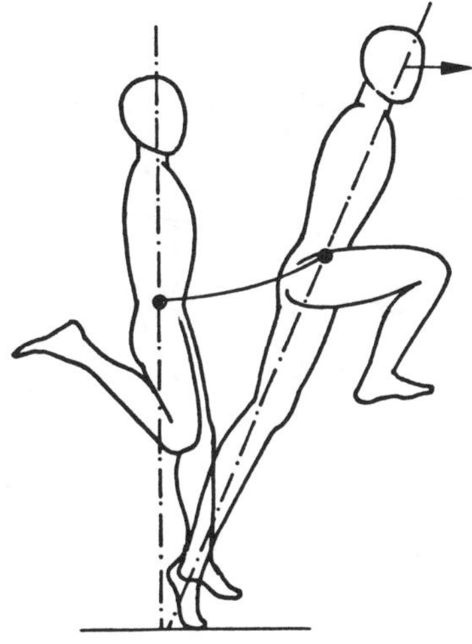

Fig. 43. Saut à dominante horizontale.

gravité se fera avant l'appel, mais il sera moindre. D'autre part, la modification de la structure des foulées engendrée par l'abaissement du centre de gravité et les actions en devenir va ralentir la vitesse. La phase d'amortissement de l'appel qui diminuerait encore cette vitesse est réduite grâce au « griffé ». C'est-à-dire qu'au moment de la pose du pied d'appel, le centre de gravité sera plus bas que dans la foulée normale, mais sa distance par rapport au pied d'appui sera minime au moment de la poussée.

L'essentiel du chemin d'impulsion se situera donc au-delà de la verticale du pied d'appel. L'impulsion sera orientée vers l'*avant* et le haut.

c) *Foulée*

La foulée de course de vitesse se traduit par une élévation importante du centre de gravité dans la suspension.

Lorsque le pied prend contact avec le sol, il est pratiquement sous le centre de gravité et l'accélération suit immédiatement lorsque le centre de gravité est en avant du pied d'appui.

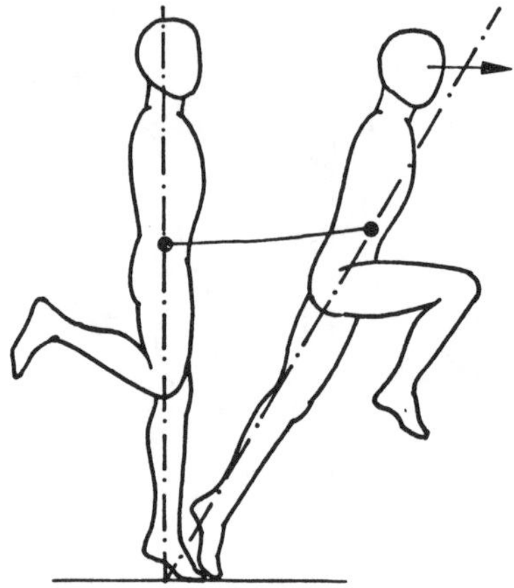

Fig. 44 Foulée.

d) *Conclusion*

La phase d'amortissement sera utilisée principalement pour un changement d'orientation de l'impulsion, à partir du moment où il y aura eu mouvement avant ce changement d'orientation. Elle sera par contre défavorable à la conservation ou l'accroissement d'une vitesse horizontale acquise.

La hauteur de la haie représente alors une difficulté. Si le rapport hauteur du centre de gravité de l'athlète sur la hauteur de la haie est positif, nous nous orienterons vers une forme de poussée comparable à la foulée de course de vitesse. Si par contre il est négatif et fortement négatif, il y aura adaptation du type de « poussée » longueur.

3. La foulée sur la haie

Dans l'idéal, il ne devrait pas y avoir de différence chronométrique entre un coureur de plat et un coureur franchissant des haies sur la même distance. Or, il en existe une qui se situe aux alentours de 2/10 s par haie pour un bon spécialiste.

En dehors des problèmes de fatigue, ceci est dû en grande partie à la suspension au-dessus de la haie et au fait que cette suspension entraîne une perte de possibilité de propulsion. Cette phase de suspension doit répondre à un impératif : durer le moins longtemps possible. Comment y parvenir ?

a) *Le centre de gravité dans la suspension*

La durée de la trajectoire d'un projectile est déterminée par la hauteur de son sommet (la flèche). Si cette flèche est importante, la durée de la suspension le sera aussi, peu importe la distance parcourue.

Par conséquent, à hauteur de flèches égales, un projectile ayant une portée double d'un autre aura une vitesse deux fois supérieure.

Il sera alors essentiel que, dans le cas d'un rapport négatif (centre de gravité et hauteur de haies), c'est-à-dire d'une obligation d'élever le centre de gravité, le coureur ait une vitesse d'attaque supérieure à sa vitesse moyenne de course.

Les calculs mathématiques indiquent nettement ce fait : « bien qu'un coureur de 110 m en 13 secondes 4 dixièmes ait une vitesse moyenne de seulement 8,20 m/s, il franchit les haies à une vitesse de 9,75 m/s (Dyson).

Une seconde recherche en plus de cette vitesse d'attaque, devient alors importante : si le centre de gravité est bas dans l'espace inter-haies, il devra monter au moment de l'attaque de la haie (d'où augmentation de la phase d'amortissement). Il sera donc nécessaire d'avoir une course « haute » entre les haies pour diminuer au maximum le rapport négatif. Les éléments qui contrôlent cette position au moment de l'attaque sont la vitesse de la jambe d'attaque et l'économie de l'esquive.

b) *Vitesse d'approche et jambe d'attaque*

La jambe d'attaque retrouve le sol derrière la haie. Elle devra tout de suite entrer en action pour continuer la propulsion du coureur. Elle doit donc se présenter sur la haie dans les meilleures conditions possibles, tout en contrôlant la hauteur du centre de gravité du coureur.

— *Forme du « lancer de jambe »*

Selon ce qui a été mentionné précédemment, la jambe d'attaque devra intervenir après le passage du centre de gravité à la verticale de l'appui. Sa mise en action étant relativement tardive, elle devra avoir une vitesse très grande.

Si la jambe d'attaque est lancée tendue, la vitesse d'exécution sera lente en considérant l'importance de son moment d'inertie. Par contre, en la lançant fléchie, c'est-à-dire en réduisant son moment d'inertie, la vitesse du segment jambe-pied sera fort importante.

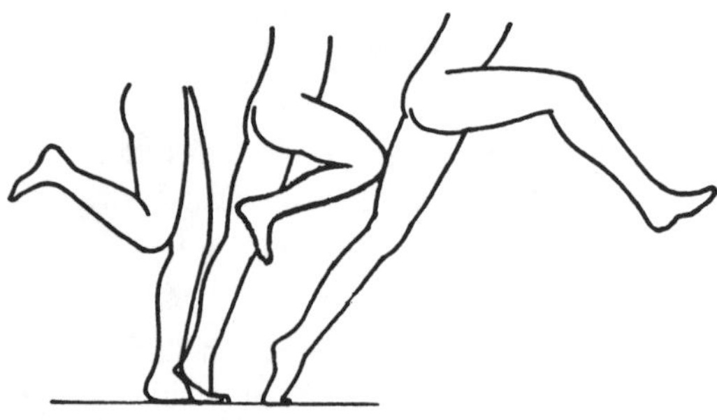

Fig. 45. Forme du lancer de jambe.

Elle favorisera alors : une vitesse d'attaque plus rapide et surtout une avancée du bassin vers la haie, c'est-à-dire une progression du centre de gravité générale vers l'avant en relation avec la poussée au sol.

— *Distance d'attaque*

Elle est fonction de la vitesse d'approche : une augmentation de la vitesse augmente la distance d'attaque. Ainsi plus grande est la vitesse, plus l'attaque est horizontale, et l'esquive rapide.

Cependant cette distance est optimum car, trop longue ou trop courte elle oblige le coureur à sauter, c'est-à-dire, se redresser au moment de l'appel. La réception derrière la haie étant « pesante », le rythme idéal de course sera détruit.

c) *Action de la jambe d'appel*

L'orientation de l'impulsion en prédominance vers l'*avant* est donnée, en même temps que l'action de la jambe libre, par la poussée du pied d'appui sur le centre de gravité porté en *avant*.

— *L'inclinaison du grand axe du corps*

Dans le saut en hauteur, le placement en inclinaison arrière est dû à une accélération des appuis qui passent alors en avant du centre de gravité du sauteur.

Dans l'attaque de la haie, les composantes sont inversées car il est nécessaire d'obtenir une accélération vers l'avant du centre de gravité pour avoir une trajectoire la plus tendue possible : l'inclinaison générale du corps sera par conséquent l'inverse de celle du saut en hauteur.

Elle est obtenue par une accélération du tronc vers l'avant et la montée du genou d'attaque vers la haie. La rotation ainsi obtenue aura pour centre le pied d'appel.

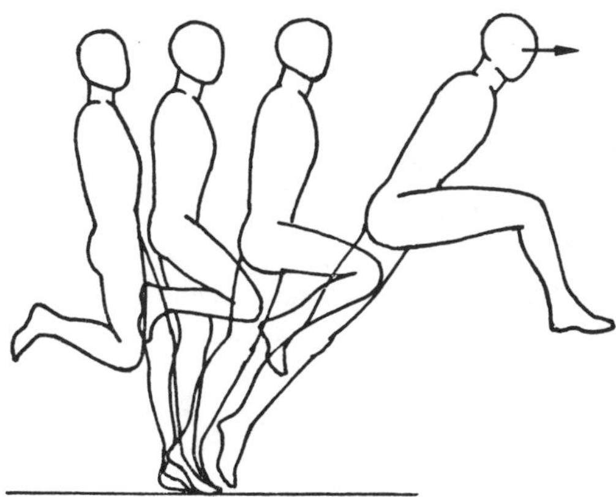

Fig. 46.

Il est important que cette rectitude du grand axe apparaisse car elle matérialise la direction de poussée oblique de la jambe d'appui, c'est-à-dire l'action efficace de cette jambe. En effet, si le tronc seul était rejeté vers l'avant, l'axe de poussée passerait en arrière du centre de gravité, d'où une impulsion excentrique, et la détermination d'un couple de rotation. Par conséquent, l'efficacité de la poussée en serait grandement diminuée.

Le début de la poussée, dans le geste technique correct apparaît au delà du soutien, lequel, la rotation en avant a débuté. Cette rotation est contrôlée par la montée rapide de la jambe libre.

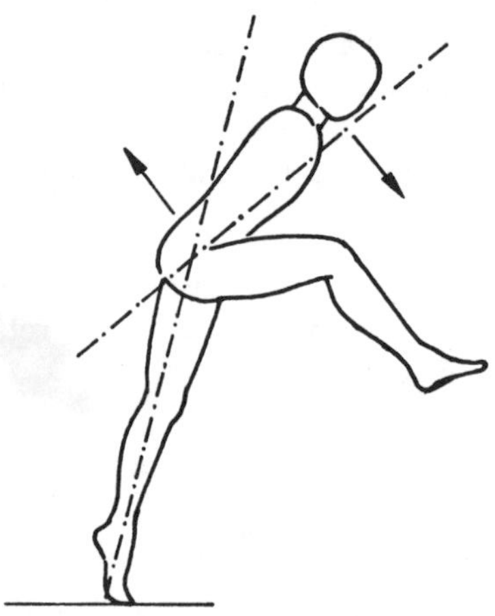

Fig. 47.

d) *Rôle des bras*

Dans la course de vitesse, le balancement des bras dans le plan antéro-postérieur répond à un souci d'équilibre et de renforcement de l'appui.

Au moment de l'appel sur les haies, l'action des bras favorisera l'équilibre général du coureur.

En effet, la jambe d'attaque portée haut et loin vers l'avant, entraîne une rotation importante du bassin, du côté de cette jambe d'attaque.

Pour un coureur ayant la jambe d'attaque droite, la rotation du bassin sera contraire au sens des aiguilles d'une montre. Etant donné ce sens de rotation qui est plus ample que dans une course de vitesse normale, l'action des bras devra faire adopter un sens de rotation inverse au précédent, et, aussi ample, à la ceinture scapulaire.

En réalité, plus le coude gauche sera porté loin en avant, plus la jambe d'attaque (droite) pourra s'élever rapidement sans contrarier l'équilibre général du coureur.

Cependant, il nous faut garder à l'esprit que le souci au moment de l'attaque est d'accélérer le tronc. C'est le bras droit qui aura un rôle déterminant dans cette action.

En effet, si le bras droit (qui correspond au pied d'appel gauche) avait une action telle qu'il entraîne l'épaule droite vers l'arrière, il y aurait un résultat négatif dans l'accélération du centre de gravité du tronc. Pour ce faire, il est nécessaire que l'épaule droite avance. Elle contribue ainsi efficacement à l'accélération du tronc. Plusieurs méthodes sont utilisées pour parvenir à ce résultat :

La méthode dite « à 2 bras » celle qu'utilise Milburn, qui consiste à avancer les 2 bras au moment de l'attaque de la haie.

La méthode « d'appui », au cours de laquelle, le coude situé du même côté que la jambe d'attaque reste au niveau du tronc tandis que l'avant-bras placé horizontalement sert « d'appui » relatif à l'épaule droite.

La méthode faisant intervenir la montée du coude (du même côté que la jambe d'attaque) le plus proche du tronc.

Cette dernière méthode semble être la plus favorable car elle respecte le synchronisme de la course.

c) *La reprise derrière la haie*

Le problème majeur, comme nous l'avons dit, réside dans une trajectoire ou la flèche serait faible ainsi que dans la réduction optima de la longueur de cette trajectoire pour amener dès que possible une action propulsive.

Nous retrouvons alors les mêmes problèmes que nous avons posés plus haut, à savoir qu'au moment de la reprise d'appui :

— le centre de gravité ne doit pas être en arrière de l'appui;

— le centre de gravité doit être le plus haut possible.

f) *Distance du centre de gravité par rapport à l'appui*

Au moment où le pied va reprendre contact avec le sol, le centre

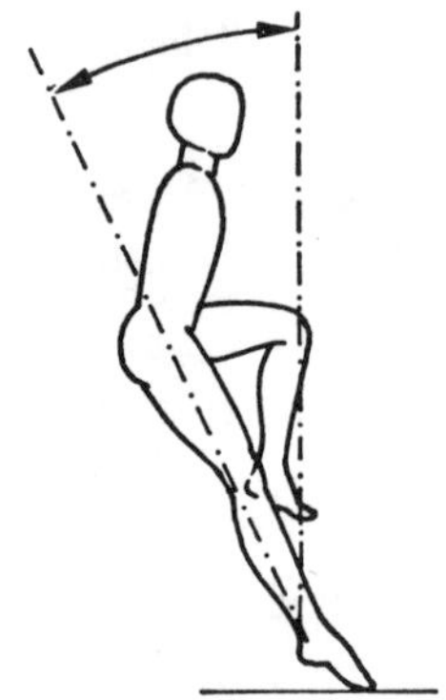

Fig. 48. Distance du CG par rapport à l'appui.

de gravité se trouve sur sa trajectoire dans la phase descendante. La présence d'une phase d'amortissement à cet endroit provoquerait un choc à la réception, et de par son action freinatrice entraînerait une rupture de rythme de la course. Le coureur n'aurait plus alors que 3 appuis sur 4 (dans le cas du 110 m haies) pour revenir à une vitesse de course qui lui permettrait de franchir la haie suivante dans de meilleures conditions.

g) *Hauteur du centre de gravité par rapport au sol*

Cette hauteur au moment de la réception a une importance capitale.

Si la hauteur de réception est plus faible que la hauteur du centre de gravité au moment de l'attaque, la flèche de la trajectoire augmentera, c'est-à-dire que le temps de suspension sera plus long.

Par ailleurs, le coureur ayant à réduire les phases de freinage, il ne devra pas y avoir de temps de latence à la réception, pour enchaîner la poussée suivante, c'est-à-dire que la hauteur du centre de gravité doit être la plus proche possible de celle de la phase de poussée suivante.

h) *Conclusions*

En conséquence, dès que le pied arrière franchit l'obstacle, le coureur doit rabattre sa jambe libre tendue vers le sol de telle sorte que, ayant une vitesse supérieure à la vitesse du centre de gravité, elle permette une accélération dès la reprise d'appui.

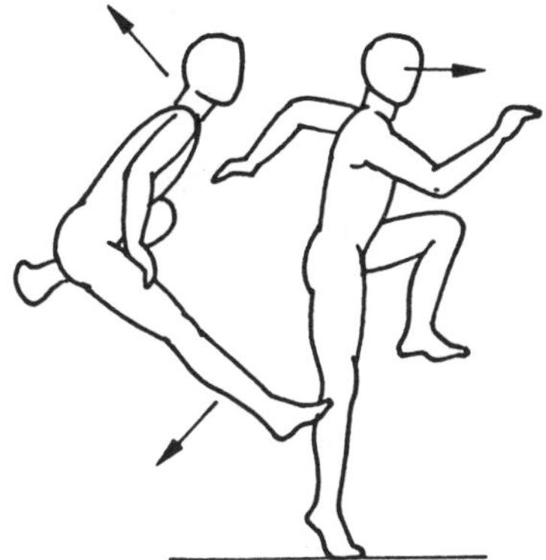

Fig. 49. Conclusions.

Nous retrouverons donc la suppression de la phase d'amortissement presque complète de par le placement du pied en arrière du centre de gravité; il y aura malgré tout amortissement de par le levier pied qui doit être disposé à répondre tout de suite. La réception se fait donc par le bord externe du pied, puis le talon vient au contact du sol pour le quitter au plus vite grâce à la rapidité de réponse musculaire des muscles postérieurs de la jambe.

Ce rabat de la jambe d'attaque entraînera en l'air un redressement du tronc (principe d'action-réaction sans appui au sol), favorisant une bonne reprise de course.

Enfin, la diminution importante de la phase d'amortissement oblige le genou arrière à revenir très vite vers l'avant et vers le haut pour se retrouver au moment du contact dans la position du genou libre favorisant l'action au sol.

Ce retour est commandé par la poussée de la jambe d'appel au moment de l'attaque de la haie. Plus la poussée est violente avec un maximum d'amplitude, plus le retour du genou est rapide. Cette rapidité de retour est alors favorisée par la mise en jeu du réflexe « étirement - contraction ».

Le coureur n'aura alors qu'à guider ce retour dans un plan oblique et latéral.

4. La course inter-haies

a) *Puissance ou vélocité*

Dans les courses de haies, l'intervalle est donné par les règlements. Il ne correspond pas obligatoirement à un multiple de la longueur de la foulée de tous les coureurs; il sera donc nécessaire de jouer sur la longueur des foulées ou, et, sur leur fréquence, pour respecter les exigences du franchissement que nous avons vues précédemment.

La foulée moyenne d'un coureur de vitesse à 10 m/s est d'environ 2,40 m.

La distance entre les haies est de 9,14 m. En ôtant de cette longueur la distance moyenne d'une foulée de franchissement (1,20 m haie 1 - réception + 2,10 m attaque haie 2), il ne reste plus environ que 5,80 m de possibilité de propulsion dans l'espace inter-haies.

En raison de la forme d'attaque de la haie, la foulée précédent cette attaque sera obligatoirement plus courte qu'une foulée normale. En conséquence, il sera nécessaire d'avoir 3 foulées dans l'espace des 5,8 m, ce qui obligera le coureur, à courir sur une fréquence élevée pour obtenir une vitesse de course élevée.

Dans les intervalles courts, la distance de propulsion possible étant courte, la recherche de vélocité sera importante.

5. Le départ

La position dans les blocks, l'écartement de ces blocks, la forme de départ varient, non seulement selon les différences morphologiques, d'un coureur à l'autre mais encore, selon la distance qui sépare la ligne de départ de la première haie. Le coureur doit être le plus rapidement en action sur la haie, c'est-à-dire avoir dès que possible sa position de course pour attaquer la première haie dans les meilleures conditions.

Pour le 110 m H, 8 appuis séparent la ligne de départ de l'attaque de la première haie. Le but est donc de concilier l'acquisition d'une grande vitesse initiale, et d'une position de course assez tôt. Les 8 appuis auront donc deux destinations : les 4 premiers seront puissants pour obtenir une vitesse de déplacement relativement importante, les 4 derniers auront une dominante vélocité pour attaquer la haie dans une position favorable.

Il est à remarquer que les 4 derniers appuis placent le coureur dans la même structure rythmique que celle qu'il retrouvera dans l'espace inter-haies. Néanmoins, certains hurdlers utilisent une formule quelque peu différente puisque nous ne trouvons chez eux que 7 appuis du départ à la première haie. (Nous verrons les avantages et les inconvénients de cette formule dans la partie « entraînement ».)

a) *Espace entre les blocks*

La position des blocks au sol et la position du coureur dans ces blocks doivent répondre à un écart relativement important qui permet de fouler long et puissant, à l'opposé d'un écart court qui oblige à fouler véloce.

b) *Commandement « prêts »*

Le dos doit être aussi horizontal que possible, le poids du corps est réparti sur les 4 appuis. Ceci implique que le coureur ne doit pas avoir les épaules avancées, c'est-à-dire que le premier block doit être relativement éloigné de la ligne de départ.

L'attitude est ramassée : le dos est arrondi, les fesses sont « hautes » et le coureur pousse sur ses doigts afin de monter les épaules au maximum. D'autre part, pour éviter un temps de latence en réponse au coup de pistolet, les talons sont repoussés au fond des blocks.

RESUME

Les courses de haies sont des courses de vitesse. Ceci implique :

— Une course régulière sur le plan rythmique;

— Respecter un nombre d'appuis optimum;

— Un déplacement aussi horizontal que possible.

Ne pas sauter en hauteur au-dessus de l'obstacle mais le franchir dans la foulée sans élévation importante du centre de gravité.

Une attaque de haie sans ralentissement.

Une reprise derrière l'obstacle sans affaissement.

Pour que le franchissement soit rasant, il faut :

— Attaquer la haie de loin (7 pieds);

— Faire osciller rapidement la jambe d'attaque, genou haut vers l'avant : ceci fait progresser rapidement le bassin vers l'avant.

— Pousser complètement et énergiquement sur la jambe d'appel;
  - Tronc dans le prolongement de cette jambe,
  - bras opposé très avancé.

— Ramener la jambe d'appel (arrière) latéralement dans un plan oblique, le genou étant « haut ».

— Pour reprendre la course sans ralentir, il faut :
  - ne pas s'élever au-dessus de la haie,
  - reprendre contact activement avec la piste, centre de gravité au-dessus du pied de réception.

3. Kinogrammes

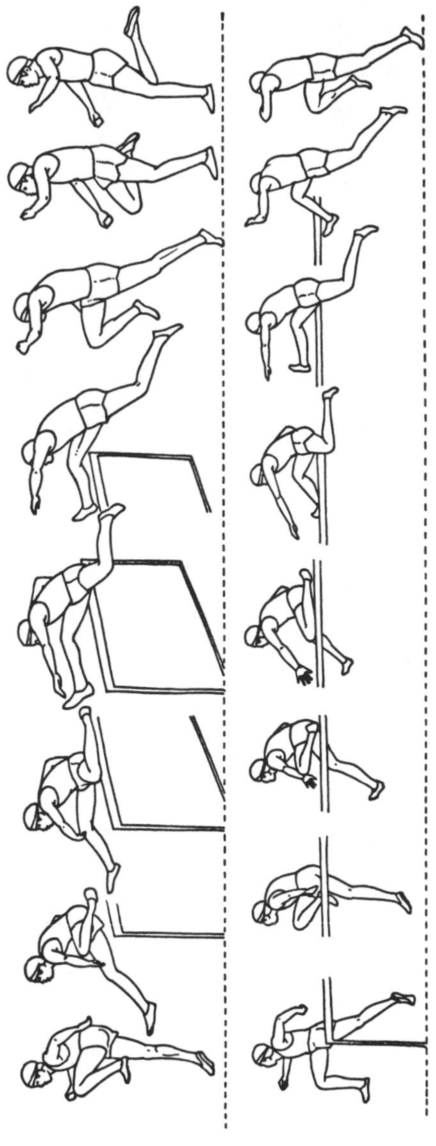

Fig. 50. Willie Davenport.

Fig. 51. Rodney Milburn (USA), Munich 1972.

Fig. 52. Guy Drut, Munich 1972.

4. L'entraînement

La précision réclamée par l'épreuve nous a amené à fonder tout l'entraînement sur son aspect qualitatif. En effet, un franchissement d'obstacle à petite vitesse et un autre à grande vitesse constituent deux choses totalement différentes. Le but de la course étant de passer des obstacles le plus rapidement possible, le travail en présence de haies se fera toujours entre 90 % et 100 % des possibilités; ce qui explique parfois le nombre restreint de répétitions et l'importance des temps de récupération. D'autre part, il est absolument nécessaire de se mettre le plus souvent possible dans les conditions de la compétition, c'est-à-dire départ au starting blocks et au pistolet.

Le cadre temporel de l'entraînement sera de quatre semaines, séparées en trois semaines de travail et une semaine de repos « relatif », relatif parce que l'entraîneur pourra inclure une séance de « rattrapage » à l'intérieur de cette période, ou très bien faire pratiquer à l'athlète des activités à caractère de diversion (sports collectifs).

D'autre part, cette méthode présente un autre avantage. L'athlète, conscient du travail à fournir pourra effectuer les différentes séances selon son envie et sans ordre préétabli. Cet aspect est très important car l'effort volontaire est nettement plus positif que l'effort imposé et il se peut que l'individu ne soit pas disposé pour une séance prévue longtemps à l'avance.

Il serait bien sûr absurde de considérer ces suggestions comme étant un moyen sûr de réaliser de bonnes performances. Toutes les méthodes ont leurs bons et leurs mauvais côtés, et chaque athlète étant un être particulier, c'est à lui seul de définir l'orientation de son travail. Néanmoins, ces programmes ayant fait leurs preuves puisqu'ils furent à peu près ceux de l'auteur avant les Jeux Olympiques de

Munich et le Championnat d'Europe de Rome, il nous paraît souhaitable d'en faire profiter le lecteur étant bien entendu que ce dernier reste seul maître de son appréciation.

Nous ne traiterons pas ici de l'entraînement selon les rubriques traditionnelles, à savoir la préparation physique spécifique et la préparation physique générale. En effet, à l'opposé des courses de plat, le 110 m haies de par son aspect restrictif au niveau spatial, oblige le coureur à un contrôle permanent de son activité. On voit alors combien il est difficile pour un coureur de haies de s'exercer dans des formes de travail éloignées de la spécificité de cette épreuve.

Dans un premier temps nous tenterons de préciser les qualités physiques de base qu'il est nécessaire de développer dans un cycle d'entraînement. Puis, dans un second temps, nous expliciterons la succession des périodes de travail de ces qualités au cours d'une année d'entraînement.

A. LES QUALITES PHYSIQUES

Les principales capacités physiques qui influent sur le résultat d'une course de haies sont pour nous, la force, la souplesse, la coordination, l'endurance, la résistance et la vitesse.

1. La force

Pour le coureur, elle représente la possibilité d'agir sur le milieu dans le but de s'autopropulser. Il est indispensable que cette force soit importante sans toutefois être travaillée au-delà des nécessités de la course. L'augmentation de la force n'est envisageable que dans la mesure où elle va de pair avec un travail de vitesse d'exécution. Ceci nous amène à parler non plus de la force pure, mais de la puissance musculaire (force × vitesse).

Deux grands types de travail sont utilisés pour cela : les barres d'haltérophilie et les « bancs ».

Travail avec les barres

Pour doser au mieux l'effort à effectuer, il a été déterminé que la meilleure zone de travail développant la puissance se situait entre 65 % et 80 % de la charge maximale soulevée par l'athlète.

Il s'ensuit qu'un coureur de haies ayant un « record » à 100 kg en flexion de jambes, ne devra pas travailler au-delà de 80 kg et en deçà de 65 kg. Ce processus s'applique à tous les mouvements que nous allons décrire.

N. B. : Il est important de considérer la musculation du train supérieur, chez le hurdler, pour plusieurs raisons.

La musculation augmente la densité musculaire de façon indéniable, ce qui a pour effet de jouer sur le centre de gravité général. Dans le cas de coureur de haies, plus le train supérieur sera dense, plus son centre de gravité sera haut placé favorisant ainsi les franchissements.

De plus, les segments libres (bras en particulier) jouant un rôle d'inertie et d'équilibration, il va de soi que, au moment de l'attaque de la haie, ils interviendront d'autant plus efficacement qu'ils seront denses.

Enfin, il est souhaitable, pour varier le travail de musculation en salle, et ainsi ne pas créer des conditions psychologiques de travail défavorables, d'alterner le travail du train supérieur et celui du train inférieur (soit dans une même séance, soit d'une séance à l'autre).

Types d'exercices

— Toutes les flexions;

— Tous les tirages verticaux;
 - de bas en haut, ex. : arraché, épaulé,
 - de haut en bas, ex. : traction à la barre fixe ou à une poulie;

— Accessoirement les développés.

Travail avec « bancs »

Ce travail est destiné à améliorer :

— La vitesse de réaction des appuis;

— La coordination générale de l'individu.

En raison de la richesse des exercices, il n'est pas possible de définir une séance type. Néanmoins l'orientation du travail, selon l'époque de l'année, se fera suivant la forme des bondissements.

Exemple : Bondissements pieds joints.

— Beaucoup de répétitions à vitesse réduite en période hivernale;

— Moins de répétitions à vitesse maximum en période précompétitive.

2. Souplesse

Elle permet d'obtenir une amplitude gestuelle importante favorisant la réalisation des mouvements sans compensation parasite perturbant l'équilibre général du coureur.

Pour le « hurdler » cette souplesse revêt une importance particulière au niveau de l'articulation coxo-fémorale (articulation de la hanche). En effet, l'esquive de la haie par la jambe arrière se fait grâce à une rotation externe de cette jambe. Il est donc nécessaire que cette action soit aisée de telle sorte qu'elle n'engendre pas de mouvements équilibrateurs compensatoires.

En ce qui concerne la jambe d'attaque, la souplesse à rechercher est surtout d'origine musculaire : il est important que cette jambe puisse être levée, avec facilité, de façon à ce que le coureur puisse « enjamber » la haie sans difficulté.

Il n'est pas nécessaire de consacrer la totalité d'une séance d'entraînement à l'acquisition ou au développement de la souplesse. Ce travail, qui se fait sur tous les segments tant du point de vue articulaire que du point de vue musculaire, est envisagé au cours de l'échauffement grâce à des exercices appropriés :

— étirements actifs par posture,

— étirements passifs,

— étirements par mouvements lancés.

Remarque : Il serait bon, lorsque cela est possible, de réaliser, avec le concours d'un médecin, un diagramme articulaire permettant d'orienter et de contrôler plus précisément ce travail de souplesse.

3. Coordination

« C'est la faculté d'ordonner des actions musculaires les unes par rapport aux autres dans le but d'obtenir la plus grande efficacité possible. »

Pour améliorer cette qualité il faut amener l'athlète à travailler de façon inhabituelle afin de l'obliger à prendre conscience de son activité motrice et à la contrôler.

Exemple :

— Réduire ou augmenter le nombre d'appuis;

— Etablir des intervalles différents et irréguliers dans un même parcours;

— Franchir des obstacles, sauter en hauteur ou en largeur sur la « mauvaise jambe ».

4. Endurance

Faculté de faire durer un effort.

Remarque : Rôle tampon par rapport aux efforts d'intensité très importante (en résistance).

Donc → Plus l'effort de résistance en compétition est important, plus le travail d'endurance à l'entraînement doit être important. Il est aussi essentiel de considérer la nature même du coureur afin de ne pas le faire basculer dans un régime d'endurance ou dans un régime de résistance, en lui imposant une qualité qu'il possède déjà par nature.

Selon ce qui précède, nous estimons que le travail d'endurance du hurdler doit se situer au cours des périodes d'échauffement et de retour au calme, mais ne doit pas faire l'objet d'une séance particulière au cours d'un entraînement hebdomadaire.

5. Résistance

Faculté de faire durer un effort d'intensité forte, avec dette d'oxygène.

Il est absorbé surtout sur le plan qualitatif à moins d'une déficience importante à ce niveau. Il sera alors nécessaire de travailler cette faculté sur le plan quantitatif et, par la même, augmenter le travail en endurance. Les formes de travail seront vues ultérieurement.

6. Vitesse

Il s'agit là d'une notion importante pour le hurdler, d'autant qu'elle doit être réellement spécifique. En effet, un coureur de plat travaillant sa vitesse, devra jouer sur deux facteurs : la fréquence et l'amplitude de ses foulées.

Or, au niveau des haies, nous savons que le coureur agit dans un espace précis. S'il veut augmenter sa vitesse de course, il devra jouer obligatoirement sur la fréquence de ses appuis.

C'est la raison pour laquelle le coureur de haies aura tout intérêt à travailler sa *vitesse* de déplacement en diminuant l'intervalle entre les haies et la hauteur de ces haies. Il va de soi que le travail de vitesse ne représente alors qu'une faible partie de cet ensemble.

B. CYCLE D'ENTRAINEMENT

1. Plan général

Principe du cycle : 4 semaines : { 3 semaines de travail; 1 semaine de repos relatif.

Novembre Décembre	Travail foncier (4 séances/semaine = 24 séances).	
Janvier Février	Préparat. compétit. indoor. Spécifique → 1re moitié de la course.	4 séances/semaine = 24 séances + compétition.
Mars Avril	Travail plus intense de pré-compétition. Spécifique → résistance.	5 séances/semaine = 30 séances.
Mai	: Fignolage - Technique (15 séances).	
Juin Juillet Août	Compétition.	

Pour la période « compétition », il est conseillé d'abandonner le travail par cycles. La recherche de l'entraînement sera alors de coordonner le travail terminal de vitesse et de résistance en fonction des compétitions préparées.

2. La succession du développement des qualités physiques

Période	Facteurs dominants	Facteurs secondaires
Novembre Décembre	Force Endurance	Résistance Vitesse Souplesse Coordination
Janvier Février	Vitesse Coordination Force	Endurance Résistance Souplesse
Mars Avril	Résistance Coordination Souplesse	Vitesse Endurance Force
Mai	Vitesse Résistance	Coordination Souplesse Force Endurance

3. Répartition des séances

Période	Répartition
Novembre-décembre : 24 séances	Résistance : 8 s Vitesse : 5 s Force : 5 s Souplesse, Coordination, Endurance — 6 s
Janvier-février : 24 séances	Résistance : 7 s Vitesse : 8 s Force : 5 s Souplesse, Coordination, Endurance — 4 s
Mars-avril : 30 séances	Résistance : 10 s Vitesse : 8 s Force : 6 s Souplesse, Coordination, Endurance — 6 s
Mai : 15 séances	Résistance : 5 s Vitesse : 5 s Force : 3 s Souplesse, Coordination, Endurance — 2 s

4. Progression en résistance

Novembre-décembre	Janvier-février	Mars-avril	Mai
5 × 120 (plat)	6 × 120 m (plat) forme de W : 3 × 2 2 enchaînés repos entre chaque série	Haies de 1 m : 1 × 90 m (8 haies) 1 × 100 (m (9 haies) 1 × 110 m (10 haies) 1 × 120 m (11 haies)	4 × 120 m (11 haies)
6 × 120 m (plat)	1 × 80 m (7 haies) 2 × 90 m (8 haies) 2 × 100 m (9 haies) Haies de 91 cm	100 - 150 - 200 150 - 100	100 - 150 - 200 150 - 100 (plat)
2 × 70 m (6 haies) 2 × 80 m (7 haies) 1 × 90 m (8 haies) Haies de 91 cm	100 - 150 - 200 150 - 100 (plat)	W en virage sur haies et intervalles de 200 mh 6 × 120 m haies	W en virage sur 200 m/haies 3 × 120 m/haies 2 × 150 m/haies
100 - 150 - 200 150 - 100 (plat)	2 × 90 m (8 haies) 2 × 100 m (9 haies) 1 × 110 m (10 haies) Haies de 91 cm	2 × 120 2 × 150 (plat) 2 × 120	6 × 120 m (plat) Forme de W : 2 × 3
2 × 70 m (6 haies) 2 × 80 m (7 haies) 2 × 90 m (3 haies) Haies de 91 cm	6 × 120 m (plat) même forme de W : 3 × 2	2 × 110 m (10 haies) 2 × 120 m (11 haies) Haies de 1 m	4 × 120 m (11 haies) Forme de W : 2 ×2
6 × 120 m (plat)	2 × 100 m (9 haies) 2 × 110 m (10 haies) Haies de 91 cm	W en virage, 200 m/haies 2 × 120 haies 2 × 150 haies 2 × 120 haies	

Novembre-décembre	Janvier-février	Mars-avril	Mai
2 × 80 m (7 haies) 2 × 90 m (8 haies) 1 × 100 m (9 haies)	2 × 120 2 × 150 (plat) 2 × 120	2 × 150 m 1 × 200 m (plat) 2 × 150 m	
120 - 180 - 200 180 - 120 (plat)		1 × 110 m/h (10 haies) 3 × 120 m/h (11 haies) Haies de 1 m	
		6 × 120 (plat) Forme de W : 2 × 3	
		4 × 120 m (11 haies) Haies de 1 m	

5. Progression en vitesse

Novembre-décembre	Janvier-février	Mars-avril	Mai
2 × 30 m Récupération 2 × 40 m entre chaque 2 × 50 m série. 2 × 60 m Départ debout *Plat*	Départ en blocks Haies : 106 2 × 2 h courir 60 m 1 × 3 h courir 60 m 1 × 4 h courir 60 m 1 × 5 h courir 60 m	Haies : 106 3 × 2 haies 3 × 4 haies	Haies : 106 1 × 2 haies 1 × 3 haies 1 × 4 haies 1 × 5 haies 1 × 6 haies
(30 - 40 - 50) × 2 2 × 60 *Plat*	(3 × 30 m) × 3 *Plat*	2 × 30 m 2 × 40 m 2 × 50 m 1 × 60 m 1 × 70 m	3 × 30 m 3 × 40 m 3 × 50 m *Plat*

Novembre-décembre	Janvier-février	Mars-avril	Mai
Départ en blocks Haies de 1 m 3 × 2 haies 2 × 3 haies 1 × 4 haies	Haies : 106 Départ en blocks 6 × 2 haies 3 × 3 haies	Haies : 106 2 × 2 haies 2 × 3 haies 2 × 4 haies 1 × 5 haies	Haies : 106 4 × 2 haies 2 × 4 haies 1 × 6 haies
(30 - 40 - 50) × 2 1 × 60 m 1 × 70 m *Plat*	2 × 30 m 2 × 40 m 2 × 50 m 1 × 60 m 1 × 70 m *Plat*	3 × 30 m 3 × 40 m 2 × 50 m 1 × 60 m *Plat*	2 × 30 m 2 × 40 m 2 × 50 m 2 × 60 m 1 × 70 m *Plat*
Départ en blocks Haies de 1 m 3 × 3 haies 2 × 4 haies 1 × 5 haies	Départ en blocks Haies : 106 3 × 3 haies 2 × 5 haies	Haies : 106 3 × 3 haies 2 × 4 haies 1 × 5 haies	Haies : 106 3 × 2 haies 3 × 3 haies
	(3 × 30) × 2 (2 × 40) × 2 *Plat*	(2 × 2 haies) × 3 1 × 5 haies	
	Départ en blocks Haies : 106 1 × 2 haies 1 × 3 haies 1 × 4 haies 1 × 5 haies 1 × 4 haies 1 × 3 haies 1 × 2 haies	4 × 30 m 4 × 40 m *Plat*	
	30 - 40 - 50 - 60 - 70 Récupération en marchant la distance	4 × 2 haies 2 × 4 haies 1 × 6 haies Haies : 106	

5. Pédagogie

Ainsi que nous l'avons vu, la course de haie repose sur un principe essentiel : la vitesse de déplacement. C'est le principe de base qu'il nous faut faire respecter dans toute approche de la technique de haie, principalement dans le cadre de l'initiation.

A. L'INITIATION

Elle repose sur l'acquisition d'un geste technique global, mais respectant les principes fondamentaux que nous avons décrits précédemment.

Il s'agira donc dans une première séance, de faire comprendre aux élèves qu'il ne s'agit pas d'une succession de bonds ou de sauts, mais bien plutôt d'une course parsemée d'obstacles qui ne doivent pas altérer la vitesse de déplacement. Pour ce faire, nous aurons recours à une situation pédagogique qui devra résoudre un maximum de défauts possibles, avec un minimum d'intervention de la part du professeur.

1. Situation I

La hauteur des haies sera telle qu'il sera possible de les franchir en marchant sans que la deuxième jambe revienne dans un plan différent de celui de la marche normale. Nous avons évalué la hauteur des obstacles à 30 cm environ. De plus, pour des raisons à la fois de sécurité et de mise en confiance, ces obstacles doivent pouvoir être renversés très facilement. Nous avons opté pour le type de la latte traditionnelle posée sur deux cônes en matière synthétique, ou sur deux massues. Tout système, tel que haies métalliques renversées est à proscrire absolument.

La distance entre ces obstacles sera fonction des possibilités physiques des enfants ou des personnes à initier. Nous donnons ici des distances à titre indicatif, pour des CM1 garçons. Distance départ-1re haie 11 mètres. Distance entre les haies 6 mètres. Distance dernière haie-arrivée 11 mètres. Nous avons donc choisi de faire pratiquer sur 4 haies, ceci représentant une distance approximative de 40 mètres.

Cette situation est alors mise en place sur un couloir d'une piste, tandis que le couloir attenant est laissé libre. Nous avons ainsi, un couloir libre puis un couloir de haies, un couloir libre, un couloir de haies, etc.

Les élèves sont placés par couple de même valeur sur le plan de la vitesse. Le but étant, pour celui qui aura tiré le couloir de haies, d'arriver en même temps ou même avant son adversaire immédiat qui n'a pas d'obstacles dans son couloir. La vitesse de déplacement étant maximum, nous nous trouvons en face d'une structure rythmique correcte et d'une poussée de la jambe arrière efficace.

Afin de mieux comprendre ce qui est recherché, nous pouvons donner pour consigne de ne pas avoir de variations verticales de la tête au moment du franchissement.

Malheureusement, cette situation n'est absolument pas favorable pour faire sentir le retour de la jambe d'appui dans le plan particulier de franchissement de la haie. Pour ce faire, nous choisissons une seconde situation.

2. Situation II

Seule la hauteur de l'obstacle oblige l'athlète à guider le retour de sa seconde jambe dans ce plan spécifique, nous proposons donc aux élèves un obstacle particulier fait de 2 haies, l'une basse (30 cm environ) et l'autre plus haute (50 cm environ).

Ces 2 haies se touchent, mais la plus petite est décalée latéralement de telle sorte que la jambe d'attaque passe au-dessus de la petite haie alors que la jambe d'esquive passe au-dessus de la plus grande.

3. Situation III

Enfin, pour résoudre les problèmes posés par la jambe d'attaque, nous proposons un franchissement sur les obstacles les plus hauts, c'est-à-dire, dans le cas présent, 50 cm, avec toujours cette volonté d'aller le plus vite possible.

Avec cette troisième situation, nous aurons atteint l'objectif fixé par l'initiation, franchir un obstacle de façon globale sans sauter vers le haut, mais en faisant presque comme s'il était inexistant. Il est bien évident que l'on peut transformer ces situations si l'on se trouve en face de cas particuliers. En effet, si nous nous apercevons d'une altération de la vitesse sur un rythme de 4 appuis interobstacles, on pourra dans ce cas proposer 4 appuis entre la première et la deuxième haie, et 6 appuis entre la seconde et la troisième haie, de telle sorte que l'élève puisse se « relancer ».

Enfin la performance chronométrique ou le relais navette, ou encore d'autres jeux peuvent être un support motivant pour ce type de travail technique.

B. LE PERFECTIONNEMENT

Il repose principalement sur 2 thèmes qui peuvent se compléter admirablement. Le premier est la répétition de plus en plus rapide d'un geste technique qui est analysé; le second est la réponse à une nouvelle situation dans les conditions proches de la course.

Dans le premier thème, nous avons essentiellement deux formes gestuelles. L'une ayant trait à la jambe d'attaque, et l'autre à la jambe d'appui.

1. La jambe d'attaque

Ce travail se fait en passant sur le côté de la haie. La forme de lancer de jambe est celle décrite dans la partie technique (talon-fesse puis élévation du segment cuisse avec une faible participation de la jambe d'appui. Les haies s'abordent en trottinant. L'action de la jambe d'attaque est violente. On surveille, au cours de cet exercice, l'avancée des épaules et principalement l'avancée de l'épaule opposée à la jambe d'attaque.

2. La jambe d'appui

La poussée violente exercée sur le sol par la jambe amène une extension du membre inférieur. Cette extension violente engendre une contraction qui se traduit par une flexion au niveau des trois articulations (hanche, genou, cheville). Il s'agit pour l'athlète de guider le retour du genou vers son aisselle du même côté. Ce travail sera systématisé par des franchissements sur le côté de la haie.

L'approche des haies se fait par une course en trottinant et en montant les genoux. L'appel se prend relativement près de la haie pour que l'athlète soit obligé de pousser au maximum sur sa jambe d'appui et ainsi éviter la haie. La jambe d'attaque n'a qu'un rôle très réduit dans cet exercice. Son genou continue à monter comme au moment de l'approche de la haie, mais avec une amplitude plus importante au moment de l'attaque de la haie.

3. Combinaisons

Ces deux formes gestuelles peuvent s'inscrire à l'intérieur de situations qui seront définies en fonction de la hauteur des obstacles et de la distance qui les sépare.

Plus les obstacles sont bas et rapprochés, plus interviendra la notion de vitesse gestuelle et la notion de vitesse de réaction au sol. Ainsi la distance réglementaire favorisant 4 appuis entre les haies peut être réduite (un mètre maximum) pour amener cette vitesse. Elle peut être réduite à tel point qu'il ne soit possible de faire que 2 appuis entre les haies (nous nous trouverons alors dans un travail spécifique d'attaque-réception).

Plus la distance entre les obstacles croît, plus la vitesse de déplacement est importante et ainsi plus la vitesse d'attaque augmente.

Il est alors possible de combiner à l'intérieur d'un même parcours des intervalles courts (de 4 appuis) et des intervalles longs (de 6 appuis).

C. EXEMPLES DE CORRECTION

1. Rythme perturbé

Le plus souvent, un rythme faux vient du fait que l'athlète *saute* les haies au lieu de les franchir. Il s'ensuit une réception derrière la haie, marquée par un amortissement important. Deux raisons essentielles possibles.

La première est la peur de l'obstacle. Elle peut être corrigée en changeant radicalement la nature de l'obstacle pour faire en sorte qu'il n'offre plus de danger à l'élève, pour l'amener petit à petit à retrouver sa nature réglementaire.

La seconde réside dans le fait que la distance à parcourir entre les haies est trop longue pour les possibilités physiques de l'élève. La course entre les haies ne se fait plus en fréquence, mais en amplitude, ce qui implique un ralentissement. La solution sera donc de réduire dans un premier temps la distance entre les obstacles pour ajuster cette distance aux possibilités physiques de cet élève et lui permettre ainsi de courir en fréquence. Si cette solution se révèle être inefficace, il est toujours possible de faire pratiquer sur une alternance d'intervalles courts et d'intervalles longs. Ceci permettra un meilleur franchissement et par conséquent, une meilleure utilisation de l'espace réglementaire.

2. Retour du genou d'esquive vers le bas

Il est possible qu'un travail systématique et intensif au niveau de la jambe d'appui n'apporte pas le résultat escompté. Dans ce cas, il peut être nécessaire de recourir à la solution de l'intervalle ultracourt (2 appuis).

Si cette solution se révélait encore inefficace, il serait possible de revenir à la solution de l'initiation en adoptant un écart entre les haies doubles de la situation II.

Il s'agit ici de faire prendre conscience à l'élève du trajet de son genou. On séparera la haie la plus haute de la plus basse d'une distance de 2 à 4 pieds, la haie la plus haute étant derrière la haie la plus basse. La chute de la haie sanctionnant alors un retour défectueux de la jambe d'esquive.

Records hommes :

- *Monde* : 12″93 — NEHMIAH (E.U.)
- *France* : 13″28 — DRUT

Le 400 mètres haies

A. HEBRARD

1. Un bref regard sur le passé

Aux Jeux Olympiques de Rome en 1960, Ulrich Jonath notait que le 400 m haies était une course impopulaire, il ajoutait : « les meilleurs coureurs mondiaux de 400 m haies se plaignent de l'insuffisance des occasions d'exercer leur spécialité... en moyenne la participation des recordmen mondiaux à une compétition de 400 m haies n'est annuellement que d'une dizaine de courses » (1).

Deux observations peuvent expliquer en partie ce constat, sans que nous soyons en mesure d'en apporter la preuve.

A cette époque le matériel nécessaire à la préparation de cette course n'était pas toujours disponible sur tous les stades, ni facile à disposer avec précision lors des entraînements. D'autre part, les athlètes qui choisissaient cette épreuve étaient de ceux qui n'obtenaient pas sur 400 m ou 800 m plat les résultats espérés. Ils pensaient pouvoir compenser par la « technique de franchissement » leurs faiblesses constatées sur les courses de plat. Le 400 m haies était en quelque sorte le « refuge » de ceux qui disposaient de peu de temps pour l'entraînement, ou qui, à quantité égale d'entraînement, obtenaient un meilleur niveau de performance sur 400 m haies que sur les courses de plat.

Ainsi très peu nombreux sont jusqu'à cette date, les athlètes qui s'entraînaient longuement et de façon spécifique à cette épreuve. Un exemple de cette situation est donné par les athlètes américains qui préparaient cette course uniquement l'année précédent les Jeux Olympiques.

Ulrich Jonath dégageait de ses observations un profil du coureur de 400 m haies, qui devait être : « assez grand » (de 1,80 à 1,87 m),

(1) Ulrich Jonath « Le 400 m à Rome », extrait de « Die Lehre der Leichtatlétik », n° 41, 1960.

« résistant » du genre demi-fond court, « capable de courir un 800 m en moins de 1 minute 50 secondes » (Cushmann : 1 minute 49 secondes), posséder une « *bonne vitesse de base* » sur 400 m plat, un « *bon sens du rythme* », un caractère « *énergique* et *combatif* ».

A partir de 1960 apparaît nettement l'influence de « l'école italienne » qui insiste particulièrement sur l'importance du travail « technique » du franchissement des obstacles. Une attention particulière est portée aux procédés d'apprentissage du geste de franchissement, qui sont proposés à partir de situations d'apprentissage proches ou identiques à celles du 110 m haies. A chaque séance d'entraînement l'athlète exécute plusieurs dizaines de franchissements. Cette orientation, illustrée magnifiquement par des coureurs comme Morale et Frinolli s'est développée et semble avoir eu pour conséquence actuelle d'amener au 400 m haies, des coureurs préparés initialement pour le 110 m haies. Ainsi, des coureurs comme Hemery et Pascoe ajoutent à une grande habileté de franchissement un entraînement du type de ceux proposés aux coureurs de 400 m plat orienté essentiellement vers la vitesse.

Après avoir été considéré comme une course se situant entre le 400 m et le 800 m, le 400 m haies est actuellement préparé comme une course de sprint long, du même type que le 400 m plat. Nous retrouverons dans l'entraînement les principes d'amélioration propres aux courses de 110 m haies et de 400 m plat.

Nous constatons, à partir des courbes d'évolution des performances sur 400 m et 400 m haies, qu'après la deuxième guerre mondiale ces deux spécialités progressent parallèlement, l'écart des performances étant relativement constant et proche de 4 secondes. Nous savons d'autre part que les meilleurs coureurs de 400 m haies sont en général capables de courir un 400 m plat avec un temps inférieur d'environ 3 secondes ([2]) à leur meilleure performance sur 400 m haies. On peut donc penser que le recordman du monde du 400 m plat a la possibilité d'abaisser le record du monde du 400 m haies de près de 1 seconde. Cependant on n'a jamais rencontré (sauf sur un plan national) un coureur capable d'être préparé simultanément à ces deux courses.

([2]) Ces 3 secondes peuvent être considérées comme un critère de maturité « technique » représentant la capacité à franchir correctement les obstacles.

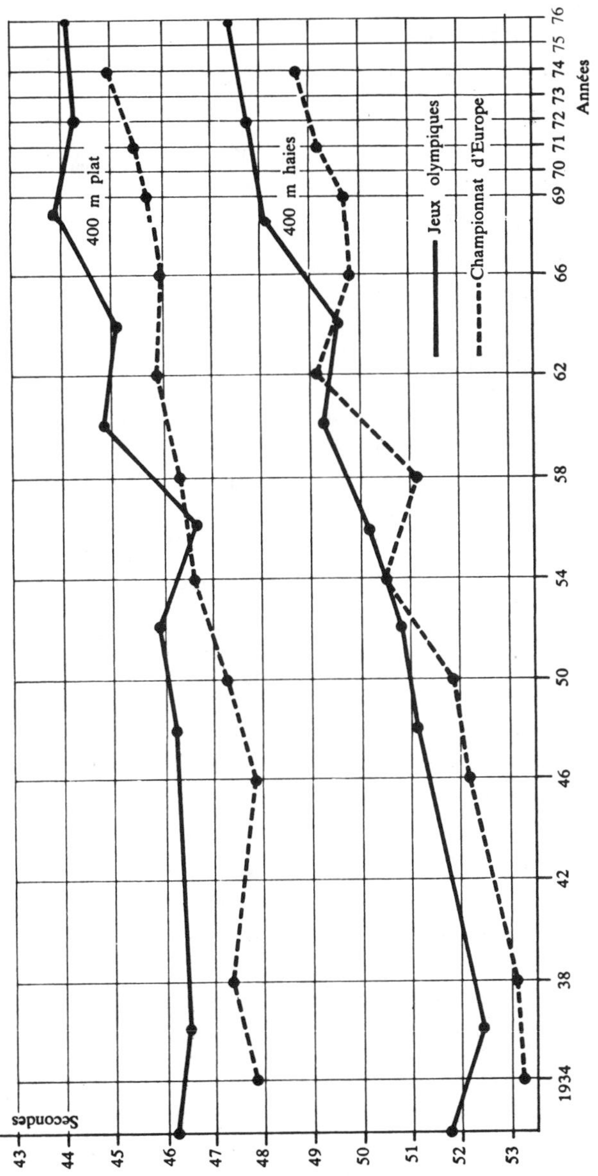

L'évolution des performances sur 400 m et 400 m haies de 1932 à 1974.

2. Descriptions

A. Le cadre réglementaire

Dans le manuel officiel de la fédération internationale d'athlétisme amateur, l'article 163 est consacré aux courses de haies. Cet article précise : « il y aura dix haies dans chaque couloir, disposées conformément aux indications données dans le tableau ci-dessous ».

Distance à parcourir	Hauteur des haies		Distance entre la ligne de départ et la 1re haie	Distance entre les haies	Distance entre la dernière haie et la ligne d'arrivée
	Minimum	Maximum			
mètres	cm	cm	mètres	mètres	mètres
400	91,1	91,7	45	35	40

Note. - *La tolérance autorisée en dessous et au-dessus des hauteurs-standard, est destinée à autoriser la variation lors de la construction des haies. * Se reporter à l'Art. 213 pour la construction et la hauteur standard des haies.*

— Toutes les courses se courront en couloirs et chaque concurrent devra se tenir dans son couloir d'un bout à l'autre de la course.

— Si un concurrent traîne le peid ou la jambe à l'extérieur d'une haie, ou s'il franchit la haie qui n'est pas dans son couloir, ou si, à l'avis du juge arbitre, il renverse délibérément n'importe quelle haie de la main ou du pied, il sera disqualifié.

— A l'exception des dispositions prévues par le paragraphe précédent du présent article, le fait de renverser des haies ne fera pas disqualifier un concurrent, et n'empêche pas d'établir un record.

— Pour établir un Record du Monde, une série complète de haies conformes au modèle international devra avoir été utilisée (voir Article 213).

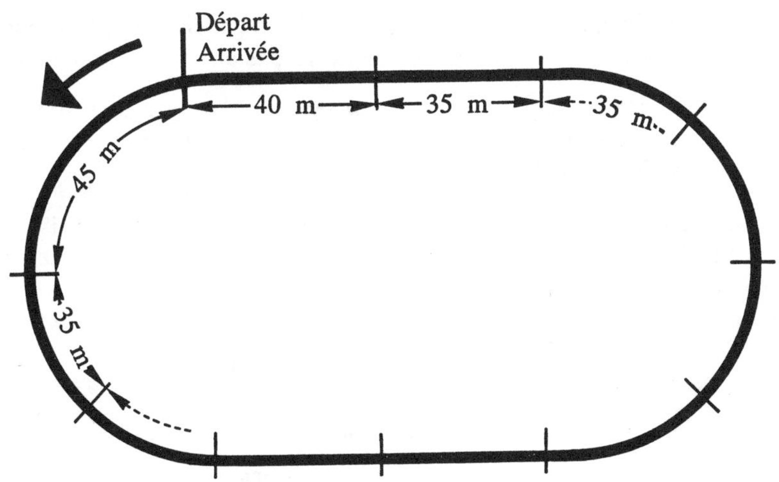

Position des haies.

Article 213

Les haies

1. *Construction.* Les haies seront faites de métal ou de quelque autre matériau approprié avec la barre supérieure en bois et consisteront en deux bases et deux montants supportant un cadre rectangulaire renforcé par une ou plusieurs traverses; les montants seront fixés à l'extrémité de chaque base. La haie sera conçue de telle manière qu'il faudra exercer une poussée d'au moins 3,600 kg au centre du bord supérieur de la barre supérieure pour la renverser. La haie pourra être de hauteur réglable pour chaque épreuve. Les contrepoids devront être réglables de telle manière qu'à chaque hauteur

il faudra, pour renverser la haie, exercer une poussée de 3,600 kg au moins et de 4 kg au plus.

2. *Dimensions.* La hauteur de· haies sera la suivante :

Messieurs,	*Dames,*
400 m (440 yards), 91,4 cm (3 pieds).	400 m, 76,2 cm.

La largeur maximum sera de 1,20 m. La longueur de la base sera de 70 cm. Le poids total de la haie ne devra pas être inférieur à 10 kg.

Note. - *Dans chaque cas, on acceptera une tolérance de 3 mm au-dessus et au-dessous des hauteurs standard pour tenir compte des différences de fabrication.*

3. La largeur de la barre supérieure sera de 70 mm. L'épaisseur de cette barre sera d'entre 10 et 25 mm. La barre sera fermement attachée aux extrémités.

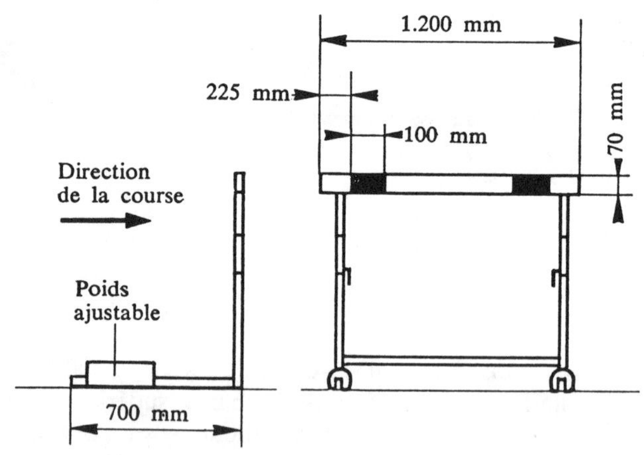

Exemple conforme au règlement

4. *Revêtement.* La barre supérieure sera rayée de telle manière que les rayures blanches se trouvent à l'extrémité de chaque haie, et qu'elles mesurent au moins 225 mm de largeur. Les haies seront pla-

cées sur la piste de telle manière que les pieds des haies se trouvent du côté où les concurrents les abordent.

5. *Vérification.* Pour vérifier la force de résistance des haies on utilisera une simple balance à ressorts en appliquant la force de traction sur le milieu de la barre supérieure. On pourra également utiliser une corde munie d'un crochet en l'appliquant sur le milieu de la barre supérieure, en la passant sur une poulie fixée de manière appropriée et en la chargeant de poids à l'autre extrémité.

B. LE GESTE DU COUREUR

1. Le franchissement

La présence de 10 obstacles sur un parcours oblige le coureur à modifier à l'approche, sur, et après l'obstacle, sa foulée normale de course.

Quelles sont les modifications les plus efficaces pour atteindre la meilleure performance ? La réponse ne peut être apportée que par l'observation des kinogrammes (reproduits ici à partir des photos de films), et par les réflexions des entraîneurs qui ont su faire de multiples observations directes.

L'objectif de l'apprentissage du geste de franchissement efficace est de réduire au minimum la différence entre les résultats obtenus sur 400 m plat et 400 m haies. Rappelons que pour une exécution économique des courses sur le plat, le coureur doit éviter des oscillations importantes de son centre de gravité. A cet effort le coureur de haies doit ajouter celui de réduire le plus possible le temps de la phase de « vol » au-dessus de la haie. En fin de franchissement, il devra rechercher une position de reprise d'appui au sol qui lui permette de maintenir, et de développer la vitesse acquise sur le plat.

La foulée (3) de course précédant la foulée de franchissement est

(3) Nous définissons la « foulée » par la distance qui sépare deux appuis successifs : (foulée de course, un appui pour chacun des pieds; foulée de cloche-pied, deux appuis pour un même pied). Certains auteurs ou traducteurs emploient le terme « pas ».

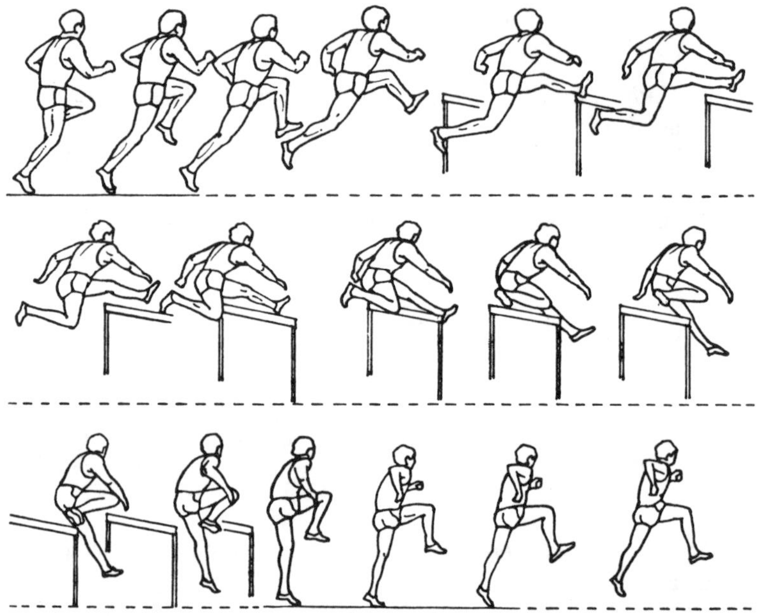

Fig. 53. David Hemery (GB), champion olympique à Mexico en 1968.

inférieure à la longueur moyenne des autres foulées, d'environ 20 à 25 cm (cette diminution est légèrement inférieure pour la foulée précédant le premier franchissement, 10 à 15 cm).

Selon le Professeur Dr Nikola Kurelic (4) : « ce comportement indique que, étant données les exigences dérivées de la position relativement plus élevée du centre de gravité et de la préparation de l'inclinaison plus accentuée du corps vers l'avant pour surmonter la haie, le pas doit être abrégé. Si le dernier pas était plus long, on créerait automatiquement les conditions aptes à faire osciller encore davantage le centre de gravité dans le sens de la verticale ».

(4) Prof. Dr. Nikola Kurelic: « Quelques problèmes fondamentaux de biomécaniqque dans la course de haies »; in Procès verbal du VIe Congrès européen ELLV, « Les courses de haies », CONI, 1970, pp. 21 à 28.

Fig. 54. Akii Buha (Ouganda), recordman du monde et champion olympique à Munich en1972.

L'impulsion se situe environ à 2,10-2,30 m avant la haie (« distance d'attaqque ») et la reprise d'appui au sol se produit à 1,10-1,15 m après la haie; la foulée de franchissement est donc d'environ 3,10-3,30 m.

En parlant d'une « foulée de franchissement », athlète et entraîneurs insistent sur le fait qu'il ne faut pas considérer cette phase de l'action comme un « saut d'obstacle ». L'athlète doit avoir l'intention d'effectuer un geste qui se rapproche le plus possible d'une foulée normale de course. Bien entendu cette « foulée de franchissement » se distingue de la foulée normale de course essentiellement sur deux points : l'appel au sol est « prolongé », le genou de la jambe avant (ou jambe d'attaque) s'élève plus haut que dans la foulée de course (voir kinogramme Akii Bua, position 1). Cette élévation du genou de la jambe avant entraîne par voie de conséquence et sans effort particulier de l'athlète, une élévation du pied avant qui permettra son passage au-dessus de la haie.

Remarquons qu'il n'y a pas, au moment de l'appel, une fermeture de l'angle formé par la jambe d'appel et le tronc de l'athlète, ces deux segments forment un angle voisin de 180°. Cependant nous observons une attitude générale d'inclinaison prononcée à partir de la cheville d'appel, ce qui est caractéristique du franchissement efficace (voir kinogramme Akii Buha, positions 1 et 2).

La phase d'appel et la phase « aérienne » de la foulée de franchissement « durent » plus longtemps que pour une foulée normale de course. Toutefois l'athlète cherche à réduire la durée de ces deux phases.

Selon Kurelic : « avec l'augmentation par l'entraînement de la force et de la vitesse, on abrège la durée de la phase d'appel. » Celle-ci est plus brève chez le champion que chez le débutant.

En ce qui concerne la phase aérienne, on a pu constater que si l'athlète ne respecte pas une « distance d'attaque » de l'ordre de 2,10 m, le franchissement devient inefficace. Une « attaque » trop près de la haie entraîne des oscillations verticales du centre de gravité et un appel qui ne peut développer toute sa force au risque d'entraîner une reprise d'appui au sol (après la haie) supérieure à 1,20 m, ce qui se traduit, le plus souvent, par une perte de vitesse importante; il y a « blocage », le corps étant nettement en retrait par rapport à l'appui.

Il existe donc une longueur optimale de la foulée de franchissement que l'athlète ne peut chercher à réduire, par contre il cherchera à abréger le temps des actions particulières des deux jambes pendant la phase aérienne.

L'intention générale de l'athlète est de « reprendre » l'appui le plus rapidement possible après l'appel qui lui communique l'impulsion nécessaire au franchissement. Deux orientations de travail sont proposées par les entraîneurs. Calvesi, comme Doherti, estiment qu'il faut chercher à abaisser le plus vite possible la première jambe devant la haie. Bulancik, ainsi que les entraîneurs allemands, insistent sur l'action rapide de la jambe d'appel une fois que celle-ci a quitté le sol.

Ces deux orientations ne sont pas contradictoires mais nous semblent complémentaires, bien que les analyses bio-mécaniques, fondées sur la troisième loi de Newton appliquée aux mouvements libres dans l'espace (principe de l'action réaction), n'aient pas apporté, jusqu'à ce jour, une explication complète des conséquences des actions simultanées des deux jambes. Ce qui semble acquis c'est que l'action rapide de ramener la jambe d'appel entraîne une légère rotation du tronc du côté de cette même jambe et que l'abaissement de la jambe avant entraîne pour sa part un redressement du tronc. Par contre, sur l'action rapide des deux jambes nous faisons l'hypothèse qu'elle dépend de la force et de la rapidité avec lesquelles celles-ci quittent le sol.

Deux remarques s'imposent pour compléter ces observations du franchissement.

Pour juger facilement une bonne exécution du franchissement, l'entraîneur observera le mode de progression de la tête de l'athlète. Celle-ci doit donner l'impression de se déplacer sans variation de vitesse et sans oscillations verticales. En effet, si le centre de gravité de l'athlète s'élève légèrement dans le franchissement, l'inclinaison prononcée du corps de l'athlète compense cette élévation.

D'une façon générale on a pu observer que plus l'athlète est grand et plus il a de possibilités pour obtenir une « bonne technique » de franchissement. A l'heure actuelle les meilleurs spécialistes sont tous d'une taille supérieure à 1,80 m, ce qui suppose une enfourchure proche ou supérieure à 90 cm. Les athlètes de petite taille ont une tendance naturelle à prendre un appel plus proche de la haie que ne le font ceux de grande taille. Cependant, la hauteur de la haie étant identique pour tous, nous avons vu qu'une distance de 2,10 m est une distance optimum qui n'entraîne pas d'oscillations importantes et brusques du centre de gravité; ainsi les coureurs de petite taille doivent-ils s'efforcer de prendre un appel proportionnellement plus éloigné que le coureur de grande taille. Ils obtiennent ainsi une trajectoire « tendue » mais augmentent leur temps de « vol ». La recherche du rapport optimum entre la distance d'appel et le temps « de vol » devient pour eux un problème essentiel.

2. La course entre les obstacles

Actuellement on observe en compétition l'utilisation de 13 foulées sur les 4, 5 ou 6 premiers intervalles (parfois 14 foulées sur les 1, 2 ou 3 intervalles suivants), 15 foulées sur les derniers. Certains coureurs de petite taille utilisent toujours 15 foulées tout au long du parcours ce qui était jusqu'en 1967, et avant l'apparition des pistes « tout-temps », la règle quasi générale.

3. La courbe de vitesse du coureur de 400 m haies

Une vitesse constante sur l'ensemble du parcours devrait logiquement offrir le meilleur rendement, cependant si certains coureurs ont essayé de réaliser un temps identique pour les 2 moitiés de la course, il faut remarquer qu'à l'heure actuelle la moyenne des athlètes effectue le premier 200 m plus rapidement que le second, la différence étant de l'ordre de 2 secondes (moyenne des finalistes à Mexico : 1,8 s).

En observant les courbes présentées ci-dessous (réalisées à partir des vitesses moyennes obtenues pour chacune des portions de la course) on constate que le coureur atteint sa vitesse maximum après le franchissement de la 1re haie, qu'il maintient celle-ci jusqu'aux environs des 150 m (4e haie), ensuite que la vitesse décroît régulièrement jusqu'à l'arrivée.

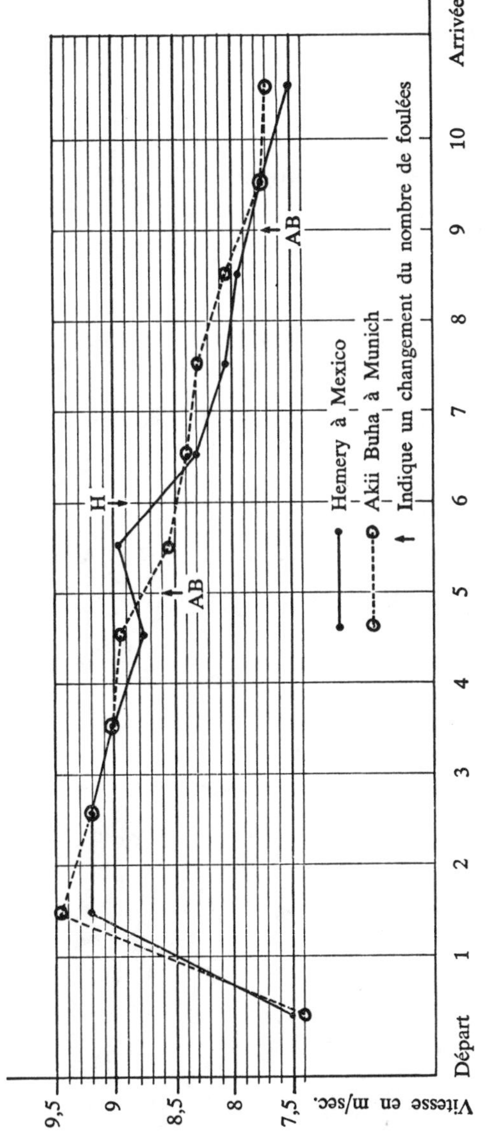
Vitesse en m/sec.
9,5
9
8,5
8
7,5
Départ
1
2
3
4
5
6
7
8
9
10
Arrivée
Emplacement des haies
H
AB
AB
Hemery à Mexico
Akii Buha à Munich
Indique un changement du nombre de foulées

C. LES « TABLETTES »

Hommes :

Record du monde :
47″13, Moses Edwin, U.S.A. (03.07.80, Milan).

Record d'Europe :
47″85, Schmid Harald, R.F.A. (04.08.79, Turin).

Record olympique :
47″64, Moses Edwin, U.S.A. (1976, Montréal).

Record de France :
48″94, Nallet J.-C., AC Paris (04.09.74, Rome).

Femmes :

Record du monde : 54″28, Rossley Karin, R.D.A. (18.05.80, Iéna).

Record de France : 54″94, Rega, U.S. Deuil (10.09.82, Athènes).

3. Les problèmes posés par le 400 m haies

Les difficultés qui caractérisent cette épreuve trouvent leur origine dans le règlement qui institue (jusqu'à temps qu'il soit modifié) une structure matérielle intangible. La solution à l'un des nombreux problèmes qui se posent à l'athlète ne peut être recherché isolément et sans envisager les conséquences sur les données de tous les autres. Si chronologiquement l'athlète est amené à répondre à des problèmes successifs, il ne faut pas perdre de vue que la course doit être considérée comme un tout ayant une réalité propre, c'est à cette totalité que l'athlète se prépare. Dans cette perspective les solutions que nous proposons aux problèmes particuliers, isolés pour les besoins de l'exposé, ne sont pas nécessairement des solutions idéales, mais celles qui correspondent aux possibilités de résoudre dans de bonnes conditions l'ensemble des problèmes qui constituent la spécificité du 400 m haies.

A. LES PREMIERS 45 METRES

Du départ à la première haie les coureurs effectuent 20, 21 ou 22 foulées (21, 22 ou 23 appuis). De ce nombre dépendra la position des pieds dans les blocs de départ; le pied choisi pour l'impulsion de franchissement est placé à l'avant des blocs de départ si le nombre d'appuis effectués dans les 45 m est un nombre pair. Lorsqu'on sait que la vitesse maximum pour un sprinter peut être atteinte entre 26 et 56 m après le départ, on comprend que le coureur de 400 m haies aura intérêt à obtenir la plus grande vitesse possible après 10 ou 12 foulées de course s'il veut pouvoir ensuite trouver et ajuster l'amplitude de la foulée qui sera la sienne dans la première partie de la course et parfois jusqu'à sa fin.

Après les 10 ou 12 premières foulées le coureur va porter son attention sur le franchissement du premier obstacle et son regard fixe la latte de bois qui lui sert de repère objectif afin de vérifier (subjectivement et à partir des seuls souvenirs perceptifs acquis à l'entraînement) si son pied d'appel va « tomber » dans la zone privilégiée (2,20 m avant la haie), une variation de plus de 10 cm sur sa distance habituelle entraînera une faute « technique » (blocage, déséquilibre) lors du franchissement.

Cette perception de la situation, cette certitude que le pied d'appel sera convenablement placé doit apparaître à une dizaine ou une quinzaine de mètres avant la haie (cela est vrai pour toutes les haies). Cette difficulté doit être résolue à l'entraînement par de longues répétitions, cependant il peut arriver que selon l'état du coureur ou celui de la piste cet automatisme acquis soit perturbé, c'est la raison pour laquelle les coureurs « essayent » deux ou trois fois les premières haies (parfois les deux premières) avant chaque compétition, ceci afin d'ajuster leur comportement à d'éventuelles variations de la situation. Si l'incertitude demeure après ces quelques essais, il est un procédé qu'on peut employer sans pour autant en abuser. A l'entraînement l'athlète mesure (en nombre de longueur de semelle) la distance qui sépare la ligne de départ de la pose du pied d'appel à la 10ᵉ ou 12ᵉ foulée; avant le départ il installe à cette distance une marque sur la piste (cf. Les marques du sauteur en longueur). En course il pourra objectivement constater s'il est en retard ou en avance par rapport au passage idéal, il lui restera alors une dizaine de foulées pour « ajuster » leur longueur, ce qui est de loin préférable à un ajustement trop tardif qui se traduit généralement par un piétinement devant l'obstacle.

Ce travail de l'ajustement à une zone d'appel à partir de la seule perception de la situation peut se travailler par des courses avec obligation de poser tel ou tel pied choisi à l'avance dans une zone de 30 cm. On demande à l'athlète d'avoir une vitesse et une amplitude de foulée régulières ou légèrement croissantes en interdisant toute diminution de ces dernières.

B. LE FRANCHISSEMENT DES HAIES

Le passage des obstacles doit s'effectuer, avons-nous dit, par une foulée aussi proche que possible de la foulée de course. A cette intention il faut ajouter celle de dominer, de « surmonter » la haie. L'athlète doit avoir l'impression que la haie est franchie dès que le genou de sa jambe d'attaque s'élève, à ce moment-là son regard est déjà posé plusieurs mètres en avant, alors que le pied d'appel n'a pas encore quitté le sol, la haie doit être considérée comme étant « derrière » le coureur.

Pour obtenir cette impression l'athlète doit « s'engager » au-dessus de la haie par une impulsion franche dirigée suivant l'alignement du corps. L'athlète doit alors sentir une translation des épaules vers l'avant qui seront ainsi à la verticale (ou très légèrement en retrait) du point correspondant à la reprise d'appui au sol derrière la haie.

L'habileté segmentaire nécessaire pour le franchissement s'acquiert par les mêmes procédés que ceux utilisés pour le 110 m haies. Cependant le coureur de 400 m haies doit le plus souvent travailler les passages d'obstacles dans des conditions et des situations proches de celles de la compétition, ceci afin d'affiner sa perception des distances mais aussi pour aborder les obstacles dans l'état de fatigue correspondant à celui de la compétition.

Notons qu'il est devenu nécessaire, depuis l'apparition des pistes synthétiques, que le coureur soit capable de franchir des « deux jambes », donc d'utiliser l'un ou l'autre pied pour l'impulsion (voir paragraphe suivant).

Lorsque les coureurs font un nombre impair de foulées entre les obstacles, ils utilisent dans la majorité des cas la jambe droite comme jambe d'appel de préférence à la gauche. Ceci permet un franchissement sur le bord intérieur de la haie sans risque de disqualification.

C. LA COURSE ENTRE LES OBSTACLES

La longueur de la foulée doit être adaptée aux intervalles séparant deux haies, l'adaptation de cette longueur en fonction des effets de la fatigue est un problème particulièrement délicat.

La longueur de la foulée de franchissement est d'environ 3,30 m (2,20 m devant la haie; 1,10 m derrière) ainsi l'athlète dispose d'une distance de 31,70 m (35 m moins 3,30 m) pour courir.

Pour courir en ...	13,	14,	15,	16	... foulées dans l'intervalle
la longueur de la foulée en m doit être de	2,43	2,26	2,11	1,98	

Le choix du nombre de foulées effectuées dans l'intervalle est naturellement en relation avec la longueur de la foulée de l'athlète sur la course de plat.

Il est relativement aisé de maintenir une foulée de longueur constante sur les 200 premiers mètres de course, mais dès qu'apparaît la fatigue, la diminution d'amplitude liée à la diminution de fréquence, amène le coureur à augmenter d'une unité ou deux le nombre de foulées à effectuer dans l'intervalle. Faire une foulée de plus dans l'intervalle, implique que le coureur soit capable de franchir les obstacles « des deux jambes ».

A l'heure actuelle on constate que les meilleurs coureurs sont capables de courir la première moitié de la course en utilisant 13 foulées dans les intervalles, mais qu'ils ne peuvent maintenir l'amplitude de leur foulée jusqu'au bout. A partir de la 5e ou de la 6e haie les intervalles sont parcourus en 14 et 15 foulées. Certains coureurs comme Hemery, choisissent de passer directement de 13 à 15 foulées à partir de la 5e ou 6e haie selon l'état de leur forme et selon la direction du vent, estimant qu'il vaut mieux changer le nombre des foulées une seule fois plutôt que deux (ainsi que le fait Akii Bua qui utilise 13, 14 puis 15 foulées). D'autant que cela évite d'être capable de franchir « des deux jambes ».

Nous devons souligner ici que ce problème est résolu de façon individuelle selon les capacités des coureurs. Ainsi Hemery a-t-il souvent expliqué que sa façon de résoudre la difficulté du passage de 13 à 15 foulées consistait à courir à l'extérieur du couloir lorsqu'il se trouvait dans l'intervalle où il avait décidé le changement, ceci afin d'augmenter le chemin à parcourir et pour ne pas avoir à réduire trop brutalement l'amplitude de sa foulée. Son entraîneur ajoutait qu'à ce niveau de la course Hemery était toujours en tête et qu'il ne risquait pas de gêner un adversaire (!). Hemery insistait sur le fait que la question essentielle était de décider à quel moment et dans quel intervalle il faudrait effectuer le passage de 13 à 15, et que seul l'athlète est capable, le jour de la compétition, d'apporter une réponse. Ajoutons qu'il faut savoir que la règle fondamentale pour ce problème semble être qu'il ne faut pas tenter d'aller le plus loin possible avec le minimum de foulées dont on est capable (par exemple Hemery était capable de courir en 13 jusqu'à la 8e haie et cependant il passe en 15 après la 6e), car le passage de 13 à 15 foulées nécessite un état de fraîcheur relatif afin de pouvoir réagir avec suffisamment de promptitude et d'habileté aux difficultés de cette adaptation de la foulée. En général ce passage à un nombre de foulées supérieur s'effectue deux intervalles avant celui jusqu'auquel l'athlète est capable de courir avec un nombre minimum de foulées.

Robert Poirier [5] a pu remarquer, à partir de la comparaison des parcours effectués par les finalistes des Jeux Olympiques de Mexico et de Munich, que toute augmentation du nombre de foulées, se traduit par une décélération supplémentaire. Pour tenter de réduire cette décélération due à la nécessité de raccourcir la longueur des foulées, l'athlète peut augmenter leur fréquence. C'est du reste ce qui se produit aussi bien chez Hemery que chez Akii Bua (voir tableau ci-dessous) sans pour autant éviter à ce moment-là une diminution de la vitesse, plus importante que ne le laisse prévoir l'allure générale de la courbe de vitesse (voir courbe de vitesse Hemery et Akii Bua).

(5) Poirier (Robert) : Quelques réflexions sur le 400 m haies in Amicale des entraîneurs français d'Athlétisme, nº 44, premier trimestre 1975, p. 21 à 30.

Tableaux comparés des parcours effectués par D. Hemery et Akii Buha aux jeux olympiques de 1968 et 1972.

David Hemery (1968 Mexico).

Haie	1	2	3	4	5	6	7	8	9	10		Arrivée
Nombre de foulées	21	13	13	13	13	13	15	15	15	15		
Temps en s	6	3,8	3,8	3,9	4,0	3,9	4,2	4,3	4,4	4,5	5,3	Temps total 48,1
Vitesse en m/s	7,50	9,21	9,21	8,97	8,75	8,97	8,33	8,13	7,95	7,77	7,54	Vitesse moyenne 8,31
Fréquence des foulées	3,50	3,42	3,42	3,33	3,25	3,33	3,57	3,48	3,40	3,33		

Fréquence moyenne : 5 premiers intervalles 3,35 — 4 derniers interval. 3,44

Akii Buha (1972 Munich).

Haie	1	2	3	4	5	6	7	8	9	10		Arrivée
Nombre de foulées	21	13	13	13	13	14	14	14	14	15		
Temps en s	6,05	3,70	3,80	3,85	3,90	4,10	4,15	4,20	4,35	4,50	5,20	Temps total 47,82
Vitesse en m/s	7,43	9,45	9,21	9,09	8,97	8,53	8,43	8,33	8,04	7,77	7,69	Vitesse moyenne 8,36
Fréquence des foulées	3,47	3,51	3,42	3,37	3,33	3,41	3,37	3,33	3,21	3,33		

Fréquence moyenne : 3,40 — 3,33 — 3,33

Dans ces tableaux les fréquences calculées sont relativement approximatives puisque nous ne disposions pas des temps séparant la reprise de course après une haie et l'appel du franchissement de la suivante.

Nous avons donc considéré les différentes fractions de temps correspondant aux franchissements comme étant sensiblement égales ou progressivement augmentées, ce qui ne tient pas compte des fautes éventuelles lors des franchissements.

Cependant nous constatons que la solution adoptée par Hemery (passage de 13 en 15 foulées) l'a amené à adopter, lorsqu'il fait 15 foulées, une fréquence moyenne supérieure à la fréquence utilisée dans la première partie de la course (3,35 puis 3,44). Or c'est l'inverse qui se produit chez Akii Buha (3,40 puis 3,33). En adoptant le passage en 14 puis en 15 foulées, Akii Buha ne semble pas avoir eu le même effort à fournir pour augmenter la fréquence de sa foulée. Ce faisant sa courbe de décélération est plus régulière. Sa vitesse diminue parallèlement à la diminution de l'amplitude et de la fréquence de la foulée imposées par l'apparition de la fatigue. Ceci apparaît plus logique, d'une part parce qu'ainsi on se rapproche de ce qui se passe sur 400 m plat, mais surtout parce que le coureur de haies a intérêt à aborder les haies avec une fréquence de foulées qui ne subisse pas trop de variations. En effet à une fréquence élevée correspond un passage plus rapide nécessitant une plus grande habileté. Or, aborder les dernières haies avec une fréquence plus élevée, ne peut, compte tenu de l'apparition de la fatigue, que rendre plus difficile leur franchissement.

La solution réalisée par Akii Buha nous apparaît beaucoup plus « rentable » que celle d'Hemery.

D. LE DEUXIEME VIRAGE

Les premiers 200 m de la course doivent être courus avec une impression d'aisance et de facilité, ce qui suppose bien entendu que, pour parcourir les intervalles, l'athlète ait choisi un nombre de foulées qui ne l'oblige pas à réduire trop l'amplitude de sa foulée « naturelle ». Depuis l'apparition des pistes « tous temps », l'athlète de grande taille qui s'efforce de courir en 15 foulées, s'installe le plus souvent dans une « fausse fréquence » et une « fausse amplitude ». La perte de temps qui en résulte n'est pas compensée par une fatigue moindre qui, semble-t-il, aurait dû en résulter.

Dans le deuxième virage nous tronvons les 6e, 7e et 8e haies. Trois haies sont donc placées en courbe, au moment où la fatigue musculaire se fait sentir et où l'athlète doit nécessairement compenser les effets centrifuges de ses impulsions. Cette portion de la course représente donc la plus grande difficulté technique à résoudre. De la bonne exécution de cette portion délicate, déterminée par la qualité de la réalisation des premiers 200 m, va dépendre en grande partie la performance de l'athlète.

Que le coureur utilise 15 foulées tout au long de la course, ou qu'il ait déjà augmenté le nombre de ses foulées lorsqu'il aborde la courbe, ou encore qu'il utilise un des intervalles du virage pour augmenter le nombre de ses foulées, la moindre faute de franchissement, — qui peut être perçues comme une faute sans conséquences — ou la moindre erreur de perception, se traduit par une brusque décélération. Celle-ci peut être compensée par un effort de l'athlète dès la reprise de la course après le franchissement, mais cet effort ne manque pas d'être « payé » dans la dernière ligne droite.

Le coureur de 400 m haies doit inclure cette portion de la course dans les distances choisies au cours de séances d'entraînement fractionné.

Par exemple :

— X fois les 100 m du 2e virage;

— ou X fois 300 m, les deux premiers 100 m sans haies; les 100 derniers mètres avec 3 haies (virage).

— ou X fois 300 m (départ aux 300 m), 100 m sans haies; 100 m avec 3 haies (virage); 100 m plat.

Bien entendu, ce n'est qu'après un certain nombre de répétitions que l'athlète abordera cette difficulté avec un degré de fatigue comparable à celui de la situation réelle de compétition. Mais dès les premières exécutions les problèmes perceptifs sont posés.

E. LA DERNIERE LIGNE DROITE

Des efforts fournis pour « négocier » le deuxième virage, va dépendre de la qualité de la dernière ligne droite. Le coureur doit avoir la possibilité de franchir les deux dernières haies sans se « désunir », et de réduire le plus possible la décélération de sa course. On observe rarement un athlète capable d'accélérer après la dernière haie (sprint), car si dans les derniers 40 m le coureur est capable d'avoir une vitesse supérieure à celle obtenue entre les derniers obstacles, c'est là le signe d'un mauvais dosage de son effort, et l'indication que sa performance reste inférieure à ses capacités du moment.

En soi la dernière ligne droite ne pose pas véritablement de problèmes nouveaux, mais c'est dans cette partie de la course que les conséquences d'éventuelles erreurs dans la répartition des efforts ou les effets des efforts supplémentaires pour compenser une faute de franchissement, apparaissent nettement. Le coureur qui a épuisé ses ressources pour effectuer les 300 premiers mètres, ne peut éviter, soit une brusque diminution d'amplitude de sa foulée à l'entrée de la ligne droite, soit de se trouver dans l'incapacité de « s'ajuster » convenablement aux deux dernières haies. Une attaque trop loin ou trop près des deux dernières haies, entraîne bien sûr une faute de franchissement. Mais compte tenu de l'état de fatigue du coureur, cette faute entraîne un ralentissement encore plus brutal que lorsqu'elle est commise sur les premières haies du parcours. Ce ralentissement ne peut être compensé par la suite et le coureur se fait distancer ou perd la place qu'il occupait dans la course. L'athlète doit aborder la dernière ligne droite avec suffisamment de réserves pour contrôler cette ultime partie de la course.

On comprend que le coureur a tout intérêt à préparer une course en fonction des temps de passage (100, 200 et 300 m ou 2e, 5e, 8e haie) qu'il estime pouvoir réaliser.

Ces temps de passage vont servir de base à certaines séances d'entraînement. Ainsi nous pensons que sur des distances « plates » effectuées à l'entraînement, lorsqu'il travaille l'amélioration de sa résistance « spécifique », l'athlète peut courir à des vitesses supérieures à celle qu'il obtiendra en compétition. Cependant, lorsqu'il fait

Tableau établi par Joseph Maigrot.

Pour 400 m haies en .	*53 s*	*52 s*	*51 s*	*50 s*
1re haie (45 m) . . .	6^{2} 6^{3}	6^{1} 6^{2}	6 6^{1}	5^{9} 6
2e haie (80 m) . . .	10^{6} 10^{7}	10^{3} 10^{5}	10^{2} 10^{3}	10 10^{1}
3e haie (115 m) . . .	15 15^{1}	14^{6} 14^{8}	14^{4} 14^{5}	14^{1} 14^{2}
4e haie (150 m) . . .	19^{6} 19^{7}	19 19^{1}	18^{7} 18^{9}	18^{3} 18^{4}
5e haie (185 m) . . .	24^{2} 24^{3}	23^{5} 23^{6}	23^{1} 23^{3}	22^{5} 22^{6}
6e haie (220 m) . . .	28^{8} 28^{9}	28 28^{1}	27^{5} 27^{7}	26^{7} 26^{8}
7e haie (255 m) . . .	33^{4} 33^{6}	32^{6} 32^{7}	31^{9} 32^{1}	31^{1} 31^{3}
8e haie (290 m) . . .	38^{1} 38^{3}	37^{2} 37^{4}	36^{5} 36^{7}	35^{6} 35^{8}

des parcours avec haies nous pensons que cette forme de travail ne devra pas être utilisée au-delà de 200 m haies. Jusqu'à cette distance, outre les effets organiques, une telle forme de travail peut améliorer l'habileté gestuelle nécessaire au franchissement. Au-delà, et particulièrement si l'athlète fait un ou plusieurs 300 m haies, il ne semble pas d'un grand intérêt d'effectuer cette distance dans un temps inférieur au temps de passage possible lors de la compétition si on ne veut pas, ce jour-là, augmenter le risque d'une erreur dans le dosage des efforts.

4. L'entraînement

Nous avons présenté les difficultés posées par le 400 m haies, les quelques orientations de travail que nous avons proposées pouvaient laisser croire qu'on se prépare bien au 400 m haies en faisant seulement du 400 m haies ou en s'entraînant sur des situations proches de la situation réelle de compétition. Si nous pensons effectivement qu'il faut s'entraîner dans l'« esprit » et dans la « forme » du 400 m haies, il n'en est pas moins vrai que la préparation à cette spécialité passe par de nombreuses modalités. En particulier, et nous l'avons déjà souligné, les formes d'entraînement préparatoires au 400 m plat correspondent parfaitement au besoin d'amélioration « organique ». Une grande partie des modalités d'apprentissage du franchissement spécifique au 110 m haies sont également nécessaires. L'entraînement au 400 m haies est donc fait d'un dosage entre les formes d'entraînement au 400 m plat et au 110 m haies, adaptées aux difficultés propres au 400 m haies. Cette « cuisine » est faite en fonction des caractéristiques de l'athlète et de son passé sportif. Ce qui tend à montrer qu'il ne peut exister de plan d'entraînement standard, mais tout au plus de grandes lignes directrices.

Nous renvoyons donc le lecteur aux chapitres consacrés à l'entraînement au 400 m plat et au 110 m haies pour relever les éléments à introduire dans la préparation du coureur de 400 m haies.

A. ESQUISSES DE PLANS D'ENTRAINEMENT

Il existe pour les cadets un 250 m haies dont la structure matérielle est quasi identique à celle du 400 m haies (intervalles, hauteur des haies), les juniors quant à eux courent le 400 m haies dans la forme identique à celle des seniors. Ce sont là deux courses qu'il semble normal de faire pratiquer à ceux qui désirent se spécialiser dans cette discipline, cependant il faut remarquer que la course de 400 m haies est organiquement très dure et que la répétition à l'entraînement des franchissements d'obstacles est souvent à l'origine de nombreux traumatismes. Une pratique trop précoce de cette discipline n'est pas sans danger, en particulier on risque de voir l'athlète atteindre rapidement un « bon » niveau sans pouvoir par la suite s'améliorer.

D'une façon très schématique, six ans de pratique nous paraît être un chiffre indicatif correspondant à la quantité de travail nécessaire pour qu'un athlète atteigne son meilleur niveau. Les deux premières années ne seront pas obligatoirement consacrées à la préparation de compétitions sur 400 m haies mais éventuellement à des disciplines comme le 400 m plat ou le 110 m haies. Les trois années suivantes seront réservées à un travail spécifique pour le 400 m haies, l'athlète s'entraînant sur des situations proches de la situation réelle de course. Les années suivantes seront considérées comme des années où l'athlète se prépare pour des objectifs particuliers (Championnat de France, compétition internationale, etc.). Les 2/3 de ces dernières années peuvent être consacrés à un travail varié, utilisant les formes d'entraînement habituelle sur des lieux variés (herbe, salle, côtes, campagne...); avec comme objectif principal l'amélioration des points faibles dans des situations nouvelles. Ceci afin que l'athlète trouve sa meilleure forme physique sans pour autant courir le risque d'être saturé par la répétition de situations trop souvent utilisées. Le dernier tiers de ces années sera alors réservé à des séances de vitesse et de résistance spécifique (n. fois des fractions de parcours sur la base des temps de passage escomptés).

B. LES PERIODES DE L'ANNEE

L'athlète poursuit des objectifs particuliers selon les périodes de l'année.

D'une façon générale une période correspond à 3 ou 4 mois, son découpage est conditionné par le calendrier des compétitions. Chaque période est caractérisée par une forme de travail « dominante » par rapport aux autres procédés adoptés pour l'entraînement. Ces derniers peuvent être introduits à tout moment pour entretenir les qualités acquises mais aussi pour varier le contenu des séances.

Ainsi, à titre d'exemple, du mois de novembre au mois de février l'athlète cherche à développer d'une part ses qualités d'« endurance » par un travail long et de faible intensité, et d'autre part sa « résistance » par de nombreuses répétitions de distances allant jusqu'à 400 ou 500 m effectuées à une vitesse moyenne.

Les mois de février, mars et avril sont consacrés plus spécialement à la « résistance pure » avec un travail organiquement dur, les distances de course choisies varient entre 100 et 400 m, l'athlète faisant varier les temps de récupération et l'intensité de l'effort.

Enfin les trois derniers mois avant les compétitions importantes sont réservés aux séances de vitesse et aux répétitions de distances (jusqu'à 300 m) dans les conditions réelles de la course. C'est dans les deux dernières périodes que s'effectue le travail de franchissement des haies. Le coureur atteint sa meilleure forme après avoir couru 5 ou 10 fois en compétition. S'il arrive en forme et à son plus haut niveau de performance au mois de juillet (en suivant notre exemple) alors que les compétitions importantes se situent au mois d'août, nous pensons que l'athlète devra effectuer un travail léger lors de la première semaine, reprendre un travail dur de résistance pendant la deuxième semaine et consacrer la troisième semaine à un travail de vitesse et de résistance « spécifique » sur des fractions de parcours avec haies, la quatrième semaine étant réservée au repos ou à un travail léger.

C. LES SEANCES DE LA SEMAINE

L'athlète d'un « haut niveau » s'entraîne 5 fois par semaine. En période estivale il y ajoute une compétition.

Lundi : s'il a couru en compétition la veille, l'athlète se repose ou effectue un travail d'intensité « légère ».

Mardi : travail d'intensité « moyenne ».

Mercredi : travail « dur ».

Jeudi : travail légèrement moins intense que la veille.

Vendredi : travail d'intensité « moyenne ».

Samedi : repos.

Dimanche : éventuellement compétition.

D. FORMES DE TRAVAIL PARTICULIERES

Pendant les trois mois précédant les compétitions importantes le coureur de 400 m haies effectue souvent des séances avec des haies placées de telle sorte qu'il puisse courir dans les intervalles avec 5, 7 ou 8 foulées. Ce qui lui permet de travailler l'habileté de franchissement des obstacles qui peuvent être ainsi « abordés » avec une plus grande vitesse. Les obstacles sont placés en fonction de l'amplitude de la foulée du coureur. On peut établir un tableau fixant les distances séparant les haies à l'entraînement pour un coureur qui choisit de travailler avec un nombre de foulées inférieur à celui utilisé en compétition.

Nombre de foulées à l'entraînem.	Nombre de foulées sur 35 m				
	17	16	15	14	13
7	16,10 m	17,00 m	18,00 m	19,10 m	20,30 m
8	18,00 m	19,00 m	20,00 m	21,35 m	22,70 m
9	19,80 m	21,00 m	22,20 m	23,60 m	25,20 m

Une variante de ce travail consiste à installer les obstacles de façon à permettre alternativement 3 et 7 foulées ou bien 3 et 8 foulées dans les intervalles (ce qui suppose dans le cas de 3 et 8 foulées, un changement de jambe d'attaque dans les intervalles longs).

E. LES TEMPS DE PASSAGE

La meilleure illustration nous semble être les temps de passage réalisés par les finalistes des Jeux Olympiques de Mexico en 1968.

1968 MEXICO OLYMPIC 400 m Hurdles final.
Taken from BBC T/V Video Tapes by David Hemery.

HURDLE	Shubert (21)	Hennige (21)	Vanderstock (22)	Frinolli (22)	Skomorokhov (21)	Hemery (21)	Whitney (21)	Sherwood (21)
1.	6.0 - 3	6.0 - 3	5.9 - 2	5.8 - 1	6.1 - 7	6.0 - 3	6.1 - 7	6.0 - 3
2.	9.8 (3.8) - 3	9.9 (3.9) - 6	9.7 (3.8) - 1	9.7 (3.9) - 1	9.9 (3.8) - 6	9.8 (3.8) - 3	10.3 (4.2) - 8	9.8 (3.8) - 3
3.	13.7 (3.9) - 3	13.8 (3.9) - 6	13.8 (4.1) - 6	13.6 (3.9) - 1	13.7 (3.8) - 3	13.6 (3.8) - 1	14.2 (3.9) - 8	13.7 (3.9) - 3
4.	17.7 (4.0) - 4	17.8 (4.0) - 6	17.8 (4.0) - 6	17.5 (3.9) - 1	17.5 (3.8) - 1	17.5 (3.9) - 1	18.2 (4.0) - 8	17.7 (4.0) - 4
5.	21.8 (4.1) - 4	21.9 (4.1) - 7	21.8 (4.0) - 4	21.5 (4.0) - 1	21.5 (4.0) - 1	21.5 (4.0) - 1	22.4 (4.2) - 8	21.8 (4.1) - 4
Ist. 200	23.7	23.8	23.7	23.4	23.4	23.3	24.3	23.7
6.	25.9 (4.1) - 4	26.1 (4.2) - 7	25.9 (4.1) - 4	25.6 (4.1) - 2	25.6 (4.1) - 2	25.4 (3.9) - 1	26.6 (4.2) - 8	26.0 (4.2) - 6
7.	30.3 (4.4) - 6	30.5 (4.4) - 7	30.2 (4.3) - 4	29.9 (4.3) - 2	30.0 (4.4) - 3	29.6 (4.2) - 1	30.8 (4.2) - 8	30.2 (4.2) - 4
8.	34.8 (4.5) - 6	34.9 (4.4) - 7	34.5 (4.3) - 3	34.3 (4.4) - 2	34.6 (4.6) - 4	33.9 (4.3) - 1	35.1 (4.3) - 8	34.7 (4.5) - 5
9.	39.3 (4.5) - 5	39.4 (4.5) - 6	38.9 (4.4) - 2	38.9 (4.6) - 2	39.2 (4.6) - 4	38.3 (4.4) - 1	39.5 (4.4) - 8	39.4 (4.7) - 6
10.	44.0 (4.7) - 6	44.0 (4.6) - 6	43.5 (4.6) - 2	43.9 (5.0) - 4	43.8 (4.6) - 3	42.8 (4.5) - 1	44.0 (4.5) - 6	43.9 (4.5) - 4
Run-in	5.2	5.0	5.5	6.2	5.3	5.3	5.2	5.1
Finish	49.2 - 7	49.0 - 2	49.0 - 4	50.1 - 8	49.1 - 5	48.1 - 1	49.2 - 6	49.0 - 3
2nd 200	25.5	25.5	25.3	26.7	25.7	24.8	24.9	25.3
Diffntl	1.8	1.4	1.6	3.3	2.3	1.5	0.6	1.6

5. L'avenir du 400 m haies

Ce qui nous paraît plus important à noter, c'est que cette course, il n'y a pas si longtemps « impopulaire », est vraisemblablement en passe de devenir une des courses les plus spectaculaires, car la marge d'incertitude (la glorieuse !) dans les résultats est beaucoup plus grande que pour toutes autres courses. L'athlète le mieux préparé n'est jamais sûr d'effectuer un parcours « sans faute » et de résoudre au mieux l'ensemble des difficultés techniques qui se présentent à lui.

Ce caractère aléatoire de la course alimente les émotions des spectateurs. L'athlète lui, y trouverait une source d'inquiétude supplémentaire s'il n'avait la possibilité, par l'entraînement, d'apprendre à répondre à l'imprévisible.

Chez le même éditeur :

Collection sport + Enseignement sous la direction de R. Thomas

1. J.W. Perrott — *Anatomie à l'usage des étudiants, des professeurs d'éducation physique et des auxiliaires médicaux (Epuisé)*
2. H.T. Whiting — *Psychologie sportive (Epuisé) Traité d'athlétisme (3 vol.)*
3. Dessons/Drut/Dubois/Hebrard/Hubiche/Lacour/Maigrot/Monneret — *Les courses*
4. Fleuridas/Fourreau/Hermant/Monneret — *Les lancers (Epuisé)*
5. Houvion/Prost/Raffin-Peyloz — *Les sauts*
6. J. Baril — *La danse moderne (Epuisé)*
7. B. Knapp — *Sport et motricité (Epuisé)*
8. A. Bodo Schmid — *Gymnastique rythmique sportive*
9. Geoffroy H.G. Dyson — *Mécanique en athlétisme (Epuisé)*
10. P. Karpovich/W. Sinning — *Physiologie de l'activité musculaire (Epuisé)*
11. J. Genéty/E. Brunet-Guedj — *Traumatologie du sport en pratique médicale courante*
12. E. Thill/R. Thomas/J. Caja — *Manuel de l'éducateur sportif (Préparation au brevet d'état)*
13. A. Methiaz — *Le ski de fond (Epuisé)*
14. E.L. Fox/D.K. Mathews — *Interval training*
15. B. Jeu — *Le sport, l'émotion, l'espace*
16. E. Battista/J. Vivès — *Exercices de gymnastique (Souplesse et force)*
17. A. Noret/L. Bailly — *Le cyclisme (Epuisé)*
18. H. Käsler — *Le handball*
19. H. Hopman — *Le tennis — Comment gagner (Epuisé)*
20. P. Vial/D. Roche/C. Fradet — *Le judo*
21. K. Dietrich — *Le football*
22. G. Dürrwachter — *Le volley-ball*
23. G. Bosc/B. Grosgeorges — *L'entraîneur de basket-ball*
24. C. et R. Piard — *La gymnastique sportive féminine (Epuisé)*
25. C. Bayer — *L'enseignement des jeux sportifs collectifs*
26. G. Bonnefond — *L'aïkido*
27. G. Lambert — *L'haltérophilie*
28. G. Lambert — *La musculation*
29. G. Goriot — *Les fondamentaux de l'athlétisme (Epuisé)*
30. Ph. Néaumet — *Les institutions éducatives et sportives en France*
31. Ph. Karl — *Equitation (la gymnastique du cheval)*
32. G. Missoum — *Psycho-pédagogie des activités du corps*
33. L.P. Matveiev — *La base de l'entraînement (Epuisé)*
34. J.G. Hay — *Biomécanique des techniques sportives (Epuisé)*
35. A. Kaneko — *Gymnastique olympique*
36. M. Bourgeois — *Gymnastique sportive — De l'école au club*
37. M. Peix-Arguel — *Danse et enseignement. Quel corps ?*
38. N. Angelescu — *Le tennis de table (Epuisé)*
39. J. Riordan — *Sport soviétique*
40. R. Thomas et coll. — *Annales du brevet d'Etat d'éducateur sportif*
41. P. Chazaud — *Sports, accidents et sécurité*
42. G. Lewin — *Natation — Manuel de l'entraîneur (Epuisé)*
43. W. Busch — *Le football à l'école*

44. K. Koch — *Gymnastique à l'école primaire*
45. D. Kruber — *L'athlétisme en salle*
46. A. Noret — *Le dopage*
47. E. Batty — *Football (Entraînement à l'européenne) (Epuisé)*
48. D.L. Costill — *La course de fond. Approche scientifique*
49. C. Pociello — *Sports et société*
50. J.C. Silvestre — *La course d'orientation moderne*
51. J. Robinson — *Eléments du langage chorégraphique*
52. B. Ogilvie/T. Tutko — *Les athlètes à problèmes (Relation entraîneur-entraîné)*
53. G. Goriot — *La pédagogie du débutant en athlétisme*
54. N. Dechavanne/B. Paris — *Education physique de l'adulte*
55. Ph. Néaumet — *Annales et historique du C.A.P.E.P.S.*
56. B. Maccario — *Théorie et pratique de l'évaluation dans la pédagogie des A.P.S.*
57. R. Hervet/L.Y. Bohain — *La marche (de la randonnée à la compétition) (Epuisé)*
58. J. Genéty/E. Brunet-Guedj — *Le genou du sportif en pratique courante*
59. C. Piard — *Fondements de la gymnastique (Technologie et pédagogie)*
60. L. Fernandez — *Sophrologie et compétition sportive*
61. C.A. Oglesby — *Le sport et la femme. Du mythe à la réalité*
62. P. Chazaud — *Le sport et sa gestion. Guide pratique des associations*
63. C. Bayer — *Hand-ball. La formation du joueur*
64. P. Oset — *Arts martiaux à mains nues. Applications combat et autodéfense*
65. J. Weineck — *Manuel d'entraînement*
66. L.P. Matveiev — *Aspects fondamentaux de l'entraînement (Epuisé)*
67. J.-P. Bonnet — *Vers une pédagogie de l'acte moteur. Réflexions critiques sur les pédagogies sportives*
68. R.B. Alderman — *Manuel de psychologie du sport*
69. R. Schönborn — *Pratique du tennis*
70. J.-M. Cau — *Ski nautique (de l'apprentissage à la compétition)*
71. R. Thomas (sous la direction de) — *La relation au sein des A.P.S.*
72. J.-J. Barreau/J.-J. Morne — *Sport, expérience corporelle et science de l'homme*
73. J. Mariot/F. Rongeot — *Hand-ball comportemental*
74. B. Kos/Z. Teply/R. Volràb — *Gymnastique : 1 200 exercices*
75. W. Hort/R. Flöthner — *Les bases scientifiques de la musculation et de la traumatologie musculaire*
76. B. Ceas/F. Leefsma/J. Quillet/U. Uglione — *Aérobic et Stretching (Epuisé)*
77. B. During — *Des jeux aux sports (repères et documents en histoire des activités physiques)*
78. L. Y. Bohain — *Initiation à la course du 100 mètres au 100 kilomètres*
79. D. Revenu — *Initiation à l'escrime, (une démarche pour l'école)*
80. J.P. Malamas — *Apprendre la plongée : un jeu d'enfant*
81. M.L. Palmer — *Science de l'enseignement de la natation*
82. P. Simonet — *L'apprentissage moteur*
83. C.L.R.A.S. — *De la vraie nature du sport*
84. K. Murer/W. Bucher — *1 000 exercices d'athlétisme*
85. N. Dechavanne — *Education physique et sports collectifs*
86. J.E. Counsilman — *La natation de compétition*
87. W. Bucher/C. Messmer/F. Salzmann — *1 000 exercices et jeux de natation*
88. P. Chazaud — *Brevet d'Etat d'éducateur sportif 1er et 2e degré : 1. Sciences humaines*

89. A. Hotz — *Apprentissage psychomoteur*
90. J. Leguet — *Actions motrices en gymnastique sportive*
91. F. David — *Patinage artistique à roulettes*
92. P. Vayer et Ch. Roncin — *Le corps et les communications humaines*
93. H. Lamour — *Traité thématique de pédagogie de l'E.P.S.*
94. G. François — *Brevet d'Etat d'éducateur sportif 1er et 2e degré : 2. Sciences juridiques*
95. B. Bruggmann — *1 000 exercices et jeux de football*
96. C. Rieu/J.C. Marchon — *Mini-tennis — Tennis — Maxi-tennis*
97. A. Mourey — *Tennis et pédagogie*
98. C. Got/J.C. Alazard — *Le sport sans risque*
99. J. Caja/M. Mouraret — *Guide de préparation au brevet d'Etat d'éducateur sportif 1er degré*
100. T. Starzinski — *Le triple saut*
101. E. Bachmann — *1 000 exercices et jeux de volley-ball*
102. D. Dottax — *Volley-ball (du smash au match)*
103. T. Pozzo/C. Studeny — *Théorie et pratique des sports acrobatiques*
104. M. Perès/B. Fleury — *La formation aux métiers sportifs de la montagne*
105. U. Spohel — *1 000 exercices et jeux de gymnastique aux agrès*
106. E. Hahn — *L'entraînement sportif des enfants*
107. A. Beaudou — *Pratique du canoë kayak*
108. H. Fluri — *1 000 exercices et jeux de vacances*
109. P. Vary — *1 000 exercices et jeux de basket-ball*
110. J.F. Mayer — *Cyclisme. Entraînement, pédagogie*
111. G. Cometti/G. Petit/M. Pougheon — *Brevet d'Etat d'éducateur sportif 1er et 2e degré — 3. Sciences biologiques*
112. N. Dechavanne — *L'animateur d'activités physiques pour tous*
113. J.L. Chesneau/G. Duret — *Fiches techniques de football*
114. D. Rivière — *Handball (conseils d'un entraineur à ses joueurs)*
115. R. Kissling — *1 000 exercices et jeux de hand-ball*
116. L. Bontemps — *Danse sur glace*
117. R. Thomas/J.P. Eclache/J. Keller — *Les aptitudes motrices (structure et évaluation)*
118. P. Seners — *L'enseignement de l'athlétisme en milieu scolaire et son évaluation*
119. J.P. Peys — *Rugby total et entraînement*
120. W. Bucher — *1 000 exercices et jeux de tennis*
121. L. Guibbert — *1 000 exercices et jeux de musculation*
122. W. Bucher — *1 000 exercices et jeux sportifs par spécialités*
123. N. Boulgakova — *Sélection et préparation des jeunes nageurs*
124. J.-C. Marchal — *Jeux traditionnels et jeux sportifs*
125. J. Cathelineau/C. Target — *Manuel de pédagogie sportive*
126. J.-P. Malamas — *1 000 exercices et jeux en natation sous-marine et en plongée*
127. O. Gouraud/O. Levrat/C. Imbert — *L'aviron*
128. N. Dechavanne — *L'éducateur sportif d'activités physiques pour tous*
129. H. et M. Letzelter — *Entraînement de la force*
130. J. Meunier — *Musique et mouvement*
131. J. Weineck — *Biologie du sport*
132. B. Bettoli — Fiches d'exercices et de jeux pour l'école et le club
133. R. Thomas — Préparation psychologique du sportif
134. R. Joffre — Activités physiques éducatives

Collection Sport + Initiation sous la direction de R. Thomas

B. Alix/L. Gillot — *Pédagogie de la boxe française*
G. Bosc/B. Grosgeorge — *Guide pratique du basket-ball*
G. Bosc — *Le basket-ball. Jeu et sport simple*
G. Carbasse/ P. Taberna — *La lutte Sambo*
Fédération Française de Boxe
1. *Préparation physique du boxeur - Secourisme — Hygiène sportive — Rôle de l'homme de coin (Epuisé)*
2. *Guide de techniques (Epuisé)*
G. Goriot — *Technique et pédagogie des sauts*
P. Hostal — *Gymnastique aux agrès. Enseignement primaire (espalier, banc, plinth, corde)*
P. Hostal — *Tiers-temps pédagogique et gymnastique*
C. Kouyoss/P. Taberna — *Enseignement de la lutte. Lutte libre et gréco-romaine (Epuisé)*
Y. Piégelin — *Enseignement de la voile*
M. Schmitt — *Nager. De la découverte à la performance*
P. Soler — *Gymnastique au sol (Epuisé)*
P. Taberna — *La lutte. Situations pédagogiques*
C. Piard — *Gymnastique et enseignement programmé*

Ouvrages généraux

P. Bouissou — *Performance et entraînement en altitude*
F. Brenneur — *Pratique de la planche à voile*
R. Carrasco — *Essai de systématique d'enseignement de la gymnastique aux agrès*
R. Carrasco — *Gymnastique aux agrès. Cahiers techniques de l'entraîneur — Les rotations en avant*
R. Carrasco — *Gymnastique aux agrès. L'activité du débutant*
R. Carrasco — *Gymnastique aux agrès. Préparation physique*
R. Carrasco — *Pédagogie des agrès (Epuisé)*
R. Catteau/G. Garoff — *L'enseignement de la natation*
P. Conquet — *Contribution à l'étude technique du rugby (Epuisé)*
S. Cottereau — *La course de fond*
S. Cottereau — *Encyclopédie pratique du jogging*
C. Craplet — *Nutrition, alimentation et sport*
C. Craplet — *Physiologie et activité sportive*
T. Einsingbach — *Physiothérapie sportive et rééducation.*
E.L. Fox/D.K. Mathews — *Bases physiologiques de l'activité sportive*
W. Heipertz — *La médecine du sport.*
F. Katch/W.D. Mc Ardle — *Nutrition, masse corporelle et activité physique*
P. Konopka — *Pratique du cyclisme*
A. Kremer — *Pratique du triathlon*
W. Lissner/Williams/Le Veau — *Biomécanique du mouvement humain*
W.D. Mc Ardle/F. Katch — *Physiologie de l'exercice*
F. Maccorigh/E. Battista — *Hygiène et prophylaxie par les exercices physiques (Epuisé)*
C. Mandel — *Le médecin, l'enfant et le sport*
P. Masino/G. Chautemps — *La barre fixe (Epuisé)*
M. Nadeau/F. Peronnet — *Physiologie appliquée à l'activité physique (Epuisé)*

F. Peronnet — *Le marathon : équilibre énergétique, endurance et alimentation du coureur sur route*
L. Peterson/P. Renström — *Manuel du sportif blessé*
R. Rigal — *Motricité humaine. Tome 1 : Fondements et applications pédagogiques*
O. Rouillon — *Le strapping*
Tome 1 : *Les contentions adhésives appliquées au membre inférieur*
Tome 2 : *Les contentions adhésives appliquées au membre supérieur, au rachis et au tronc*
J.C. Salomon/G. Gsegner — *Pratique de l'escalade*
J. Teissie — *Le football (Epuisé)*
R. Whirhed — *Anatomie et science du geste sportif*
H.T.A. Whiting — *Sport de balle et apprentissage*

Collection pratique

R. Schonborn — *Pratique du tennis*
F. Brenneur — *Pratique de la planche à voile*
A. Beaudou, J.-P. Cezard, M. Chapuis, C. Frossard, E. Olive — *Pratique du canoë-kayak*
P. Konopka — *Pratique du cyclisme*
A. Kremer, M. Engelhardt — *Pratique du triathlon*
J.-C. Salomon, C. Vigier — *Pratique de l'escalade*
D. Stenard — *Pratique du stretching*
F. Berthet — *Pratique du golf*
A.-M. Jutel — *Pratique de la course à pied*
K. Haymann, U. Meseck — *Pratique du squash*

ACHEVÉ D'IMPRIMER
SUR LES PRESSES DE
L'IMPRIMERIE CHIRAT
42540 ST-JUST-LA-PENDUE
EN OCTOBRE 1991
DÉPÔT LÉGAL 1991 N° 6363

IMPRIMÉ EN FRANCE